U0895806

中共山东省委党校（山东行政学院）科研支撑项目成果

山东农村儿童生活变迁（1949–1966）

朱丽丽 著

人民出版社

责任编辑：陈建萍

图书在版编目（CIP）数据

山东农村儿童生活变迁：1949—1966 / 朱丽丽 著 . — 北京：
人民出版社，2024.3

ISBN 978－7－01－026255－0

I. ①山… II. ①朱… III. ①儿童－社会生活－历史－山东 -1949—1966
IV. ① D669.5

中国国家版本馆 CIP 数据核字（2023）第 255163 号

山东农村儿童生活变迁（1949—1966）

SHANDONG NONGCUN ERTONG SHENGHUO BIANQIAN（1949—1966）

朱丽丽　著

人民出版社 出版发行

（100706　北京市东城区隆福寺街 99 号）

北京九州迅驰传媒文化有限公司印刷　新华书店经销

2024 年 3 月第 1 版　2024 年 3 月北京第 1 次印刷

开本：710 毫米 ×1000 毫米 1/16　印张：19.75

字数：250 千字

ISBN 978－7－01－026255－0　定价：75.00 元

邮购地址 100706　北京市东城区隆福寺街 99 号

人民东方图书销售中心　电话（010）65250042　65289539

目 录

绪　论

一、选题缘起

这项关于儿童的研究，最初源于我的生活体认和痴迷于搜集他人童年故事的兴趣爱好。通过观察社会和对比几代人的童年生活，我发现了一个有趣的现象：在不足百年的时间里，儿童的家庭和社会地位发生了颠覆性变化。祖父母一辈的童年故事表明，民国时期的儿童不受重视。外婆讲述家庭背景时提到，她的外公在20世纪二三十年代是一名教书先生，收入尚可，多次买田置地，后来卖地换银以赎回被土匪绑架的老母亲，家庭开始走向破落。听到此处，我不禁疑惑并反问："为什么绑架老人，为什么不绑架孩子？"外婆解释道：以前的儿女恪守孝道，愿意倾尽全力赎回父母，却鲜少愿意赎回孩子。① 类似的故事还有几则。面对日本侵略者的"扫荡"，垦利镇十四村曹姓男子，背起瘫痪的母亲到芦苇丛中避难，把三岁的女儿丢在家中；② 柳埠镇突泉村的刘登玉，提起以童养媳身份进入家门的嫂子时，直言："老社会，不拿孩子当回事。"③ 这些故事表现的儿童地位，与当下相比，具有天壤之别。现今家庭和社会奉行的是"幼者本位"的伦理秩序，孩子成为家庭的中心，甚至被喻作"小皇帝""小公主"。在短短几十年，儿童的地位为什么发生

① 根据笔者于2017年5月20日在东营市垦利镇惠丰社区对白爱菊的访谈录音整理。
② 根据笔者于2017年5月20日在东营市垦利镇惠丰社区对范兴仲的访谈录音整理。
③ 根据笔者于2017年5月30日在济南市仲宫镇张家村对刘登玉的访谈录音整理。

了颠覆性变化？“幼者本位”从什么时候开始被大众广泛接受和践行？

儿童地位的改变，与广大民众对儿童的根本认识和态度的变迁直接相关。[①]儿童的权利缺失和地位低下，是家族本位儿童观的体现。这种儿童观以家族利益为根本出发点，从家族兴盛衰败和利弊得失的角度对待儿童的生命、养育、教育、婚姻等问题，把儿童视为父母的私有财产和家族繁衍、光耀门楣的工具。[②]“幼者本位”则不同，除了受家族本位儿童观影响，还离不开国家本位儿童观和个人本位儿童观的作用。三种价值取向交织的儿童观，不仅能够在一定程度上约束损害儿童生存和发展的行为，而且能够使儿童承载起家族和国家的希望，并发扬个体天性。

既有研究已经注意到家族本位儿童观长期主导中国古代社会，并从近代开始受到冲击，但在民众接受程度和实践效果方面尚待进一步考察。关于晚清时期儿童观的研究表明，面对亡国灭种的危机，以梁启超为代表的维新人士赋予儿童救亡图存的使命，提出了国家本位的儿童观。[③]关于五四新文化运动时期儿童观的研究显示，在“人性解放”的时代主题下，以周作人为代表的知识分子发出了“儿童是儿童”的呼声，形成了个人本位的儿童观。[④]只有这两种儿童观真正影响并改变广大民

---

① 虞永平：《论儿童观》，《学前教育研究》1995年第3期。

② 周智慧主编：《学前教育学》，天津大学出版社2016年版，第29页。

③ 参见庞玲：《〈小孩月报〉与晚清儿童观念变迁考论》，硕士学位论文，华东师范大学中国语言文学系，2009年；谢毓洁：《梁启超的儿童观和儿童教育观》，《石家庄学院学报》2009年第1期；刘先飞：《少年新国民：论梁启超的儿童观》，《学术探索》2011年第6期；等等。关于晚清时期国家本位儿童观既有研究的具体内容和观点，笔者将在学术史综述部分详细梳理。

④ 参见刘冰：《周作人早期儿童观、儿童文学观研究》，硕士学位论文，华东师范大学中国语言文学系，2005年；陈瑞琴：《五四新文学的儿童本位观》，硕士学位论文，华中师范大学文学院，2012年；王浩：《新文化运动中“儿童的发现”》，中国社会科学出版社2012年版；王贵玲：《论丰子恺的儿童观》，硕士学位论文，南京师范大学教育科学学院，2016年；林宁：《论鲁迅的儿童观》，硕士学位论文，福建师范大学教育学院，2018年；等等。关于五四新文化运动时期个人本位儿童观既有研究的具体内容和观点，

众对儿童的传统认识及实践，儿童的生活和地位才能脱离以家族利益为根本的窠臼。另外，儿童生活状况深受阶层和地域影响，精英阶层的儿童优于普通家庭的儿童，城市地区的儿童优于农村地区的儿童。只有占绝大多数的农村儿童生活状况的改变才是真正的改变，只有占绝大多数的农村儿童地位的提高才是真正的提高。这也是本研究以农村儿童为研究对象的原因所在。

既有研究还注意到20世纪80年代严格推行的计划生育政策对家族本位儿童观的影响。① 计划生育政策，使儿童数量急剧减少，独生子女大量涌现，传统的家庭结构受到极大冲击。在“4—2—1”漏斗式家庭结构中，儿童得到前所未有的关注和关爱。一方面，家长改变了对儿童的主观态度，和儿童的亲情交流增多，逐渐认识到尊重儿童独立人格和儿童权益的重要性，进而促使个人本位儿童观迅速提升。另一方面，家长对儿童的期许增加，逐步根据成人世界的竞争压力规划儿童生活和教育，使得儿童过度过早的社会化，反而彰显了家族本位儿童观。这种由计划生育政策所引发的充满矛盾性、复杂性的儿童观及实践状况，推动了“幼者本位”的广泛实践。相关研究在解答疑惑的同时，笔者以为，儿童地位发生实质性变化的时间起点可以继续向前推进。

笔者以为，广大民众的儿童观及实践从传统到现代的普遍转型，经历了两个关键阶段。20世纪80年代属于第二个阶段，第一个阶段则是1949—1966年。也即，新中国早期是“幼者本位”被广大民众接受

笔者将在学术史综述部分详细梳理。

① 参见范丹妮主编：《中国独生子女研究》，华东师范大学出版社1996年版；风笑天：《独生子女——他们的家庭、教育和未来》，北京大学出版社1992年版；杨发祥：《当代中国计划生育史研究》，博士学位论文，浙江大学人文学院，2003年；［日］林光江：《国家·独生子女·儿童观——对北京市儿童生活的调查研究》，新华出版社2009年版；等等。

并实践的起点，计划生育政策是推动“幼者本位”的强力加速剂。

新中国成立后，国家政权进入基层，不仅宣传儿童是社会主义建设者和接班人的观念，而且推动执行相关培养措施，进而促使广大民众对儿童的认识及实践发生转变。转变过程，呈现出国家本位与家族本位相博弈，又与儿童本位相矛盾的三者纠缠的复杂历史进程。尽管民众未完全遵照国家儿童观和培养措施，但在其影响下，开始从生理、心智、身份意涵等方面重新认识儿童，并审视传统的伦理道德秩序。作为结果，广大儿童的健康、受教育、日常生活状况得到改善，家庭地位和社会地位得到提高。因此，新中国早期是“幼者本位”被广泛接受和实践的起点，真正吹响了广大儿童崛起的号角。

虽然第一个阶段不如第二个阶段的效果直观，但对于改变民众的传统儿童观念及实践具有重要意义。两个阶段的起因和发展历程均具有较大差异。第一个阶段主要由国家本位儿童观及实践推动完成，个人本位儿童观尚处于夹缝中成长的状态，作用微弱。第二个阶段属于改革开放时期，在非公有制经济和市场经济迅速发展的时代背景下，个人本位儿童观发挥出重大作用。这种差异，是生活成长于红旗下的第一代儿童的崛起之路，与计划生育政策下儿童的崛起之路相比，历史特殊性所在。本书探讨的为第一个阶段，即 1949—1966 年。

二、学术史综述

本研究置于儿童史发展的学术脉络中。尽管 1932 年 6 月，儿童书局已经出版王稚庵编著的《中国儿童史》，但这本书并不能称得上严格意义上的研究性论著，而是儿童史的人物史料汇编。为了纪念 1932 年 4 月 4 日南京国民政府第一届儿童节，中华慈幼协会秘书王稚庵编著此书，按照智、仁、勇的分类整理讲述了从上古至成书前有为之人的童年故事，共计1018篇。[①]20世纪末，熊秉真教授在中国儿童史的研究领域做出了有力的开拓。在此之前，儿童史已经在西方发展了近四十年。西方儿童史的发生、发展、完善历程和成就，为中国儿童史的研究提供了理论层面和方法层面的指导与借鉴。

（一）关于西方儿童史的研究

西方儿童史研究的开拓者是法国学者菲利普·阿利埃斯（Philippe Ariès）。1960年，法国学者菲利普·阿利埃斯在研究心态史的过程中注意到：人们对身边的一些事物不一定存有清晰的认知，却在花很多时间思考不常见的东西，"儿童"就属于这一类别，由此，引出"儿童的发现"。阿利埃斯在《儿童的世纪：旧制度下的儿童和家庭生活》（*L'enfant et la vie familiale sous l'ancien regime Chinese*）一书中认为，在近代以前的西方社会，人们对儿童和童年没有任何概念，儿童只是低龄的成年人。近代以后，随着小家庭的建立、都市文化和中产阶级的兴起、温情主义的盛行以及个人情感的凸显，成人才注意到儿童是一个和他们不太一样的群体，并给予儿童一些关怀和善意的感想。但对儿童和童年比较有概念的社会并不是一个全盘进步的社会，因为被发现的儿童并不快乐。儿童受到了家庭、学校和社会的诸多规训，他们的童年随近代社会一起跌入制度化的状态。同时，儿童的发现带来了儿童的社会性别分化。服饰着装、受教育状况及情感投入均表明男孩是最早受到专门对待的儿童，在童年脱离成人生活的程度上女孩要小于男孩。[②]阿利埃斯对儿童及童年的研究，不仅开拓了儿童史研究的新领域，而且创造了儿童史书写的典范，产生了很大的影响。无论是其观点的追随者，还是对

① 王稚庵：《中国儿童史》，儿童书局1932年版。

② ［法］菲利普·阿利埃斯：《儿童的世纪：旧制度下的儿童和家庭生活》，沈坚、朱晓罕译，北京大学出版社2013年版。

“儿童观念是近世产物”的质疑者，都无法摆脱《儿童的世纪》一书。

《儿童的世纪》问世后，伴随西方社会历史学家对家庭史研究的兴趣生成，在20世纪70年代成为学术圈内外的名著。与此同时，阿利埃斯的追随者出现，他们效仿阿利埃斯的社会建构和历史进步的解释框架，研究不同时期和不同地域的儿童，创造了具有代表性的儿童研究三部曲：劳埃德·德莫斯（Lloyd DeMause）主编的《童年历史》（*The history of childhood*）、爱德华·肖特（Edward Shorter）的《现代家庭的形成》（*The Making of the Modern Family*）和劳伦斯·斯通(Lawrence Stone)的《英国的家庭、性和婚姻：1500—1800》（*The Family, Sex and marriage in England 1500-1800*）。

德莫斯主编的《童年历史》一书收录了10篇心理史学家关于罗马晚期到19世纪儿童状况的调查报告，其中包括德莫斯的《童年进化》一文。在文中，他通过引用和分析收集的虐童证据，考察了父母与子女相互关系的发展，并提出时间相承的儿童历史的六个模式：一是古代至公元四世纪的弑婴模式，二是四世纪到十三世纪的抛婴模式，三是十四世纪至十七世纪的充满矛盾养育模式，四是十八世纪的介入模式，五是十九世纪到二十世纪中叶的社会化模式，六是二十世纪中叶开始的帮助模式。通过德莫斯笔下儿童历史的六个模式可知，儿童在历史上绝大部分时间生活在黑暗之中，直到十八世纪亲子关系才发生重大变化，儿童的生活状态得到好转。①

肖特在《现代家庭的形成》一书中探讨了过去二百年西欧和美国普通家庭生活的变化，其中一个显著的变化是亲子关系的变化。作者认为，在中世纪母亲们对两岁以下的婴孩普遍漠不关心；发展到十八世纪，母亲们对孩子的关注和关爱越来越多，中产阶级的母亲逐渐实行母

① Lloyd DeMause, *The history of childhood*, New York: Psychohistory Press,1974.

乳喂养，放弃用襁褓紧裹婴孩的方式，并注重和婴孩进行情感上的交流。正如作者所言，母爱是现代化的产物。①

斯通在《英国的家庭、性和婚姻：1500—1800》一书中，以家庭情感变迁为依据，将文艺复兴以来的英国家庭划分为三个阶段，并作出时间界限：第一个阶段是1450—1630年的“开放的世系家庭”，第二个阶段是1550—1700年的“节制的父权核心家庭”，第三个阶段是1640—1800年的“封闭的讲究秩序的家庭”。亲子关系在这三个阶段均有变化：在“开放的世系家庭”中，父母对子女和对小动物的感情没有差别；在“节制的父权核心家庭”，父母与子女有一定的感情基础；在“封闭的讲究秩序的家庭”，父母与子女的关系逐渐变得亲近。②

尽管儿童研究三部曲与《儿童的世纪》在具体的学术思想上有分歧，批判了阿利埃斯的保守性，但都持儿童历史进化的观点。除了儿童研究三部曲，这一时期还涌现出大量持相似观点的论著，论证历史上的儿童被成人忽视、遭受黑暗与苦难、亲子关系淡漠。如戴维·亨特（David Hunt）的《历史上的双亲和儿童：近代法国的家庭生活心理学》（*Parent and Children in History: The Psychology of Family Life in Early Modern France*）、迈克尔·古迪奇（Michael Goodich）的《世纪圣徒们的儿童期和青年期》（*Childhood and Adolescence among the Thirteenth Century Saints*），等等。③然而，学界在20世纪80年代初出现了另一种声音，认为历史上儿童的生活状态具有复杂性、多样性，并不是单一化的被成

① Edward Shorter, *The Making of the Modern Family*, New York: Basic Books,1975.

② ［英］劳伦斯·斯通：《英国的家庭、性与婚姻：1500—1800》，刁筱华译，商务印书馆2011年版。

③ David Hunt, *Parents and Children in History: The Psychology of Family Life in Early Modern France*, New York: Basic Book,1970；Michael Goodich,“Childhood and Adolescence among the Thirteenth Century Saints”, in *History of Childhood Quarterly*, Vol.1, No.2,1973, pp.285—309.

人忽视，生活在暴力黑暗之中，即“儿童”的概念在历史上是存在的，并非近世的产物。这种观点与阿利埃斯的观点截然不同。

琳达·波洛克（Linda A. Pollock）在这场观点转变中发挥了巨大的作用，甚至被认为建立了1980年代儿童史研究的新典范。[①]不同于过去依靠第三人称史料和探讨“儿童”概念的研究取向，波洛克在《被遗忘的孩子：1500—1900年亲子关系》（*Forgotten Children: Parent—child relations from 1500 to 1900*）一书中运用了日记、自传、遗嘱等第一人称史料，重建儿童的生活经验，探讨儿童生活中发生了什么。经过研究，她认为历史上的儿童并非生活在黑暗和被忽视之中，而是得到了父母的疼爱。惩罚只是亲子关系的一个面向，除此面向，父母期待孩子的到来，关心孩子的幸福，重视孩子的教育。[②]波洛克突破了情感研究的“断裂式”模式，打破了传统和现代的“二分法”及线性演进的研究思路，关注和强调历史的延续性。

波洛克对过去儿童史研究历史进化观点的反驳，得到了一些学者的支持，他们运用丰富的史料论述中世纪儿童形象的多样性和复杂性，亲子之间情感的持续性。如拉尔夫·霍尔布鲁克（Ralph A. Houlbrooke）的《1450—1700年的英国家庭》(*The English Family 1450-1700*)，舒拉米斯·谢哈（Shulamith Shahar）的《中世纪的儿童》(*Childhood in the Middle Ages*)，尼克拉斯·欧曼（Nicholas Orme）的《中世纪的儿童》(*Medieval Children*)，等等。[③]在其他学者的支持和追随下，波洛克的儿

---

① 参见陈贞臻：《西方儿童史研究的回顾与展望——阿利斯（Ariès）及其批评者》，《新史学》2004年第1期。

② Linda A. Pollock, *Forgotten Children: Parent—child relations from 1500 to 1900*, Cambridge: Cambridge University Press,1983.

③ Ralph A. Houlbrooke, *The English Family 1450—1700*, New York: Longman,1984；Shulamith Shahar, *Childhood in the Middle Ages*, New York: Routledge,1990；Nicholas Orme, *Medieval Children*,London:Congress,2001.

童史观点成为20世纪80年代后的主流观点。对于这些批评，阿里埃斯本人也承认："如果研究了中世纪的资料，他会修正他所持有的关于家庭情感在现代早期开始出现的观点。"①

阿利埃斯式儿童史研究和波洛克式儿童史研究，代表两种不同的研究路径，前者是社会建构，后者是生活经验。②从阿利埃斯式到波洛克式的转型，说明西方儿童史研究在不断地丰富和发展。在这个过程中，儿童史研究的史料日渐丰富，从依据二手资料到挖掘运用一手资料，有些甚至为出于儿童之手的日记；方法和观点也朝向多元化。西方儿童史的发展、完善历程，既可以作为我们审视中国儿童史的对照，也因其成熟性而被中国儿童观的建构所借鉴。

（二）关于中国古代儿童史的研究

为了便于了解中国儿童在不同历史时期的生活状况，把握中国儿童观的发展脉络，笔者打破了论著刊发时间和作者的国别界限，按照从古至今的时间顺序梳理。在中国古代社会，儿童的生活状态和儿童观虽然具有各自朝代的特殊性，但亦具有整体性特征，体现出家族本位儿童观及实践的主导地位。这种整体性特征与中国近现代社会的儿童观和儿童生活具有本质区别。

在笔者所了解到的中国儿童史研究论述中，关于秦汉儿童的研究是涉及年代最久远的儿童研究。王子今在《秦汉儿童的世界》一书中，运用大量的传世文献资料、出土简帛和考古资料，从14个专题考察了秦汉儿童的生活，包括儿童的出生权利和初生命运、婴幼儿健康和基本生存条件、儿童游戏、蒙养教育、"神童"、儿童劳动、受害儿童、上层

① 俞金尧：《西方儿童史研究四十年》，《中国学术》2001年第4期。

② 陈贞臻：《西方儿童史研究的回顾与展望——阿利斯（Ariès）及其批评者》，《新史学》2004年第1期。

儿童生活、儿童赋役、儿童参政、“少年”“恶少年”与社会秩序、儿童地位、儿童情性、“童男女”的神异地位。研究内容全面广泛，涵盖了政治、经济、文化和社会诸多方面，具有填补空白的学术价值。由于大一统政体在秦汉时期得以确立并获得初步巩固，所以这一时期在中国古代历史上具有特殊的地位，其儿童生活和儿童观也具有奠基性。秦汉儿童的生活透露出三点重要信息：第一，为了实现传宗接代的目的，家庭是期待儿童的，正所谓“宜子孙”，但对儿童的期待让步于礼俗迷信，存在“生子不举”“杀子”“弃婴”等行为；第二，农耕民族生产经济和生活经验代代相传的传统，形成老尊幼卑的文化，儿童地位低下；第三，社会缺乏对儿童的认知，儿童被视作“小大人”或过早的成人化，虽然有儿童游戏，但游戏也多是效仿成人，何况还有小小年龄参政、缔结婚姻、参加劳动等。[①] 为了更形象地描绘秦汉儿童的世界，作者还在《插图秦汉儿童史》一书中采取了图文并茂的形式。[②] 这两本关于秦汉儿童史的著作是《汉代儿童生活》一书在时间上的延展和内容上的丰富扩充。[③]

汉代，成为学界关于中国古代幼儿观是否形成的一个争论点。安妮·贝恩克·肯尼（Anne Behnke Kinney）认为汉代形成了中国古代幼儿观，出现了“童年的发现”。在《中国早期少年儿童的表征》（*Representations of Childhood and Youth in Early China*）一书中，作者把人们对儿童的抚养、教育态度与汉代的政治、文化联系起来，认为汉代儒家思想的崛起、中央集权的建立、天人合一的宇宙观、汉代皇帝未成年即登基的事例、选拔官吏的察举制度等因素，促使人们对儿童产生了新

---

① 王子今：《秦汉儿童的世界》，中华书局 2018 年版。

② 王子今：《插图秦汉儿童史》，未来出版社 2020 年版。

③ 王子今：《汉代儿童生活》，三秦出版社 2012 年版。

兴趣。[①] 与肯尼的观点相左，基思·纳撒尼尔·纳普（Keith Nathaniel Knapp）认为中世纪（公元 100—600 年）蓬勃发展的孝道文化是对儿童和童年的压制与忽视，而非发现与重视。纳普在《无私的后代：中世纪中国的孝子与社会秩序》（*Selfless Offspring: Filial Children and Social Order in Medieval China*）一书中论述，孝道在社会动荡不安、中央权力弱化和地方宗族势力强大的中世纪得到了蓬勃发展。宗主为了在支离破碎的时代，确保自己特权地位的连续性和大家族的完整性，创造和推广了一系列孝道故事，以彰显儒家伦理道德观念。孝道故事体现出父母的优越感和子女的自卑感，要求子女将自己的愿望置于父母的愿望之下，将家庭的利益置于个人利益之上。[②]

周海燕从生育、亲子关系、蒙养教育、孤儿救助、儿童游艺五个方面研究了处于乱世的魏晋南北朝时期的儿童。各阶层的求子活动和被世家大族重视的胎教，显示出对子嗣的期盼，但因为社会因素、家庭因素和生育风俗禁忌，“生子不举”和“鬻子不养”的现象非常普遍。魏晋南北朝时期的亲子关系受到礼制和情感的双重影响，在总体上遵循着儒家家庭伦理道德规范。蒙养教育形式多端，包括官学、私学和家庭教育。无论是哪种教育形式，在教育内容上均以儒家教育为基础，但也深受佛教、民族融合等时代特征的影响。大分裂、大动荡的时空背景，使魏晋南北朝时期的儿童饱受战争之苦，孤儿众多。对此，官府采取了救孤制度，但由于不能满足需要，宗族、乡里、朋友、佛教充当着重要的救助力量。至于儿童游艺，世家大族更推崇儿童“弱不戏弄”，希望儿童幼年向学，早熟早慧。周海燕的研究说明，在战乱之时官府关注儿

---

① Anne Behnke Kinney, *Representations of Childhood and Youth in Early China*, California: Stanford University Press,2004.

② Keith Nathaniel Knapp, *Selfless Offspring: Filial Children and Social Order in Medieval China,* Hawaii: University of Hawaii Press,2005.

童，但家族和家庭依然是儿童最重要、最直接的依靠。儿童被归属于家庭的私有财产，束缚于家庭伦理道德，承载着传宗接代、光耀门楣的家庭使命。①

周海燕笔下家庭对儿童游艺的排斥和对儿童早慧的期待已足见对儿童身心发展认知的缺乏，对成人化培养的推崇，董冠男对魏晋时期“神童”的研究使这一问题更加显然。由于世家大族和私学教育的发展以及思想的多样性，魏晋时期涌现出大量的“神童”。这些“神童”聪慧过人，不仅能够维护家族声誉，而且直接参与到政治斗争中。作者通过辨析以《世说新语》为中心的“神童”故事，认为“神童”形象有很大的虚构成分。虚构原因主要有两方面：一方面，一系列政治因素使儿童成为表达成人诉求的代言人；另一方面，成人和士族们希望通过鼓吹“神童”提升家族荣誉。无论出于哪一种目的，“神童”均被成人化、家族化，而非儿童化、自我化。②

唐代，是中国古代儿童史上又一个具有争议的关于幼儿观是否形成的时间段。李雁通过考证不同历史阶段儿童服饰的特点及其背后所蕴含的儿童观念认为，唐代是中国古代幼儿观形成的界点。唐代以前，儿童服饰的款式基本来自成人，有些服饰就是缩小的“成人版”；唐代以后，不同历史阶段的服饰开始各具特点。唐代儿童服饰体现了多民族杂糅，宋代儿童服饰凸显了农耕文明，辽夏金元儿童服饰侵染了游牧文化，明清儿童服饰集大成。儿童服饰的发展变化轨迹与成人的不同，更多受到时事变迁、生活习俗和社会风尚的影响，在注重实用性的基础上，进行有目的的取舍。③郑言午则通过考察儿童和父母的关系，说明

---

① 周海燕：《魏晋南北朝儿童研究》，博士学位论文，郑州大学历史学院，2018 年。

② 董冠男：《魏晋时期“神童”现象的研究》，硕士学位论文，辽宁大学历史学院，2019 年。

③ 李雁：《中国古代儿童服饰研究》，博士学位论文，苏州大学艺术学院，2015 年。

唐代是中国古代儿童观形成的萌芽阶段。作者从养和教两个部分论证了从秦至唐人们对儿童的认识不断加深，对儿童的重视也愈加强烈。比如发展至唐代，以《千金方》为代表的医著开设儿科专卷，父母注重向孩子传授道德礼仪和知识技能，教育平民化得到发展。养与教体现出父母与子女关系的人情味，不同于正统的礼法规范。另外，儿童不仅在父母影响下成长，也在一定程度上改变着父母，亲子关系不是单向指使，而是有共生之情。① 但也有学者对由唐代教养方式变化而引起的儿童认知变迁，持怀疑态度。高嘉琪就认为，尽管唐代育儿文化有少许创新，但在各方面均延续了自古以来的传统观念和习俗，是传统观念和习俗的集大成者。何况创新所体现出的优生、优养、优教，承载的是成人之优，是家庭和家族之优。绝大多数儿童，尤其是女童，并不能够领会到这份“优”。②

与依据服饰变迁和亲子关系把唐代作为幼儿观形成的时间段的研究不同，立足于儿童医学和蒙童教育的研究倾向于把宋代作为儿童认识的界点。熊秉真依据宋代至清朝儿科医学材料、新儒学对儿童的教育以及艺术作品、个人传记、法律条文等研究发现，古代社会对儿童的认识并不是一元的，中国近世已经有一定的幼儿观。儿童的被发现及受到呵护，在医学健康方面体现得尤为显然。③ 至于蒙养教育，随着科举

① 郑言午：《共生与互动——唐代儿童与父母的关系》，硕士学位论文，郑州大学历史学院，2014 年。

② 高嘉琪：《生育、养育、教育——唐代育儿文化研究》，硕士学位论文，“国立”中兴大学历史研究所，2008 年。

③ 参见熊秉真：《中国近世士人笔下的儿童健康问题》，《“中央研究院”近代史研究所集刊》1994 年第 23 期；熊秉真：《惊风：中国近世儿童疾病与健康研究之一》，《汉学研究》1995 年第 2 期；熊秉真：《幼幼：传统中国的襁褓之道》，联经出版事业公司 1995 年版；熊秉真，《疳——中国近世儿童的疾病健康研究之二》，《“中央研究院”近代史研究集刊》1995 年第 1 期；熊秉真：《小儿之吐——一个中国医疗发展史和儿童健康史上的考察》，《“中央研究院”近代史研究所集刊》1996 年第 1 期；熊秉真：《安恙：近世中国儿童的疾病与健康》，联经出版事业公司 1999 年版；熊秉真：《幼医与幼蒙：近世中国社会的绵延之道》，广西师范大学出版社 2021 年版。

制度的普及，人们对此日益重视。尽管成人对儿童的规范严苛，喜静不喜动，但以王阳明为代表的哲人对儿童的论述有尊重儿童本性的趋势，何况在成人管教中，儿童并非完全遵守，而是有一定的自主性。① 另外，熊秉真在英文专著《慈航：晚清帝国的儿童和童年》（*A Tender Voyage: Children and Childhood in Late Imperial China*）中特意通过《女童》（*girlhood*）章节论述中国历史上的儿童与性别问题。不同于人们对儿童与性别问题的刻板认知，熊秉真依据史料记载的女童日常生活及受教育状况，认为近世"重男轻女"思想并不严重，甚至女孩子得到家庭偏爱。② 熊秉真的研究观点新颖，站在儿童立场重构儿童生活，体现了儿童生活的复杂性和儿童观的多元性。

白先勇在《塑造理想儿童：帝国晚期的儿童和他们的启蒙读物》（*Shaping the Ideal Child: Children and Their Primers in Imperial China*）一书中，重点考察了明清时期启蒙读物的内容、特点及所体现的精英阶层对儿童和童年的态度。明代以前，文人对通俗读物的态度是消极的，主要采用儒家四书五经或新儒学家著作；明代以后，由于社会经济思潮的变化，《孙氏》《白氏》《钱氏》等通俗读物开始流行。这些通俗读物代表了中国精英阶层的价值观，他们把道德修养和宋代新儒家礼制改为实用的形式，以利用文字的力量改变或塑造非精英阶层的儿童，进而确保社会稳定和帝国安全。③

通过梳理中国古代儿童史研究可知，由于具体研究时段、研究对

① 熊秉真：《童年忆往：中国孩子的历史》，广西师范大学出版社 2008 年版。

② Ping—chen Hsiung，*A Tender Voyage: Children and Childhood in Late Imperial China*，California: Stanford University Press，2005. 这本英文著作在 2022 年 4 月被作者译成中文版，并由广西师范大学出版社出版。见熊秉真：《近世中国的儿童与童年》，广西师范大学出版社 2022 年版。

③ Limin Bai, *Shaping the Ideal Child: Children and Their Primers in Imperial China*, Hong Kong: The Chinese University Press,2005.

象和解读视角的不同，学者们对于幼儿观出现的时间存在争议，但基本认同古代社会有幼儿观和儿童发现的过程。比如，肯尼认为汉代出现了“儿童的发现”，李雁依据儿童服饰变迁特点认为唐代认识到儿童与成人的区别，郑言午通过考察唐代亲子关系认为唐代是儿童观形成的萌芽阶段，熊秉真依据儿科医学和蒙养教育认为宋代有幼儿观。古代社会对于儿童的关注和关爱，主要基于家族利益的考量。也正因为此，儿童成为父母的隶属物，以父亲为代表的长者可以根据家族利益决定儿童的生活和成长状况，乃至生死存亡。在家族本位儿童观主导中国古代社会的同时，国家本位儿童观和个人本位儿童观并非全然无存，但作用和影响微弱，尤其是个人本位儿童观。正如白先勇在研究中所提到的，明清时期有两种教育儿童的理论和方法，一种是程朱理学式，一种是王阳明式，前者比后者更受私塾先生的欢迎。① 个人本位儿童观的缺失，导致中国古代社会流行着把儿童视为“小大人”的认知模式。

家族本位儿童观在中国古代社会长期占据主导地位，生命力旺盛、影响深远。笔者认为，经过晚清时期出现的国家本位儿童观和五四新文化运动时期出现的个人本位儿童观的荡涤，家族本位儿童观在新中国初年依然主导着民众对儿童的认识和态度，并与国家本位儿童观及实践、个人本位儿童观及实践展开博弈。

（三）关于中国近现代儿童史的研究

占据主导地位的家族本位儿童观及实践，正是近现代新兴儿童观及实践力求改变的地方。从秦至明清，社会和家庭有一个对儿童不断尝

① Limin Bai, *Shaping the Ideal Child: Children and Their Primers in Imperial China*, Hong Kong: The Chinese University Press,2005.

试了解和认识的过程，但在封建伦理纲常的作用下，始终没有突破把儿童当作家族发展“工具”和视作“小大人”的模式。晚清时期，以传教士所办报刊为媒介引入的西方儿童观，对中国传统儿童观构成冲击，民族危机也促使爱国人士重新思考儿童的社会属性。已有学者从不同角度对晚清以来的儿童观作出研究。

与晚清儿童观变迁相关的部分因素受到学界的关注。庞玲通过分析 1875—1881 年传教士报刊《小孩月报》塑造的西方式儿童形象，说明《小孩月报》在冲击中国传统儿童观、重塑现代儿童观方面的先锋作用。作者认为，《小孩月报》不仅把人们的目光引向儿童，而且促使晚清改良派们把儿童放置在国家发展的层面去讨论。① 刘先飞考察了晚清时期国家本位儿童观倡导者——梁启超的儿童观和儿童文学观。作者认为，在民族转折的紧要关头，梁启超塑造的具有冒险、自治、爱国特点的少年新国民形象，与传统的安静好学、承担家族未来的儿童形象大不相同。②

晚清儿童观念的变迁，在一定程度上带来儿童生活的变化。程再凤以晚清知识阶级的儿童为研究对象，从家庭教育、儿童游戏和亲子关系三个方面，探讨了他们在国家本位儿童观影响下的塑造问题。作者发现，儿童受教育内容呈现出半新半旧的特点，新式学堂的教育形式日渐取代家庭教育，教育者对游戏的态度和亲子关系也伴随时代的变化而变化。总之，在晚清绅士儿童塑造过程中，家庭权力日渐萎缩，孩子逐渐走出家庭、转向国家之民。③ 乔恩·萨里（Jon L. Saari）

---

① 庞玲：《〈小孩月报〉与晚清儿童观念变迁考论》，硕士学位论文，华东师范大学中国语言文学系，2009 年。

② 刘先飞：《少年新国民：论梁启超的儿童观》，《学术探索》2011 年第 6 期。

③ 程再凤：《晚清绅士家庭的孩子们（1880—1910）》，硕士学位论文，华东师范大学历史学系，2011 年。

稍微延长了研究的时段，他深入分析了出生成长于1890—1920年间中上阶层儿童的成长经历，以及他们的价值观和身份意识。作者认为，在中国社会和政治发生剧变时期，儿童成长深受中国知识分子所倡导的民族意识的影响。①

然而，同处“转型时代”，杨为明笔下的儿童生活却与程再凤、萨里笔下的儿童生活具有很大差异。作者通过分析来洋华人关于晚清儿童生活的记述，阐明中国普通儿童灰暗的生活状况，如广泛存在的杀婴、疾病及男女不平等现象，儿童生存权、发展权、受教育权严重缺失问题。作者认为，尽管这些被呈现的灰暗的儿童形象承载着传教士方便传教布道的目的，但不能以此归结于话语建构或强调本土特色，出洋华人在观察西方儿童生活状态后的反思就是中国儿童生活灰暗的佐证。②晚清普通儿童的生活状态是中国古代儿童生活状态的延续，其所反映的儿童不受重视，被视作“小大人”的观念，也正是古代社会主流儿童认知的另一种表达。另外，中上层社会儿童和普通儿童的生活状态差异有待进一步探讨和解读。

有学者倾向把清末民初作为研究的时段，以比较清末与民初儿童观念的差异性。谢毓洁结合社会变革、文化变迁的时代背景，梳理了儿童文艺在晚清和民国时期发展的基本脉络，并从儿童文艺视角入手剖析了以梁启超、严复为代表的晚清有识之士和以鲁迅、周作人为代表的五四启蒙者所具有的儿童观的差异。作者认为，晚清时期儿童文艺的政治功能和启蒙功能被强化，儿童观类似“洛克派”，强调以民为本；五四新文化运动期间的儿童文艺作品关注“儿童问题”，儿童观类似“卢

① Jon L.Saari，*Legacies of Childhood: Growing up Chinese in a Time of Crisis,1890—1920,* Cambridge: Harvard University Press，1990.

② 杨为明：《建构与真实：晚清来华西人眼中的中国儿童》，硕士学位论文，华中师范大学历史文化学院，2016年。

梭派”，强调以人为本。① 王烁以教科书为研究对象，以图像研究为视角和方法，从面貌、身体、游戏、角色、榜样五个维度，分析了 1904 年《最新初小国文教科书》、1912 年《共和国教科书新国文》、1923 年《新文制国语教科书》三代教科书中的儿童形象。作者认为，三代教科书的儿童形象具有从“小君子”到“小国民”，再到“小朋友”的形象演变，反映出教育改革的诉求。②

五四新文化运动时期形成了一股“儿童热”，不仅出现了周作人、鲁迅、丰子恺、陈鹤琴等关注儿童问题的知识分子，而且创作了一批蕴含其各自儿童观点的文学作品。正因为如此，目前学界更倾向于对五四新文化运动时期的儿童史进行单独研究，并在研究时基本循着这两个方向，或者研究某位知识分子的观点，或者考察儿童文学的整体特征及其所体现的儿童观。

周作人被视作“儿童本位论”第一提出者，并直接推动了第一批中国儿童文学的诞生，因而成为五四新文化运动时期的重点研究对象。刘冰通过解读周作人的日记、回忆录和有关儿童学、儿童文学的论文，研究了周作人早期儿童观和儿童文学观。作者从“现实性”和“社会性”两个方面反驳了周作人的儿童是“理想儿童”的说法，认为周作人的儿童具有现实性，其对儿童的教育体现出“社会性”。③ 甘静把周作人的儿童书写分为儿童文学书写、儿童形象书写和儿童教育书写三部分，并认为这三部分均体现出儿童本位、尊重儿童个体独立性和精神独立自由的特点。④ 周作人的儿童观并非一成不变，王利娟考察了周作人的晚年

---

① 谢毓洁：《近代儿童文艺研究》，未来出版社 2017 年版。

② 王烁：《清末民初教科书插图中的儿童形象及其演变》，硕士学位论文，华东师范大学教育学部，2017 年。

③ 刘冰：《周作人早期儿童观、儿童文学观研究》，硕士学位论文，华东师范大学中国语言文学系，2005 年。

④ 甘静：《周作人的儿童书写》，硕士学位论文，暨南大学中国语言文学系，2014 年。

儿童观。作者认为，周作人晚年“嘉孺子”的儿童观是对“儿童本位”的呼应与升华，主张以赞美、嘉许的眼光看待儿童，满足其健康快乐成长的各层需要。“嘉孺子”也是周作人儿童观的核心所在，具有独特性。①

鲁迅，是五四新文化运动时期关注儿童问题的另一位关键人物。目前，学界有不少关于鲁迅儿童观的研究。林宁通过梳理分析鲁迅的文学作品，阐释了鲁迅的儿童观。作者认为，鲁迅的儿童观以尊重与理解儿童的天性、幼者是“真的人”、孩子是可以敬服的为内容，具有以立人启蒙为思想核心、以儿童本位为基本立场、以矛盾性为哲学内核的特征。②刘旭通过鲁迅文学作品中的儿童形象分析其教育观，鲁迅批判不是“禁”就是“任”的传统教育方法，主张个性教育、趣味教育和素质教育。③从立认为鲁迅是儿童文学作品的创作者、儿童文学翻译的拓荒者、现代儿童文学的倡导者，其文学实践体现出发现儿童、认识儿童的儿童本位观，尊重儿童、解放儿童的儿童教育观和关怀儿童、陶冶儿童的儿童文学观。④

除了周氏兄弟，丰子恺的儿童观也极具时代特色。王贵玲通过分析丰子恺的散文、童话故事及儿童漫画作品，阐释丰子恺的儿童观。作者认为，丰子恺的儿童观具有丰富的内涵，他把儿童视作具有独立精神和人格的生命个体，把儿童期视作美好而短暂的黄金时代。其中，“把儿童当作儿童”是丰子恺儿童观的基本立场，“尊崇儿童的天性”是其

① 王利娟：《“嘉孺子”：周作人的儿童理念》，硕士学位论文，北京大学中国语言文学系，2013 年。

② 林宁：《论鲁迅的儿童观》，硕士学位论文，福建师范大学教育学院，2018 年。

③ 刘旭：《从鲁迅作品对儿童形象的塑造中看其教育观》，硕士学位论文，西南大学教师教育学院，2006 年。

④ 从立：《另一种视野：鲁迅与儿童文学》，硕士学位论文，华东师范大学中国语言文学系，2006 年。

儿童观核心要义，“存养人类的本性”是其儿童观的精神本质。[①]杜晓彦研究发现，丰子恺批判儿童行为的成人化、儿童世界的阶级化、儿童生活的世俗化，追求儿童生活应具有谐趣的生活本质、和谐的生活环境和充分发挥想象力。[②]宋冰探讨了丰子恺的儿童观及其思想来源。作者认为，清末民初的社会文化环境和“神往”童年生活、喜爱孩子、教书育人的工作需要和对人生思考等个人愿意，共同促使丰子恺儿童观的形成。[③]白雪通过分析丰子恺的漫画，不仅研究了丰子恺把儿童当作儿童看待和尊崇儿童天性的儿童观，而且进一步探讨了丰子恺的儿童教育内容和方法。丰子恺倡导为儿童创造和谐的生活环境，注重儿童艺术教育和道德教育，批评一刀切和立竿见影的教育方法，注重榜样示范作用。[④]

正如前文所言，五四新文化运动时期儿童史的整体发展状况也是学界的一个重要研究面向。陈瑞琴以1917—1927年五四新文学为研究基础，探讨了理论文本和文学文本中关于儿童本位观的理论建设和实践。作者首先探寻了儿童本位观建立的理论来源和理论倡导。在理论先行的情况下，作者进一步探讨了文本中儿童本位观的具体实践：实践的第一步是颠覆封建思想统治、为儿童求解放；第二步是树立理想的现代儿童形象；第三步是文学叙事视角由成人向儿童转换。作者认为，虽然五四文学理论和实践中的儿童形象美好，但脱离现实，过于理想化，并

① 王贵玲：《论丰子恺的儿童观》，硕士学位论文，南京师范大学教育科学学院，2016年。

② 杜晓彦：《论丰子恺的儿童生活观》，硕士学位论文，苏州科技学院历史学系，2011年。

③ 宋冰：《丰子恺的儿童观及其思想来源研究》，硕士学位论文，南京师范大学教育科学学院，2017年。

④ 白雪：《丰子恺漫画中的儿童教育思想研究》，硕士学位论文，聊城大学教育科学学院，2018年。

存在儿童文学创作功利化的局限性。① 王浩以历史分析与思辨研究为主要分析方法，在探讨 1915—1927 年间“儿童的发现”勃然兴起的原因的基础上，相对完整地梳理出“儿童的发现”中有关儿童的具体内容。在此基础上，作者着重分析了“儿童的发现”具体内容所反映的特点，归纳出“儿童的发现”的实质，总结了“儿童的发现”的历史贡献以及历史局限性，阐述了“儿童的发现”对现今中国儿童教育研究、儿童教育实践以及传统文化中儿童观的当代转型所具有的启迪意义。②

“儿童热”尽管在五四新文化运动时期出现，并带来“儿童的发现”，但脱离了社会发展需要，进而促使儿童文学在 20 世纪 20 年代中后期出现转型。颜士静就在其硕士论文《从儿童的“发现”到儿童的“遮蔽”》中，探讨了中国现代儿童文学从 20 世纪 20 年代到 30 年代的变迁。作者认为，1927 年四一二和七一五反革命政变是新文学的转折点，儿童文学也难免受到影响，并因此打上了阶级性和革命性烙印。尽管 30 年代儿童文学在大众化和革命化方面取得了突破，但存在着成人化气息过重、教化功能突出的缺陷。生理上是儿童，心理上是“小大人”的儿童形象及泛滥的政治化儿童作品使儿童走向遮蔽。③

在 20 世纪 30 年代，儿童形象的改变不仅体现在文学作品中，也体现在政府和政党的塑造中。刘夏威通过分析 1935 年儿童年的确立原因和主要活动内容认为，国家和社会互动下的儿童年，企图把儿童塑造为“小国民”。这些塑造行为，有悖于个人本位儿童观，是国家本位儿童观的体现。作为结果，儿童尽管受到了教育、得到了保护，增加了娱

① 陈瑞琴：《五四新文学的儿童本位观》，硕士学位论文，华中师范大学文学院，2012 年。

② 王浩：《新文化运动中“儿童的发现”》，中国社会科学出版社 2012 年版。

③ 颜士静：《从儿童的“发现”到儿童的“遮蔽”——20 世纪 20 年代到 30 年代中国现代儿童文学的变迁》，硕士学位论文，南京师范大学文学院，2005 年。

乐方式，但缩短了自然而交融的童年。儿童不是作为儿童自身而存在，而是作为国家的一分子而存在。① 孙霞以 1932 年到 1949 年间的 18 届儿童节纪念活动为研究对象，分析了儿童节中国家政治意识和个人本位主义的并存现象。作者认为，儿童节是南京国民政府对儿童进行政治教育的方式，以便塑造新国民。尽管儿童节的政治化遭到持“儿童本位主义”知识分子的批判，但儿童在国家和社会的博弈中成为最大受益者。②

抗日战争促使儿童形象重塑，儿童成为抗日战争中的一支生力军。罗存康在《少年儿童与抗日战争》一书中，考察了敌后抗日根据地、国统区、沦陷区的少年儿童在抗日救亡运动中所做的种种努力。作者认为，儿童承担起抗日救国的责任，体现出“天下兴亡、匹夫有责”的爱国情怀。③ 罗存康的研究主要运用史料，做事实陈述。新加坡国立大学学者徐兰君则对这一时期的儿童形象进行了学理上的提升。徐兰君通过解读 1937—1945 年间的国难读本、国防游戏、教育政策及相关教科书，考察了儿童集体的战争经验如何通过文化想象机制和文化实践建构出来，并变成他们文化身份组成的重要部分。徐兰君认为，中国现代性话语对儿童产生了重要影响，是一个“再造”的历史过程。④

除了依据历史特征对近代儿童史进行分时段研究，还有学者对近代儿童史的某一方面进行了整体探讨。高振宇运用传记、年谱、校史等各种直接史料，从入学、管理、课程三部分入手，研究了 1902—1949 年中国近代儿童的学校生活。作者通过研究发现，“五四时期”并不完

① 刘夏威：《塑造“小国民”：全国儿童年研究（1935.8—1936.7）》，硕士学位论文，华中师范大学历史文化学院，2018 年。

② 孙霞：《国家 · 社会 · 儿童：南京国民政府四四儿童节述评》，硕士学位论文，华中师范大学历史文化学院，2012 年。

③ 罗存康：《少年儿童与抗日战争》，团结出版社 2015 年版。

④ 徐兰君：《儿童与战争：国族、教育及大众文化》，北京大学出版社 2015 年版。

全是中国儿童的发现期，中国儿童史也不是一部“革命史”，而是继承与变革的统一体。另外，儿童在争取入校机会、自治和接受优质教育权利等方面进行了一系列斗争，他们是有力量的社会活动者。① 陆克俭以近代中国社会历史变革为背景，从儿童观启蒙、儿童权力观、儿童地位观、儿童天性观、儿童发展观等方面研究了中国近代进步儿童观。作者认为，中国近代儿童观具有时代性、融通性、传承性和历史局限性的特点，并在思想观念方面给予启迪。② 常春波和侯杰探讨了近代中国儿童在家庭、学校、社会的规训和引导下如何建构起性别意识，及处于过渡阶段的社会性别制度与观念对儿童成长的影响。③

目前学界对新中国早期儿童的研究较少，而且已有研究主要考察文艺作品中的儿童形象。涂春梅通过研读“十七年”间的儿童文学作品，提炼出三类儿童形象，分别是：革命战争年代的“小战士”，勇于抗争的“平民英雄”和茁壮成长的“祖国的花朵”。作者认为，这些“新中国儿童形象”深受“教育本位”的儿童观影响，承载着“难以承受之重”，与儿童的心灵世界渐行渐远。④ 周彬芮通过美术中的儿童形象分析新中国的儿童观。作者认为，新中国美术中的儿童形象大部分是经过“双重塑造”而建构的接班人形象，并且随着接班人意识在不同历史时期的变化而变化。具体而言，可以分为三个阶段和三种模式：第一，解放区“红孩子”培养模式，儿童形象具有军事化特征；第二，新中国“社会主义新人”培养模式，涉及德、智、体、美、劳多个方面，使儿童形象

① 高振宇：《儿童史学论：中国近代儿童的学校生活研究（1902—1949）》，山东教育出版社 2017 年版。

② 陆克俭：《发现与解放：中国近代进步儿童观研究》，华中科技大学出版社 2015 年版。

③ 常春波、侯杰：《近代儿童日常生活》，山西教育出版社 2019 年版。

④ 涂春梅：《“十七年”儿童文学中的“新中国儿童形象”》，硕士学位论文，杭州师范大学人文学院，2011 年。

呈现出多样化的发展趋势；第三，“文革”时期极端的“共产主义接班人”培养模式。[①]吴德霞同样把绘画作品中的儿童形象作为研究对象。她认为，虽然新中国前十七年绘画中的儿童形象具有积极影响，起到良好的教化作用，实现了大众化的目标，但教化和规劝被过度强调，缺少童真形象，导致儿童自我角色认知的迷茫。[②]林淑湘以“十七年”“文革时期”“新时期”“新时期再探索”四个时期具有代表性的儿童电影为媒介，通过分析儿童电影中儿童形象以及儿童主题等，得出“十七年”儿童电影是国家本位的儿童观、“文革时期”是成人本位的儿童观、“新时期”是生活本位的儿童观，“新时期再探索”是个人本位的儿童观的结论。[③]

在文艺为政治服务的方针下，新中国早期儿童文学、电影、美术创作虽然均受到社会主导形态儿童观的影响，但毕竟经过了艺术加工。能够接触到这类文艺作品的民众较少，大众意识形态儿童观受此影响有限，尤其对农村地区而言。所以，这类文艺作品中的儿童形象和儿童观只能作为了解新中国早期儿童的参考和辅助，欲探求真实情况还需要借助进一步历史实证研究。这也是本研究在前人研究基础上，试图推进的地方。

通过中国近现代儿童史研究可知，国家本位儿童观和个人本位儿童观的微弱局面得到改变，打破了过去家族本位儿童观一枝独秀的状态，但两种新兴儿童观的实践效果还有待探讨。另外，学界关于儿童观的研究主要集中在某一段历史时期，即便跨越了历史时期的限制，也较少贯穿近代史与现代史儿童观的衍变过程，整体性的儿童观更多地被片

① 周彬芮：《塑造“接班人”——新中国美术中的儿童形象研究》，硕士学位论文，中央美术学院美术史系，2013年。

② 吴德霞：《新中国前十七年时期绘画作品中儿童形象研究》，硕士学位论文，南京大学美术研究院，2017年。

③ 林淑湘：《建国以来儿童电影中儿童观的折射》，硕士学位论文，广西师范大学教育科学学院，2008年。

段化、切割化研究。这种研究方式虽然能够深入透彻地分析某一时期儿童观，但不利于揭示不同时期儿童观之间的关系，也不利于勾勒出儿童观发展的整体图景。中国儿童观，并非因为历史时期的分割而完全断裂，除了断裂，还有延续和渐进中的发展。

三、概念、解释框架与方法

本研究以农村儿童为研究对象，需要阐释的首要概念即何为“儿童”？熊秉真认为“儿童”的含义至少有三个层面：第一个层面是人生阶段的起始，指年龄和身材均小、从刚出生几个月到几岁的孩子；第二个层面是一个社会地位或社会角色；第三个层面是抽象意涵的儿童，近乎“童心稚情”的意思。[①]第一个层面是作为人生阶段的生物概念的儿童，这种儿童概念始终存在；第二个层面和第三个层面是作为历史生成的社会文化概念的儿童，这种儿童概念随着时间的发展、文明与文化的进步而不断变化。本研究考察的是作为社会文化概念的儿童。

当今社会涉及儿童研究的领域诸多，比如心理学、医学、教育学、法学、文学。由于对儿童的划分依据不同，不同的学科和研究领域对“儿童”的概念界定也有一定的差异，但均具有年龄界限。1989 年 11 月 20 日第 44 届联合国大会通过的《儿童权利公约》规定：“儿童系 18 岁以下的任何人，除非对其适用之法律规定成年年龄低于 18 岁。”儿童心理学家玛丽亚·蒙台梭利（Maria Montessor）根据儿童心理发展规律，把儿童分为三个阶段：0—6 岁的儿童、6—12 岁的儿童和 12—18 岁的儿童。[②]刘晓东根据脑结构在机能上的成熟状况将 13 岁作为儿童期的上

① 熊秉真：《童年忆往：中国孩子的历史》，广西师范大学出版社 2008 年版，第 17—18 页。

② [意]蒙台梭利：《儿童教育手册》，爱立方编译：北京理工大学出版社 2015 年版，

限。①最高人民法院、最高人民检察院、公安部1984年3月31日制定的《关于当前办理拐卖人口案件中具体应用法律的若干问题的解答》规定：不满1岁的为婴儿，1—6岁为幼儿，6—14岁为儿童。②儿童医学将儿童年龄分为七个阶段：从受精卵形成到胎儿娩出前为胎儿期，从出生至满28天为新生儿期，从出生到1周岁为婴儿期，从1周岁至3周岁为幼儿期，从3周岁至6—7岁入学前为学龄前期，从6—7岁入学到11—12岁青春期前为学龄期，女孩从11—12岁到17—18岁、男孩从13—14岁到18—20岁为青春期。③儿童文学根据不同年龄阶段的读者对象，分为婴儿文学、幼年文学、童年文学、少年文学。④1935年5月21日全国儿童年实施委员会召开会议，将儿童年龄限定为自受胎起至15周岁。⑤

依据研究需要，本研究将儿童的年龄界定在0—15岁。本研究对新中国早期山东农村儿童的探讨主要包括四个方面：儿童观念、儿童卫生、儿童教育、儿童劳动。就观念而言，官方尽管明确了儿童是社会主义建设者和接班人的定位，但对儿童的年龄界限并没有严格规定，大致截至十五六岁。比如，1950年关于文盲的调查，设儿童年龄上限为16岁；⑥1956年北京儿童玩具陈列馆按照0—3岁、3—7岁、7—15岁三类陈列。⑦就儿童卫生而言，由于新生儿和婴幼儿身体各系统器官的机

第iv—v页。

① 刘晓东：《儿童精神哲学》，南京师范大学出版社1999年版，第14页。

② 最高人民检察院研究室：《检察手册（1988—1989）》，中国检察出版社1991年版，第377页。

③ 谭德福、陈代斌主编：《中西医结合儿科学》，中国中医药出版社2006年版，第10—11页。

④ 滕飞：《综合素质幼儿园》，南京师范大学出版社2016年版，第130页。

⑤ 全国儿童年实施委员会：《儿童定义受胎起至十五周年》，《申报》1935年5月22日。

⑥ 政务院政法委员会参事室：《不要滥发调查统计表格》，《人民日报》1950年9月8日。

⑦ 《儿童玩具陈列馆在京开幕》，《人民日报》1956年3月21日。

能发育不成熟、免疫功能低下，属于易发病群体，该章节主要考察0—6岁儿童的卫生与保健状况。就儿童教育而言，根据文献资料和田野调查，农村儿童入小学较晚，一般9周岁上小学，15周岁高小毕业，而且吸收9—15周岁少年儿童的少先队是小学政治思想教育的主要依托。① 就儿童劳动而言，资料显示，十五六岁成为家庭劳动内容和集体劳动工分评定的一个分界点，受访者邢有俊在15岁担任妇女队长。② 综合上述四方面，本研究以0—15岁为儿童年龄界限，与少年有一定的重合。

关于儿童的年龄界定，涉及“童年”概念。目前学界对童年的概念解读主要有三种视角：作为一种生物现象的童年，作为一种社会现象的童年，作为一种意义体系和过程的童年。其中，作为社会现象的童年，可分为作为社会结构形式的童年和作为社会建构形式的童年。③ 本研究在认同童年是生命历程发展阶段的基础上，倾向于社会建构。克里斯·詹克斯（Chris Jenks）认为：“童年可以被理解为一种社会建构，与社会身份有关，随着时间以及社会的变化，童年自身的边界也不断地变化，它内含于社会结构中，形成特定的行为并通过这些行为表明该社会身份。”④ 社会建构形式的童年概念，体现出童年的多样性和差异性。新中国早期山东农村地区男孩和女孩的崛起之路，就因性别因素而不同，男孩主要通过教育成为“新式农民”，上升到农村劳动力结构顶端，女孩则主要通过劳动场所、劳动内容及劳动价值呈现方式的改变而改变。

作为社会文化概念的儿童之所以不断发展变化、作为不同学科研究对象的儿童之所以概念界定不同，原因涉及一个重要的概念——儿童

---

① 《中国少年先锋队队章》，《人民日报》1954年6月1日。

② 根据笔者于2017年5月28日、29日在济南市仲宫镇对邢有俊的访谈录音整理。

③ 王友缘：《走出迷思——童年概念的几种视角及其分析》，《教育学术月刊》2014年第1期。

④ Chris Jenks, *Childhood*, London: Routledge,2005, p7. 转引自王友缘：《走出迷思——童年概念的几种视角及其分析》，《教育学术月刊》2014年第1期。

观。所谓儿童观，乃是外界对儿童最基本的看法、态度、主张。[①] 由于对儿童的观点和认识不同，由此延伸出来的对待儿童的方式自然也不同。依据不同的划分标准，儿童观可分为三种形态儿童观和三种价值取向儿童观。

根据所持主体，儿童观有三种形态：一是社会主导形态的儿童观，即一定社会中居统治和支配地位的人们所认定的儿童观；二是学术理论形态的儿童观，即学术研究人员所持的儿童观；三是大众意识形态的儿童观，即广大国民对儿童的根本认识和态度。[②] 其中，对新中国早期农村儿童影响较大的是社会主导形态的儿童观和大众意识形态的儿童观。由于这两种儿童观代表不同群体、不同层次的认知，承载着不同的利益诉求，所以经过了不断的摩擦、调和。正是在二者摩擦、调和中，广大农村儿童的生活随之发生改变。

根据价值主体，儿童观有三种价值取向：一是家族本位儿童观，相关概念已经在前文提及，具有以家族需要为中心的特点；二是国家本位儿童观，以国家利益为根本出发点，从国家兴亡和需要的角度考虑儿童的生存与发展、培养与塑造，把儿童视为国家的财富、未来的希望和延续富强的工具；三是个人本位儿童观，以儿童利益为根本出发点，使儿童成为具有独特个性的独立个体。[③] 在新中国早期，家族本位的儿童观是大众意识形态儿童观的主要内容；国家本位儿童观是社会主导形态儿童观的主要内容；符合儿童身心发展规律的、具有科学性的塑造措施体现出一定的个人本位儿童观。另外，家族本位儿童观和国家本位儿童观的博弈，为儿童自主性的发挥和个人本位的发展提供了空间。

---

① 何茜曦、孙津：《近代以来中国儿童观的政治因素及善变历程》，《当代青年研究》2019 年第 2 期。

② 虞永平：《论儿童观》，《学前教育研究》1995 年第 3 期。

③ 周智慧主编：《学前教育学》，天津大学出版社 2016 年版，第 29 页。

为了更好地开展研究，本研究以山东地区为个案。笔者认为，在探讨国家儿童观及培养措施对农村社会传统儿童观及养育方式影响和作用问题上，山东属于较典型的案例。一方面，山东是新中国第二农村人口大省，农村儿童基数大。以1953年和1964年两次人口普查为例，截止到1953年6月30日24时，山东乡村人口总数为46592493，约占全国农村人口总数的9.22%；截止到1964年6月30日24时，山东乡村人口总数为51817582，约占全国农村人口总数的8.68%，两次均仅次于四川地区。[①]另一方面，山东是孔子的家乡，是儒家思想文化发源地。儒家倡导的“父为子纲”“男尊女卑”等家庭伦理和性别秩序不仅牢固，而且在农村社会传承已久。以山东地区为个案，分析两种形态、三种价值取向儿童观的博弈与妥协，及对儿童群体的影响，其表征将更为明显。虽然每一个地区都有其不可替代的独特性，山东农村地区儿童生活的变迁，并不完全等同于其他地区农村儿童的经历，但山东微观个案所揭示的儿童观念和童年生活变迁，在广大农村地区仍具有一定程度的普遍性。

本研究的研究方法以文献法为主，辅之以访谈法。笔者搜集的文献资料主要包括档案、报刊和地方志三类。档案来自山东省档案馆、聊城市档案馆，涉及1949—1966年新法接生、儿童常见病预防、新法育儿、托儿所、幼儿园、小学、少先队、儿童劳动等有关内容。报刊主要有中国共产党中央委员会机关报《人民日报》（1949—1966）、中共山东省委机关报《大众日报》（1952—1966）、山东省教育厅主办的《山东教育》（1957—1961）、山东省卫生厅主编的《山东卫生》（1958—1960）和山东省民主妇女联合会编辑的《山东妇女》（1951—1953），等等。为了了

① 姚新武、尹华：《中国常用人口数据集》，中国人口出版社1994年版，第77、83页。

解作为个案的山东地区，尤其是笔者进行田野调查地区的风土人情和地域文化，本研究还搜集和运用了方志资料，如《山东省志·卫生志》《山东省志·教育志》《山东省志·农业志》《山东省志·人口志》《山东省志·妇女团体志》《聊城地方志》《东营市志》《黄河农场志》《垦利县志》等。

访谈法不仅能够在一定程度上弥补文献法的不足，而且能够补充和丰富文献中所没有的资料。笔者曾于2017年5月和2019年5月到位属于鲁中山区的济南市历城区仲宫镇张家村、鲁西平原的聊城市阳谷县李台镇石楼村和鲁北黄河三角洲地区的东营市垦利区垦利镇十四村进行田野调查，共搜集35份口述资料（见附录）。① 受访者或者为童年时期在三个村庄度过的新中国第一代儿童及他们的父母辈，或者为通过婚嫁关系进入三个村庄、但童年时期在其他村庄度过的新中国第一代儿童。通过访谈，笔者进一步掌握了新中国早期山东农村地区儿童的卫生保健、所受教育、生活日常、生产劳动等情况和广大民众的儿童观。

在解读文献资料和口述资料方面，本研究借助性别和年龄两种分析工具。社会性别产生于20世纪60年代的美国女权运动，至20世纪80年代经过女性主义理论家的推动，成为一种认识和分析工具。1988年，琼·斯科特（Joan Scott）在《社会性别：一个有效的历史分析范畴》（*Gender: A Useful Category of History Analysis*）一文中对社会性别做出两个基本界定："性别是组成以性别差异为基础的社会关系的成分，性别是区分权力关系的基本方式。"② 社会性别在20世纪90年代初的中外学术交流中传入中国，为中国的学术研究提供了一种新的理论框架和视

① 按照学术规范，本研究的受访者姓名一律使用化名。

② ［美］琼·斯科特：《社会性别：一个有效的历史分析范畴》，载李银河主编：《妇女：最漫长的革命——当代西方女权主义理论精选》，生活·读书·新知三联书店1997年版，第168页。

角。就本研究而言，社会主导形态的儿童观及相关塑造措施提倡“男女平等”的新道德和性别新秩序，老百姓则奉行着“男尊女卑”“男主外、女主内”的传统性别文化。新旧两种性别观念在发生碰撞之际，经历了怎样的变化，对农村儿童性别塑造产生了怎样的影响。

目前，学界一般把阶级、种族和性别视作书写历史的三大常用范畴。香港大学庞德威（David M. Pomfret）教授提议：年龄是现代性叙事最重要也是最容易被忽视的一个维度，应该和阶级、种族、性别一起成为历史研究的有效分析范畴。① 就本研究而言，主要包括两个层面：第一，关注儿童的声音和身影，书写儿童的历史；第二，站在儿童的立场，再现新中国早期的山东农村社会。

四、基本结构

本研究共由六部分组成：

绪论部分，说明和阐发研究缘起、研究现状、解释框架与研究方法、使用材料等内容，提出本研究的创新之处。

研究新中国早期国家儿童观及其培养措施的成效，首先需要了解1949年前的儿童观及儿童生活境况。第一章梳理晚清时期、五四新文化运动时期、南京国民政府时期国民党统治区和革命根据地儿童观的成因、体现及在实践层面的影响，并探讨三种价值取向儿童观的依据。以血缘关系为基础并经儒家文化发展而来的家族本位儿童观，长期主导儿童生活。近代以来，伴随中国社会的转型，人们关于儿童的认识和态度发生转变。晚清时期，梁启超等人把儿童由家族家庭转置民族国家框架

---

① 澎拜新闻：《港大庞德威：从帝国的全球化扩张中发现“童年”》，2018年7月25日，见 https://weibo.com/ttarticle/p/show?id=2309351002454265812356670635。

下言说，提出国家本位儿童观。五四新文化运动时期，周作人等知识分子把儿童由家族家庭、民族国家转置个人主义框架下言说，提出个人本位儿童观。南京国民政府时期，国民党和共产党都基于各自政党需要开展了儿童节、儿童组织等活动。国民党统治区的活动体现出国家本位与个人本位并行，革命根据地侧重国家本位。中国儿童观虽然在近代社会发生了渐进变化，但家族本位儿童观依然占据主导地位；在实践层面，新兴的儿童观仅对少数儿童的生活产生了影响。1949 年前，广大儿童依然被视作父母的隶属物，延续着传统的生活状态。

第二章探讨以爱国卫生运动为契机的儿童卫生与保健，这是中国共产党和人民政府在农村地区培养儿童的首要内容。国家推行的卫生与保健，主要由新法接生、现代性预防与治疗、新法育儿三方面构成。具备科学性的观念和措施，利于人丁兴旺，逐渐被家长接纳。在接纳的同时，家长又主要基于经济、地域因素进行调整，从而使农村社会呈现出新旧交织的生育和养育模式。尽管卫生与保健措施没有得到完全贯彻，但切实提高了新生儿存活率和儿童常见病治愈率，降低了婴幼儿患病率。其开展过程所传达的儿童生理特殊性、父母具有呵护子女责任、儿童优先享有现代医药资源、国家重视儿童福利等信息，引导家长重新认识儿童，并感受儿童为国家“所有”的新观念。

第三章探讨新中国早期培养农村儿童具备符合国家建设需要的文化和思想教育，包括幼儿园教育和小学教育两个部分。幼儿园在农村地区属于新生事物，自 1956 年明确教育功能后，招生范围不断扩大，教学活动也不断丰富。由德育、智育、体育、卫生四部分组成的教育活动，使受托儿童在唱歌跳舞、娱乐游戏中度过了一个红色童年。小学在教育对象、教育目标、教育内容、教育方法等方面，均与传统私塾式教育差异显著。对此，家长受“重男轻女”思想影响而阻止女童入学，并对劳动教育、高小毕业生从事生产等内容表现出不满。在家国博弈中，儿童努力争取受教育权。自主性的发挥，连同教学内容和方法的科学性，促进了个人本位儿童观的发展。越来越多的儿童进入学校，并被置于农村劳动力结构的顶端。

第四章探讨新中国早期农村儿童日常生活中最重要的一项活动——劳动。在儿童是社会主义建设者和接班人的身份定位下，儿童不单是家庭劳动者，而且是国家劳动者。儿童以学校为单位参加了一系列集体劳动。这些劳动在时间、内容、场所等方面，均有别于家庭劳动，体现出为辅助教师生活、维持学校运转、支援国家建设而劳动的目的。这一时期，不仅出现了以学校为单位的集体劳动，儿童在家庭中的劳动秩序也发生了调整。由性别主导的家庭劳动秩序逐渐演变为年龄、性别、行第交织的新秩序。劳动新秩序，使“劳动者”成为儿童最重要的家庭身份，女童能够参加生产领域的劳动，行第靠后的儿童入校机会增加。

结语部分，主要是在前面四章研究的基础上做认识论层面的总结。在新中国早期的山东农村，广大儿童的生活状况得到改善，家庭地位和社会地位得到提升，“幼者本位”的儿童观开始被社会广泛接受和实践。儿童的崛起更深入地改变着近代以来中国的社会秩序和家庭伦理。而在此历史进程中，儿童福利并不是妇女福利的附属品，它不仅体现着国家对儿童的关心和关爱，而且承载着国家对现代化建设的构想。

第一章　中国近代的儿童观及儿童境况

本章聚焦于中国近代儿童观及儿童境况的历史概貌，这段历史将是理解新中国早期国家本位儿童观及措施在农村地区取得成效的前提。

目前，学界对近代以来中国儿童观的研究已经取得了一定的成果，认识到晚清时期和五四新文化运动时期出现了两种新兴儿童观。在前人研究的基础上，本章力求解决以下问题：梳理三种价值取向儿童观的历史形成原因和过程，以明确它们各自的基础和依据；分析晚清时期、五四新文化运动时期、南京国民政府时期国民党统治区和中共控制区儿童观的内容和特征，以把握中国近代儿童观话语嬗变的整体脉络；阐述儿童在晚清民国时期的生活境况，以探求1949年以前两种新兴儿童观的实践效果。

本章以为，晚清时期伴随民族意识觉醒而形成的国家本位儿童观和五四新文化运动时期出现的以人权和科学研究为基础的个人本位儿童观，均未能撼动家族本位儿童观的主导地位。这两种新兴儿童观主要影响了少数精英阶层的儿童生活。南京国民政府时期，国民党和共产党都基于各自政党需要，把新兴儿童观推向实践，开展了儿童节、儿童组织等活动。这些活动主要影响了城市中上层社会和革命根据地的儿童生活。通观近代儿童观的发展和受其影响下的儿童生活境况可知，1949年以前广大儿童的生活依然被传统家族本位儿童观所主导。

第一节　晚清时期国家本位儿童观的提出及实践

在中国古代社会，以血缘关系为基础并经儒家文化巩固发展而来的家族本位儿童观，长期占据主导地位。在这种儿童观指导下，儿童被视作家庭的私有财产，充当着传宗接代、光耀门楣的工具。晚清时期，面对西方列强的入侵和亡国灭种的危机，士大夫逐渐形成了现代国家观念，并重新思考儿童的归属问题。梁启超等人把儿童由家族家庭转置民族国家框架下言说，进而提出国家本位儿童观，提倡与“强国保种”相适应的生育、养育、教育新模式。在实践层面，少数官绅阶层儿童的生活状况受到新观念和新模式的影响。

一、占据主导地位的家族本位儿童观

伴随血缘家族的出现，家族本位儿童观在原始社会形成。血缘家族既是一个内部通婚集团，又是一个生产、生活单位，这就奠定了儿童为家族共有、被家族共养的基础。血缘家族内部排斥不同辈分的性关系，婚姻集团按照辈数划分。“所有祖父和祖母，都互为夫妻；他们的子女，即父亲和母亲，也是如此；同样，后者的子女，构成第三个共同夫妻圈子。”[①]这种婚姻家庭形态明确了代际的区别与界限，使儿童成为血缘家族的共有财产。同时，为了抵御外界恶劣的生存环境和应对生产力水平低下的状况，血缘家族实行共同劳动、共同生产、共同消费，过

① 恩格斯：《家庭、私有制和国家的起源》，中共中央马克思、恩格斯、列宁、斯大林著作编译局译，人民出版社 1972 年版，第 33 页。

着原始共产主义的集体生活。古代儒家经典《礼记·礼运》所言："大行之道也，天下为公……故人不独亲其亲，不独子其子。"这正是对家族儿童由族内成员共同抚养的描述。

尽管随着生产力的发展和私有制的产生，以一夫一妻制婚姻形态为基础的个体家庭开始出现，但个体对家族依然具有很强的依赖性。①基于血缘纽带的个体和家族的关系，使家族本位儿童观得以长期延续。"古代中国的家族系统由宗祠、支祠和家庭构成，由族长代表传统宗族势力，用宗规、族规、家规统治族内成员。"②家长听命于族长，家庭属于家族的组成部分。在此成长下的儿童，生活受到家庭和家族的双重规训，人格受到父权家长制和家族主义的双重压制。

以孔子开创的儒家学说为指导思想的儒家文化，为家族本位儿童观提供了文化支撑。处在"礼坏乐崩"时代的孔子，提倡以"礼"治国，主张社会各阶层都严格遵守礼节，以"君君、臣臣、父父、子子"③为社会关系的准则。孔子的继承者——孟子，提出五伦，即"父子有亲，君臣有义，夫妇有别，长幼有序，朋友有信"④，其中以父子、君臣两伦最重要。他把孝悌作为伦理道德的中心，正所谓"孝子之至，莫大乎尊亲""事，孰为大？事亲为大""入则孝，出则悌，守先王之道"⑤。孔孟儒学奠定了封建伦理纲常的基础。西汉时期董仲舒以阴阳之道和神学视角对"三纲"做了永恒性、合理性论述。他认为："君臣、父子、夫妇

---

① 徐扬杰：《中国家族制度史》，武汉大学出版社 2012 年版，第 30—31 页。

② 李兴成等主编：《中国传统文化与当代大学生价值观导向》，河南人民出版社 1996 年版，第 52 页。

③ 孔丘著，杨伯峻、杨逢彬注译：《论语》，岳麓书社 2000 年版，第 111 页。

④ 孟轲著，杨伯峻、杨逢彬注译：《孟子》，岳麓书社 2000 年版，第 90 页。

⑤ 孟轲著，杨伯峻、杨逢彬注译：《孟子》，岳麓书社 2000 年版，第 161、130、102 页。

之义，皆取诸阴阳之道”“三道之三纲可求于天”。[①] 这表明，作为“阴”的臣、子、妇必须服从于作为“阳”的君、父、夫，这是天的意志和自然法则。汉武帝接受了董仲舒的建议，奉行“罢黜百家，独尊儒术”，确立了儒家思想的正统与主导地位。汉武帝对儒家思想的推崇，扩大了封建伦理纲常的影响力。到东汉章帝时，史臣班固把“三纲”“五常”列入具有国家法典性质的《白虎通德论》，使封建纲常名教得到进一步强化。后汉经学家马融在《论语注》一书中，把“三纲”和“五常”连提并称。“这种连提并称，意味着封建思想家终于把纲纪和处理这种纲纪的道德原则，结合为一体，构成了一个完整的政治伦理道德体系。”[②] 自此，“三纲五常”成为中国漫长的封建社会里伦理道德体系的核心，影响着人们生活的方方面面。

“三纲”确定了封建社会人伦的尊卑、上下、高低、主从关系，“父为子纲”所塑造的中国孝道文化，使传统儿童观蒙上了浓厚的父权主义色彩。《礼记·曲礼》《千字文》《童蒙须知》《女小儿语》《幼学琼林》《弟子规》等蒙童、幼训读物，无不向儿童灌输这种“孝亲”观念。以朗朗上口、浅显易懂、流行广泛的《三字经》为例，“首孝悌，次见闻”教育儿童首先要学习的是孝敬父母、尊敬兄长，接下来才是学习知识；“三纲者，君臣义”告诫儿童“君为臣纲，父为子纲，夫为妇纲”是人们要遵守的基本行为准则和道德伦理。经过口耳相传的教育，“孝亲”逐渐内化为他们的思想意识，对父兄言听计从，丧失自我。这种思想意识主导下的“孝亲”行为难免有“愚孝”成分，而“愚孝”却被人们津津乐道。《二十四孝》中，郭巨为了节省粮食供养母亲，不惜埋掉三岁的儿子；九岁的黄香在夏天为父亲扇凉枕席，在冬天用身体为父亲温暖

① 冯国超主编：《春秋繁露》，吉林人民出版社 2005 年版，第 198—199 页。

② 李君惠：《略论“三纲五常”的形成和影响》，《文史杂志》2010 年第 3 期。

被褥；八岁的吴猛因为担心蚊子叮咬父亲，赤身坐在父亲床前，任蚊子叮咬而不驱赶。[①] 这些世人称颂的“孝亲”典故，只见尊老，难寻爱幼。

“家国同构”的社会结构和“家国一体”的政治伦理，使家族本位受到国家的推崇。家族是国家形成的原型和母体，夏、商、周三代的王权直接脱胎于氏族部落的酋长职能，国家制度直接从氏族社会后期形成发展出的宗法血缘关系和宗法制度中引申而来。由于“家国同构”，帝王把家庭伦理扩充和延展为国家的伦理政治，不仅采用了家族化的称谓，而且把“孝亲”作为“忠君”的垫脚石，极力鼓吹和维持孝道。法律列不孝为十恶[②] 重罪。《唐律疏议》规定：“谓先言、詈言、诅言祖父母、父母，绞；祖父母、父母在，别籍异财，徒三年；供养有缺，徒二年；居父母丧，身自嫁娶、作乐、释服从吉，徒三年；闻祖父母、父母丧，匿不举哀，流二千里；诈称祖父母、父母死，徒三年。”[③]

家族本位儿童观在中国古代社会长期占据主导地位，直至晚清时期受到冲击。以梁启超为代表的维新人士，找到了言说儿童的新方式，他们把儿童由家族家庭转置民族国家的框架下重新定义，提出了国家本位儿童观。

二、国家本位儿童观的成因

国家本位儿童观的提出，与民族国家意识的觉醒和现代国家观念的形成直接相关。王浩认为：“近代民族国家意识的觉醒为中国‘儿童的发现’的勃然兴起提供了最基本的也是潜在的外部条件和现实基

① 喻岳衡、喻涵译注：《孝经·二十四孝》，岳麓书社2012年版，第38、50、54页。

② 十恶，指法律上最重的十种罪名：谋反；谋叛；谋大逆；恶逆；不道；大不敬；不孝；不睦；不义；内乱。

③ 管伟主编：《中国法制史》，华中科技大学出版社2015年版，第219页。

础。”①

鸦片战争曾唤醒少数有识之士，甲午战争则使中国的民族国家意识初步觉醒。近在咫尺的东方“蕞尔小国”日本打败了以“天朝上国”自居的大清帝国，并强迫签订战败条约、割地、赔款。战后不久，帝国主义掀起瓜分中国的狂潮。这些事实不仅令爱国人士顿感亡国危机，而且开始探寻救国的途径。康有为、梁启超、谭嗣同等资产阶级维新派走上了救亡图存的政治改良道路，提出用西方资本主义改造中国政治、经济、文化、教育各个方面。民主革命先驱孙中山在清军节节溃败之际创办了民主革命团体——兴中会，并在甲午战败后提出“驱除鞑虏，恢复中华，创立合众政府”的民主革命纲领。广大农民以“扶清灭洋”为口号，掀起了义和团运动。各种政治力量对甲午战争的反响和所采取的救国措施，体现出中华民族国家意识的觉醒。正如梁启超所言：“唤起吾国千年之大梦，实自甲午一役始也。”②

民族意识觉醒的过程也是现代国家观念形成的过程。中国传统社会并没有现代意义上的国家观念。秦汉以前，“中国”一词主要是指“中央之国”“宗主之国”“万邦之国”；秦汉以后，“中国”一词主要是指大一统国家。③无论是哪种意涵，古代的中国都是“家国”，而且持“天下观”，没有明确国家与天下之间的区别。伴随民族国家意识的觉醒，士大夫逐渐认识到领土、主权和人民是构成国家的三要素。④梁启超还提出“国民”的概念和“今日之国家，非一人之国家，实国民之国家”的言论。这就把国家从基于血缘关系和宗法制度的家族中分离出来。

---

① 王浩：《新文化运动中“儿童的发现”》，中国社会科学出版社 2012 年版，第 28 页。

② 丁文江、赵丰田：《梁启超年谱长编》，上海人民出版社 1983 年版，第 38 页。

③ 陆勇：《传统民族观念与清政府》，博士学位论文，上海师范大学历史系，2007 年。

④ 王媛：《晚清国家观念的初步形成》，《六盘水师范学院学报》2019 年第 2 期。

在民族意识觉醒和现代国家观念形成的基础上，梁启超等人进一步思考国家前途和民族命运：中国为什么会这么弱？中国的出路在哪里？经过思考，他们认识到，“国民劣根性”是症结所在。梁启超在《中国积弱溯源论》中认为：“所以积弱之故，其总因之重大者在国民全体，其分因之重大者在那拉一人，而其最近因在那拉柄政三十年间”，“爱国心薄弱，实为积弱之最大根源”。[①] 国家屡战屡败的直接原因与统治者有关系，但根本原因在国民缺乏爱国之心，好为旁观者。他在《呵旁观者文》中痛斥国人这种心态，“天下最可厌可憎可鄙之人，莫过于旁观者……‘旁观’二字，代表吾全国人之性质”[②]。梁启超将国人好为旁观者、爱国心薄弱的原因归结为三点：“一曰，不知国家与天下之差别也”；“二曰，不知国家与朝廷之界限也”；“三曰，不知国家与国民之关也”。[③] 这种愚昧无知与奴性、虚伪、为我、怯懦等同为国民劣根性。而“民弱者国弱，民强者国强”[④]，所以，把有品性缺陷的旧民改造成为现代意义上的新民，成为中国的“第一急务”。“苟有新民，何患无新制度，无新政府，无新国家？”[⑤]梁启超对国民性的关注，体现出由政治层面的制度救国到文化层面的观念救国的转变。

在呼吁改造旧国民、培养新国民的紧要关头，儿童作为新生的国民，受到以梁启超为代表的思想启蒙者们的特别关注。梁启超于 1900

---

① 梁启超著，吴松等点校：《饮冰室文集点校》第 2 辑，云南教育出版社 2001 年版，第 671—672 页。

② 梁启超著，洪治纲主编：《梁启超经典文存》，上海大学出版社 2003 年版，第 70—71 页。

③ 梁启超著，吴松等点校：《饮冰室文集点校》第 1 辑，云南教育出版社 2001 年版，第 671—672 页。

④ 梁启超著，吴松等点校：《饮冰室文集点校》第 1 辑，云南教育出版社 2001 年版，第 551 页。

⑤ 梁启超著，吴松等点校：《饮冰室文集点校》第 1 辑，云南教育出版社 2001 年版，第 548 页。

年著写的《少年中国说》，是站在救亡图存的高度，言说儿童的宣言书：

欲言国之老少，请先言人之老少。老年人常思既往，少年人常思将来。惟思既往也，故生留恋心，惟思将来也，故生希望心。惟留恋也，故保守；惟希望也，故进取。惟保守也，故永旧；惟进取也，故日新。惟思既往也，事事皆其所已经者，故惟知照例；惟思将来也，事事皆其所未经者，故常敢破格。老年人常多忧虑，少年人常好行乐。惟多忧也，故灰心；惟行乐也，故盛气。惟灰心也，故怯懦；惟盛气也，故豪壮。惟怯懦也，故苟且；惟豪壮也，故冒险。惟苟且也，故能灭世界；惟冒险也，故能造世界。老年人常厌事，少年人常喜事。惟厌事也，故常觉一切事无可为者；惟好事也，故常觉一切事无不可为者。①

梁启超在文中对比了老年人和少年人的性格差异，这种对比挑战了封建纲常和伦理秩序。他认为，老年人“常思既往”“常多忧虑”“常厌事”“常觉一切事无可为者”，所以，性格“保守”“怯懦”“苟且”，依靠老年人“能灭世界”；少年人则不同，他们“常思将来”“常好行乐”“常喜事”“常觉一切事无不可为”，所以，性格“进取”“豪壮”“冒险”，依靠少年人“能造世界”。作者为了更形象地表达老年人和少年人的不同，还运用了大量的比喻：

老年人如夕照，少年人如朝阳；老年人如瘠牛，少年人如乳虎。老年人如僧，少年人如侠。老年人如字典，少年人如戏文。老年人如鸦片烟，少年人如泼兰地酒。老年人如别行星之陨石，少年人如大洋海之珊瑚岛。老年人如埃及沙漠之金字塔，少年人如西比利亚之铁路；老年人如秋后之柳，少年人如春前之草。老年

① 梁启超著，洪治纲主编：《梁启超经典文存》，上海大学出版社2003年版，第64页。

人如死海之潴为泽，少年人如长江之初发源。①

梁启超把老年人比作“夕阳”“瘠牛”“僧”“字典”“秋后之柳”……把少年人比作“朝阳”“乳虎”“侠”“戏文”“春前之草”……这些对比鲜明的词语，体现了作者爱憎分明的情感。梁启超之于老年人和少年人的认知，与传统的“长者本位”主导下的传统观念大相径庭。

《少年中国说》不仅以新的言辞描述儿童，而且把儿童的命运与国家的命运紧密联系在一起，强调儿童是国家振兴的关键。梁启超认为要建立“少年中国”，责任“不在他人，而全在我少年”。“少年智则国智，少年富则国富；少年强则国强，少年独立则国独立；少年自由则国自由；少年进步则国进步；少年胜于欧洲，则国胜于欧洲；少年雄于地球，则国雄于地球。”②梁启超言辞慷慨激昂，他对儿童救国图强的重要性强调，富有感染力和鼓动性。在梁启超的带领下，关于“国家兴亡，童子有责”的论述逐渐增多，如“祖国其兴也，吾童子自兴之，其亡也，吾童子自亡之”③。还有论者把童子视作“二十世纪中国之主人翁”④。

通过“儿童”在晚清时期所具备的社会文化概念可知，“儿童”一词拥有了不曾有过的新含义，是民族希望和国家振兴的关键，不再是家族家庭的私有财产。这种新兴儿童观不仅与传统国家本位儿童观在具体意涵上相区别，而且呈现出与家族本位儿童观矛盾对立的面向。

---

① 梁启超著，洪治纲主编：《梁启超经典文存》，上海大学出版社 2003 年版，第 65 页。

② 梁启超著，洪治纲主编：《梁启超经典文存》，上海大学出版社 2003 年版，第 69 页。

③ 吴忆琴：《童子之地位》，《童子世界》1903 年第 26 期。

④ 钱瑞香：《论童子为二十世纪中国之主人翁》，《童子世界》1903 年第 5 期。

三、国家本位儿童观的体现

在把“儿童”放置于民族国家框架下进行言说之际，梁启超等人还提倡国家本位儿童观指导下的生育、养育、教育新模式，以实现强国保种。这些有别于传统社会的儿童养育之道和教育之方，受到西方文化观念影响，夹杂着处于萌芽状态的个人本位儿童观。

具有西方优生学色彩的胎教和现代妇婴卫生保健知识，得到晚清知识分子的提倡与推崇。与中国古代系由感孕感生说直接演绎而来的胎教之说①不同，西方胎教强调孕妇自身对胎儿的影响，认为妇女身体健康，才能孕育出强壮的后代。在优生学影响下，为了实现强国保种的目的，梁启超提倡妇女锻炼身体，正所谓“令国中妇人，一律习体操，以为必如是，然后所生之子，肤革充盈，筋力强壮也”②。晚清时期妇女被男性解放的些许措施，都源于强国保种的需要，包括废除沿袭多年的缠足风俗。为了更好地推行生育新模式，晚清知识分子还编译了一批日本和西方国家的妇产科书籍，如《传统改良问答》《胎产举要》《胎内教育》《妇婴新说》《产科新法》《育儿与卫生》《育儿谈》《育儿新法》等。③这些书籍包含了大量的西方生育观念和思想主张，介绍了现代孕育和生育卫生。

除了给予儿童身体层面的关注，晚清有识之士还尝试打破儿童受教育的性别界限，主张创办女学。女学之兴，一方面受到西方教育的示

① 中国古代胎教说主要内容是为孕妇创作良好的环境，避免外界各种不良事物对胎儿的影响，使孕妇保持良好稳定的情绪，节制喜怒哀乐的感情以及各种欲念，体现的是浓厚的伦理道德观念。

② 梁启超著，吴松等点校：《饮冰室文集点校》第1辑，云南教育出版社2001年版，第45页。

③ 张仲民：《出版与文化政治：晚清的卫生书籍研究》，上海书店2009年版，第220页。

范，另一方面源于“塑造新母亲”的需要。西方教育为中国女学的兴办提供了借鉴。这种借鉴不仅体现在西方来华传教士所创办的女学中，而且体现在出洋华人的所见所闻中。曾游历欧洲、日本的清末思想家王韬注意到，“（英国）女子与男子同，幼而习诵，凡书画、历算、象纬、舆图、山经、海志，靡不切究穷研，得其精理”，不禁感慨“中土须眉有愧此裙钗者多矣”。[①] 在西方的示范作用下，有识之士不再推崇“女子无才便是德”的规训，而是提倡女子受教育。女子受教育不仅符合现代教育理念，而且有助于“塑造新母亲”以强国保种。在生理性别和“男主外、女主内”社会性别角色分工的共同作用下，女性被定位为家庭教育的最佳人选。梁启超认为：“故治天下之大本二，曰：正人心，广人才。而二者之本，必自蒙养始；蒙养之本，必自母教始；母教之本，必自妇学始。故妇学实天下存亡强弱之大原也。”[②]

符合儿童身心发展规律的教育制度和教育方法，在晚清时期也得到提倡。康有为在1901—1902年写作定稿的《大同书》中，把学校教育系统分为四个阶段：第一阶段是满足断乳至学前儿童教育的“育婴院”；第二阶段是满足六岁到十岁儿童学习的“小学院”；第三阶段是儿童十一岁到十五岁需要进入的“中学院”；第四阶段是接受十六岁毕业生，进行分科教育的“大学院”。[③] 这种西式教育系统体现的是因龄受教，讲求的是循序渐进，与传统的“填鸭式”教育大相径庭。这一点与梁启超在《论幼学》一文中提出的改良传统私塾教育的建议有异曲同工之妙。梁启超认为，在教学方式上要遵循“先识字，次辨训，次造句，次成文，不躐等也”，“大率自五岁至十岁为一种教法，自十一岁至十五岁为一

① 王韬：《漫游随录·扶桑游记》，湖南人民出版社1982年版，第111页。

② 梁启超：《变法通议》，华夏出版社2002年版，第92页。

③ 康有为：《大同书》，吉林出版集团有限责任公司2012年版，第253—271页。

种教法”①。另外，梁启超还在文中建议“非尽取天下蒙学之书而在编之不可”②，即重新编排出版幼儿教科书。他设计了七种教材：一曰识字书，二曰文法书，三曰歌诀书，四曰问答书，五曰说部书，六曰门径书，七曰名物书。康、梁等人的主张同样以强国保种为出发点，他们希望以儿童教育为基础，发挥启蒙民智、强种强国的功能。这些教育主张对清末新政时期的儿童教育改革产生了一定影响，推动了近代儿童教育的改革和发展。

在《小孩月报》等西方儿童报刊的启发下，兼通中西之学的知识分子为儿童创办具有西方教育思想的启蒙读物。1897 年，由叶瀚、曾广铨、汪康年、汪钟霖等人在上海创办的《蒙学报》，是中国人自己创办的近代第一份面向儿童的期刊。《蒙学会报简章》宣称：“本会学报之设，专为蒙养说法”“本报以启蒙为主”。启蒙的内容包括诸多的西方先进科技知识，《蒙学报》创刊时开设的《八线三角术》《支那历史问答》《植物学问答目次》《动物学问答目次》《世界教育观》《世界地理问答目录》六个栏目，向儿童介绍数学、地理、历史、生物、世界先进教育思想等文化知识。随着所设栏目增加，介绍的内容不断丰富多样。由此可知，《蒙学报》与教授识字断文、弘扬伦理道德的中国传统蒙学教材大不相同。《蒙学报》开中国儿童报刊之先河，在其带动下，一系列儿童读物逐渐创办，如 1903 年爱国学社主办的《童子世界》，1903 年林獬创办的为儿童特设“歌谣”专栏的《中国白话报》。

儿童启蒙读物塑造了勇担责任、拯救国家的儿童形象，有助于对儿童进行爱国主义和民族主义教育。在诸多儿童读物及著作中，梁启超

---

① 梁启超著，吴松等点校：《饮冰室文集点校》第 1 辑，云南教育出版社 2001 年版，第 47、51 页。

② 梁启超著，吴松等点校：《饮冰室文集点校》第 1 辑，云南教育出版社 2001 年版，第 51—54 页。

翻译的小说《十五小豪杰》具有代表性。《十五小豪杰》原名《两年假期》，是法国作家儒勒·凡尔纳的一部长篇科幻小说，以冒险为主题。梁启超没有依靠原著翻译，而是根据日本森田思轩译本《十五少年》进行了转译。① 小说描写了新西兰15位8岁至14岁的孩子在乘坐游船旅行的过程中，被突如其来的风暴刮到荒岛上，他们团结一心，征服自然，战胜匪徒，组织自治，成为一群勇敢的“小豪杰”。两年后，他们终于得救，安全返回。② 在翻译过程中，梁启超为了使作品更好地服务于其“新民”的政治动机，对作品的主题进行了重构。在原著主题之外，他又增加了服务于君主立宪的政治理想的民主共和元素，如把“设立”译为“选举”，把“总督”译为“总统”。③ 梁启超塑造的儿童形象虽然借鉴了西方的儿童形象，但也与中国救亡图存的时代主题相契合，承载着“新国民”的新使命。

梁启超等人所提倡的生育、养育、教育儿童的新模式，再次印证了晚清时期的新兴儿童观把儿童置于民族国家框架之下，赋予其救亡图存的时代使命。胎教、兴女学、新的教育制度和教育方法、儿童启蒙读物均具有强国保种的政治目的。尽管部分措施因为具有科学性而体现出个人本位儿童观，如主张卫生育儿、根据儿童身心发展特点因龄施教，但这一时期对儿童作为人生阶段所具有的特殊性发掘缺乏理论性、系统性。

---

① 王彬：《科幻探险中的家园梦——论梁启超〈十五小豪杰〉翻译中的伦理建构》，《中国翻译》2016年第1期。

② 王建安编著：《世界100本科幻名著》，河北科学技术出版社2012年版，第127—128页。

③ 王彬：《科幻探险中的家园梦——论梁启超〈十五小豪杰〉翻译中的伦理建构》，《中国翻译》2016年第1期。

四、集中于官绅阶层的儿童境况之改变

晚清时期出现的国家本位儿童观及育儿新模式，主要影响了少数官绅阶层儿童的生活。他们有机会接受新式教育，女童能够进入学校和不再缠足。绝大多数儿童的生活，则没有因为社会转型而发生转变。家庭对儿童的欢迎和期待依然出于延续香火的目的，因此对待男孩和女孩的态度有天壤之别；养育方式忽视了儿童的身心发展规律，不仅缺少必要的卫生措施，而且要求儿童在幼小年龄就承担起家务劳动；教育资源性别分配不均衡，男孩在8岁左右开始上私塾，女孩则开始踏上“小妇人”的征程；男孩和女孩都存在早婚现象，女孩还可能成为童养媳。

梁启超等人提倡的有助于强国保种的措施，虽然涉及生育、养育、教育等多个方面，但主要在教育领域发挥实践指导作用。教育变革所带来的种种变化，亦是晚清儿童生活境况最显著的变化，包括蒙养院的设立、新式学堂的推广、女子学堂的建立。

蒙养院在20世纪初期逐渐成立，并被“癸卯学制”确立为国家教育体系的组成部分。1904年由张之洞、张百熙、荣庆合订的《奏定学堂章程》包括《蒙养院章程及家庭教育法》，规定：凡各省、府、厅、州、县以及极大市镇，均可在育婴堂和敬节堂附设蒙养院，以辅助家庭教育；教育内容为游戏、歌谣、谈话、手技。① 在蒙养院制度确立前，由张之洞筹划、端方主持的湖北幼稚园已经成立。蒙养院制度的确立进一步推动了幼儿教育的发展。据袁希涛在《五十年来中国之初等教育》中统计：1907年的蒙养院数为428所，在院人数为4893人；1908年的蒙养院数为114所，在院人数为2610人；1909年蒙养院数为92所，在院

① 舒新城编：《中国近代教育史资料》中册，人民教育出版社1981年版，第381、384—385页。

人数为 2664 人。①

蒙养院的招生条件，决定了受托儿童绝非来自普通家庭。蒙养院有公立和私立之分。私立蒙养院收费较高，如 1905 年成立的天津严氏女塾附设蒙养院，每位儿童每月须缴费大洋 1 元。②公立蒙养院虽然部分免费，但对幼儿自身素养和家庭条件要求较高，如对本省幼儿免收学费的湖北幼稚园，要求幼儿气质聪强、体格一律，父兄填写愿书，保证遵守园章。③

"癸卯学制"的颁布和科举制的废除，促进了新式学堂的发展。新式学堂在教学内容和教学方法上均有别于传统。以初等小学堂为例，《奏定初等小学堂章程》规定授课内容包括修身、读经讲经、中国文字、算术、历史、地理、格致、体操、图画、手工等 10 门课程，要求教师在课堂上注重讲授。④虽然当时掀起了兴办新式学堂的热潮，但能够接受新式教育的儿童数量所占比例依然很低。即便在兴办成绩斐然的直隶，进入新式学堂的儿童仅占学龄儿童的 3.2%。⑤据统计，1907 年，小学堂总数 34650 所，学生总数 918586 人；1908 年，小学堂总数 41379 所，学生总数 1192721 人；1909 年，小学堂总数 51678 所，学生总数 1532746 人。⑥

女子学堂的建立，为晚清时期的官绅女眷提供了受教育机会。在"癸卯学制"中，女子学校教学尚未引起重视。《奏定蒙养院章程及家庭

---

① 喻本伐：《中国幼儿教育发展史》，华中师范大学出版社 2012 年版，第 119 页。

② 喻本伐：《中国幼儿教育发展史》，华中师范大学出版社 2012 年版，第 118 页。

③ 舒新城编：《中国近代教育史资料》中册，人民教育出版社 1981 年版，第 387 页。

④ 舒新城编：《中国近代教育史资料》中册，人民教育出版社 1981 年版，第 414—422 页。

⑤ 吴洪成：《历史的轨迹——中国小学教育发展史》，西南师范大学出版社 2003 年版，第 319 页。

⑥ 周予同：《中国现代教育史》，良友图书印刷公司 1934 年版，第 138 页。

教育法章程》规定："女子只可于家庭教之，或受母教、或受保姆之教，令其能识应用之文字，通解家庭应用之书算物理，及妇职应尽之道，女工应为之事，足以持家教了而已。"[①]直至1907年，清政府才颁布《学部奏定女子小学堂章程》和《学部奏定女子师范学堂章程》。但在这之前，国人已经自办女学，如经正女学（1989）、务本女学（1902）、上海爱国女学（1902）、湖南第一女学堂（1903）。1907年后，官立女学堂开始兴办。据统计，1907年，官立和民办女学堂共有391所，女学生11936人，占学生总数的2%。[②]女子学堂授课的内容表明，晚清时期女学堂塑造的是新母亲，如经正女学授课内容包括《女孝经》《女四书》《幼学须知句解》《内则衍义》《十三经》及唐诗古文等中文课，和女红、绘事、医学、体操等。[③]

由民间不缠足会和官方力量共同推进的不缠足运动，主要成效体现在女学生和官绅女眷身上。"不缠足组织的创立者和参加者大都是士绅、官宦、商人等当地名流，包括一些受新思想影响的女性。"[④]创立者和参加者的来源，决定了不缠足或实行放足者为这些家庭的女眷，其中包括来自上层社会的女学生。朝廷颁布的劝喻，听从者、奉行者少之又少，甚至还会遭致阻挠。"1909年四川垫江李知县奉巡警道命颁布禁止缠足的示喻，'竟有藉此阻挠者'。"[⑤]

国家本位儿童观及育儿新模式改变了少数官绅阶层儿童的生活轨

① 舒新城编：《中国近代教育史资料》中册，人民教育出版社1981年版，第383—384页。

② 吴洪成：《历史的轨迹——中国小学教育发展史》，西南师范大学出版社2003年版，第291页。

③ 虞和平：《经元善集》，华中师范大学出版社2011年版，第198页。

④ 杨兴梅：《近代中国反缠足的努力与成效述略》，博士学位论文，四川大学历史文化学院，2006年。

⑤ 杨兴梅：《近代中国反缠足的努力与成效述略》，博士学位论文，四川大学历史文化学院，2006年。

迹，使他们有机会进入蒙养院、接受现代教育，女孩不再限于家庭教育，也不再经历缠足之殇。与官绅阶层儿童相比，绝大多数儿童则延续着传统的生活方式。

虽然晚清时期新式学堂已经出现，但因为旧式教育根深蒂固和经费、教师缺乏等，广大男童所受教育与父辈基本无异，尤其是农村地区。1897 年被英国伦敦会派来汉口传教的传教士余恩思（Bernard Upward）观察发现，无论是儿童的入学仪式还是所学知识，都遵守儒教。入学第一天，他们向取代家父位置的教书先生行跪拜礼，然后在指定的位置坐下，加入其他孩子洪亮的读书声中。他们所学内容先为儒家启蒙读物《三字经》《百家姓》《千字文》，后为儒家经典“四书五经”。在读完这些书之前，绝大多数男孩的读书生涯已经结束了，他们普遍在先生的戒尺敲打下只背熟一二本书。① 这些内容向儿童灌输的是儒家道德规范，缺少必要的以计算为代表的生活技能教育；教学方式采取填鸭式，教师不给学生讲解，也不追求学生理解。学习内容和方式使得每个学生的进度按照书本前行，而不是按照年龄。

与男孩学习生涯的压抑程度相比，女孩的生活状况有过之而无不及。她们不仅无缘上学求知，而且从 8 岁开始经历痛苦的缠足，并投入到循规蹈矩、永无止境的家务劳动中。在人们的传统观念中，供女孩读书就像把自家种子撒在别人地里，嫁人才是女孩的人生归宿。② 为了帮助女儿早日实现嫁人的目标，娘家为她们准备了一份“嫁妆”——三寸金莲。在传教士的记述中，七八岁小女孩常常因为被母亲或祖母强制缠足而痛苦号叫、哀求。缠足不仅摧残了女孩子的身体，而且大大限制了

① ［英］余恩思：《汉人：中国人的生活和我们的传教故事》，邹秀英、徐鸿译，国家图书馆出版社 2013 年版，第 91 页。

② ［美］明恩溥：《中国的乡村生活：社会学的研究》，陈午晴、唐军译，电子工业出版社 2016 年版，第 217 页。

她们出行的自由，从此出现了女孩子坐在织布机前安静织布的场景。①除了织布，她们还囿于家中承担起包括刺绣、纺线、做饭、缝衣、照看弟弟妹妹在内的各式各样的家务活。②总之，8岁之后女孩子的生活轨迹与梁启超等人所提倡的强母体、兴女学背道而驰。

在受教育和缠足两方面存在差异的同时，官绅阶层儿童和其他阶层儿童的生活境况，又有许多相似之处，其中包括接生方式。虽然新法接生技术在晚清时期已由传教士传入中国，相关书籍也得到知识分子的译介，但绝大多数新生儿依然由接生婆接生。正如传教士余恩思所记载的："年轻的母亲们更相信接生婆，她们宁愿请接生婆来家，也不愿意劳驾就住在几步远的传教士医生。"③

由于接生过程缺乏必要的消毒意识和操作，新生儿死亡事件频频发生。例如，一位长沙的母亲生育了六个孩子，前五个孩子在出生一周之内均出现了发烧痉挛的症状并死亡。她的五个孩子并不是特例，由同一位接生婆接生的许多孩子都死于痉挛。据这位母亲推断，新生儿的死亡原因很可能与接生婆使用的粘有土和白色粉末的绳子有关。④根据现代医学研究，姑且不论接生婆的其他操作是否有不当之处，用粘有泥土的绳子捆扎新生儿脐带，确实容易导致破伤风杆菌侵入脐部而引起急性感染性疾病，为新生儿的生命健康埋下隐患。⑤

家人拒绝新法接生，受主观认识和经济、交通等诸多客观因素的

---

① ［美］何德兰、［英］布朗士：《孩提时代》，魏长保等译，群言出版社2000年版，第176页。

② ［英］麦高恩：《近代中国人的生活掠影》，李征、吕琴译，南京出版社2009年版，第33页。

③ ［英］余恩思：《汉人：中国人的生活和我们的传教故事》，邹秀英、徐鸿译，国家图书馆出版社2013年版，第78页。

④ ［美］爱德华·胡美：《道一风同：一位美国医生在华30年》，杜丽红译，中华书局2011年版，第74—75页。

⑤ 孙兆霞总主编：《常见病护理学》，西安交通大学出版社2017年版，第560页。

共同影响，对待新生儿的态度则主要取决于主观因素。由于男孩肩负着传宗接代的使命，家长对他们的出生格外期待，并希望通过取名、巫术等方法确保他们健康长命。英国传教士约翰·麦高恩（John Macgowan）观察发现："无论家庭地位的高低贵贱，男孩的出世令许多人感到兴奋。"其中，经济富裕和有社会地位的家庭表现得更为高调，母亲因为诞下男婴而巩固了地位，父亲骄傲地走来走去，邻居们对婴儿极尽赞叹。①正因为受到家庭珍视，在婴幼儿高死亡率和迷信充斥的晚清社会，男性新生儿的乳名也往往令家人费尽一番心思。有些父母把男孩死因归为恶鬼招魂，并认为恶鬼喜欢男孩、厌恶女孩，所以给男孩取"丫""婆"等女性化名字以欺骗恶鬼。取名之道暗示着男尊女卑、重男轻女的大众心理。

与男性新生儿的命运截然不同，女性新生儿不仅不受家人欢迎，而且有可能遭遇被遗弃，甚至被剥夺生命的厄运。麦高恩断言："在所有的中国家庭中，没有一家欢迎女孩降临"，"一旦确定刚出世的婴儿是个女孩，整个家庭立刻被笼罩上一层乌云"。②被家人随便称为大妹、二妹或三妹的女孩尚属幸运，很多女孩被直接扔到树林里，或被掐死、溺死。③据美国传教士阿黛尔·菲尔德（Adele M. Fielde）搜集的 160 名 56 岁以下妇女的生育资料显示，她们共生下 631 个男孩和 538 个女孩，其中被杀死了的女孩有 158 个，却没有一个男孩。④

---

① ［英］麦高恩：《近代中国人的生活掠影》，李征、吕琴译，南京出版社 2009 年版，第 24 页。

② ［英］麦高恩：《近代中国人的生活掠影》，李征、吕琴译，南京出版社 2009 年版，第 25 页。

③ ［美］何德兰、［英］布朗士：《孩提时代》，魏长保等译，群言出版社 2000 年版，第 239 页。

④ ［美］Adele M. Fielde：*Pagoda Shadows: Studies from Life in China*, W.G.Corthell,1884, 页码不详。转引自［美］明恩溥：《中国的乡村生活：社会学的研究》，陈午晴、唐军译，电子工业出版社 2016 年版，第 250 页。

家人对于新生儿性别的极度关注，主要受家族本位儿童观主导下经济和迷信两方面作用。从夫居和从父姓的传统，使女孩身上始终贴有“赔钱货”的标签，她们的出生成长对娘家而言意味着“高投资、低回报”。家人不愿意花钱养育女孩，晚清时期流行的“童养媳”，也与这一经济因素有关。另外，许多人坚信“女孩不死，男孩不来”①，即女性新生儿不仅无益于家庭和家族，而且会阻碍具有传宗接代、光耀门楣作用的男孩的到来。

与面对新法接生的态度相似，人们对有助于现代治疗方式普遍不信任，而是延续着传统的儿童病治疗依赖巫术和偏方的做法。为了“增强”新生儿抵抗风寒的能力，家人用点燃的火柴炙烤他们的鼻子和头顶；② 当孩子生病，长沙的母亲们让他们服用大黄、甘草和肉桂及其他一些普通药物。③ 在自行预防和治疗之余，父亲还会制作长命锁以保佑孩子灵魂长存，或者到寺庙寻求神灵帮助以把孩子的灵魂领回家。④ 由此可见，人们对巫术具有很强的依赖性，甚至可以说巫术是儿童病治疗的首选。1906 年创办湖南省第一所西医医院——雅礼医院的美国医生爱德华 · 胡美（Edward H. Hume）记载了一则故事：

> 两条街外有一个重病的孩子，家人为他请过医生、圣贤、占星家，药王神像。医治无效后，他们还听从僧人建议，杀了一只公鸡放在孩子的床头上。因为公鸡是第一个迎接黎明的动物，它

① ［美］何德兰、［英］布朗士：《孩提时代》，魏长保等译，群言出版社 2000 年版，第 239 页。

② ［英］余恩思：《汉人：中国人的生活和我们的传教故事》，邹秀英、徐鸿译，国家图书馆出版社 2013 年版，第 78—79 页。

③ ［美］爱德华 · 胡美：《道一风同：一位美国医生在华 30 年》，杜丽红译，中华书局 2011 年版，第 25 页。

④ ［美］何德兰、［英］布朗士：《孩提时代》，魏长保等译，群言出版社 2000 年版，第 223—224 页。

能驱走黑暗，也能赶走孩子疾病。可惜，杀公鸡同样不能治疗孩子的高烧不退。在失望甚至是无望中，父亲和他的兄弟才把他抬到雅礼医院。①

求助西医，是晚清时期人们给孩子治疗的万般无奈之举。当然，能够用西医治疗的孩子也绝非来自普通家庭，毕竟雅礼医院50文的挂号费，对平民百姓而言是一笔不容小觑的开支。另外，在传教士的记录中，能够获得家人呵护的婴幼儿无一例外都是男孩，无论采取巫术、偏方还是西医。这也足见家人对孩子养育态度的性别差异。

对于巫术、偏方的过度依赖，连同忽视婴幼儿身体发育特殊性的喂养方式，使半数以上的孩子在两岁以前夭亡。这一时期家长对婴幼儿的喂养存在两种趋势：一种是“小巨婴”式，另一种是“小大人”式。“小巨婴”式，尤其体现在孩子断奶年龄偏晚。为了使孩子安静听话，很多母亲让年龄偏大的孩子吃母乳，有的孩子甚至一天吃上百次。②频繁和过度母乳喂养，不仅扰乱了婴幼儿的肠胃消化功能，而且容易导致他们营养不良。“小大人”式，则主要体现在饮食成人化。孩子在很小的时候就开始毫无限制地食用生地瓜、生土豆、黄瓜、萝卜等，③甚至还喝酒和吸食父亲的大烟袋。④这些流行于民间社会的传统喂养方式与同时期知识分子借助译介推行的科学育儿、新法育儿相距甚远。

在成长过程中，劳动构成了农村儿童生活的主要内容。美国传教

① 参见［美］爱德华·胡美：《道一风同：一位美国医生在华30年》，杜丽红译，中华书局2011年版，第76—77页。

② ［美］明恩溥：《中国的乡村生活：社会学的研究》，陈午晴、唐军译，电子工业出版社2016年版，第223—224页。

③ ［英］余恩思：《汉人：中国人的生活和我们的传教故事》，邹秀英、徐鸿译，国家图书馆出版社2013年版，第79页。

④ ［英］立德夫人：《穿蓝色长袍的国度：关于晚清社会的真实生活记录》，方悄悄等译，电子工业出版社2016年版，第122页。

士明恩溥（Arthur Henderson Simth）对山东、天津农村社会的观察发现："中国农村各地的孩子多得不计其数，其中绝大多数孩子在绝大部分时间里都忙于干活，有必要的话，就连非常小的孩子也不能闲着。"①儿童在两三岁时就要照看比他们更小的弟弟妹妹，稍微年长些即背着小竹筐捡烧柴，等再大些就跟着父母种地。②这些儿童生活成长的轨迹，以家庭需要为中心。

晚清时期的儿童并非全然没有乐趣，他们也有游戏，只是游戏内容比较单调，而且多属于自娱自乐，缺少父母的陪伴和亲子互动。根据传教士的记述，中国儿童没有室内游戏，只有户外游戏。其中，弹球、踢毽子、飞镖、抛石构成了乡村孩子最普遍的娱乐形式。③这些世代相传的游戏缺乏年龄特征，并非根据儿童的身心发展规律创造而成。正因为如此，传教士普遍感慨：中国的儿童特别容易满足。在游戏娱乐方面，中国儿童与西方儿童心理状态的差异，主要源于大众意识形态儿童观指导下的塑造。此时，西方已经开始推崇自由、勇敢、活泼的个人本位儿童观，《小孩月报》的儿童形象就是例证，而中国儿童的生活尚被家族本位儿童观主导，儿童被期待能够"早熟""早慧"。

晚清时期男童和女童的生活成长轨迹具有相同的方向，即遵父母之命、进入成人化婚姻状态。根据传教士的记述，男孩成婚年龄一般在10岁至12岁，女孩在16岁。这意味着男孩在刚刚完成学校教育，甚至还没完成学校教育就在父母的安排下结婚。早婚长期存在的原因主要包括两方面：一是男孩被期待早日完成传宗接代的家族使命；二是通过

① ［美］明恩溥：《中国的乡村生活：社会学的研究》，陈午晴、唐军译，电子工业出版社2016年版，第201—202页。

② ［美］何德兰、［英］布朗士：《孩提时代》，魏长保等译，群言出版社2000年版，第241页。

③ ［美］明恩溥：《中国的乡村生活：社会学的研究》，陈午晴、唐军译，电子工业出版社2016年版，第200页。

婚姻的形式为家庭增加劳动帮手。后一方面原因，导致妻子比丈夫普遍年长、成熟。早婚和父母之命，使儿童在年幼无知、童真无邪的年龄，成为家族利益的牺牲品。

通过晚清时期儿童的生活状况可知，绝大多数儿童的生活与过去相比没有发生实质性改变，他们的生活依然受传统的家族本位儿童观主导。能够在社会转型时期改变原有生活轨迹的儿童，主要限于官绅阶层的子女，而且他们所经历的改变也主要限于教育和缠足两方面。至于为确保儿童身体健康而提倡的胎教和卫生保健知识，没有几位“国民之母”遵守、践行，她们依然奉行着传统的生育和养育习俗。

第二节　五四新文化运动时期个人本位儿童观的出现及实践

五四新文化运动时期，伴随“人的发现”，以周作人、鲁迅、胡适、郭沫若、叶圣陶、丰子恺、陈鹤琴等为代表的知识分子，运用西方思想学说，认识、思考和研究儿童，最终完成了“儿童的发现”，形成了“儿童是人”“儿童是儿童”的个人本位儿童观。个人本位儿童观以人权和科学研究为基础。在此指导下，顺应儿童天性、符合儿童身心发展特殊性的养育、教育方式也得到提倡，儿童文学勃然发展。但五四新文化运动时期的个人本位儿童观及教养方式，仅影响到少数文化圈层儿童的生活。

一、个人本位儿童观的成因

五四新文化运动时期出现的个人本位儿童观，是儿童观念现代化进程中的一次突破。这次突破，离不开五四新文化运动时期特定的时代背景，即“人的发现”。“人的发现”源于知识分子对辛亥革命结果的反思。辛亥革命后，袁世凯进行帝制复辟活动，大力提倡尊孔读经。尊孔复古的逆流与民主共和的观念势不两立。对此，以陈独秀、李大钊、鲁迅为代表的知识分子意识到中国之所以落后，民主共和之所以不能实现，是因为民智未开，封建旧思想仍然占据着国人思想意识领域的统治地位。于是，他们高举“民主”与“科学”两大旗帜，对束缚人们思想的旧道德进行了猛烈的抨击，大力提倡个性解放。陈独秀呼吁“人权”，并将“自主”列为新价值观之首，“等一人也，各有自主之权，绝无奴隶他人之权利，亦绝无以奴自处之义务”，“解放云者，脱离夫奴隶之羁绊，以完其自主自由之人格之谓也”①。鲁迅提出“立人”一说，他认为“立人”是“兴国”的前提，中国要想存活下去，必须追求和尊重个性解放，“是故将生存两间，角逐列国是务，其首在立人，人立而后凡事举。若其道术，乃必尊个性而张精神”②。这些认识与梁启超的“新民说”一脉相承，但对于个性解放的强调又使其远远超越前者。“个性解放”是把人从封建伦理道德中解放出来，确立个体本位主义价值观的表现。新文化运动完成了“人的发现”。正如郁达夫所说：“五四运动最大的成功，第一要算‘个人’的发见（现）。”③

“人的发现”使“人”的社会概念由“伦理本位”转向“人文本位”，蕴含了一定的人权观，这是“儿童的发现”的思想前提。但“人的发现”不等同于“儿童的发现”，从“人的发现”到“儿童的发现”经过了“人—

① 陈独秀：《敬告青年》，《青年杂志》1915 年 9 月 15 日创刊号。

② 鲁迅：《文化偏至论》，《河南》1908 年第 7 号，转引自鲁迅著，罗湘、陈隽编：《鲁迅小说杂文散文全集上》，广西民族出版社 1995 年版，第 27 页。

③ 刘运峰编：《1917—1927 中国新文学大系导言集》，天津人民出版社 2009 年版，第 132 页。

妇女—儿童”的探索历程。在探索过程中，西方文化为知识分子认识思考儿童问题提供了思想理论武器及方法论指导。

教育学、心理学、人类学、儿童学等各种西方学说，在新文化运动前后源源不断地输入中国，深化了知识分子对儿童身心特殊性的理解，为个人本位儿童观提供了科学依据。卢梭的自然教育理论、裴斯泰洛齐的“使教育、教学心理化”主张、蒙台梭利以儿童为中心的教学活动、杜威的“教育即生长”“教育即生活”“教育即经验的改组与改造”等观点，在这一时期被广泛译介和传播。① 教育学和心理学有助于开展“儿童本位”的教育变革，儿童学有助于对儿童生理和心理的深入认知，人类学有助于把作为人生发展阶段的儿童与原始人类心理的研究成果相联系。

被称为中国近代“儿童的发现”第一人、在理论建设方面颇有建树的周作人，直言他对于儿童的研究得益于西方学说。“在东京时得到高岛平三郎编的《歌咏儿童的文学》及所著《儿童研究》，才对于这（儿童学）方面感到兴趣。”② 周作人不仅在西方学说中激发了研究兴趣，而且找到了“儿童本位”的理论依据。通过文化人类学，他认识到，“人类的个性发生原来和系统发生的程序相同：胚胎时代经过生物进化的历程，儿童时代又经过文明发达的历程，所以儿童学（Paidologie）上的许多事项，可以借了人类学（Anthropologie）上的事项来作说明。……儿童的精神生活本与原人相似……常含有野蛮或荒唐的思想”③。这奠定了周作人所持的儿童时代是“人生之荒芜时期”，儿童是“小野蛮”的

① 如卢梭著，冯克书译述：《爱米儿（一续）》，《教育丛刊》1920年第4期；朱经农演讲，甘豫源记：《大教育家裴斯塔洛齐之生平及其学说（附福禄培之生平）》，《江苏省立第二师范学校校刊》1922年第17期；蒙台梭利著，王少明译：《幼年儿童自动的教育学》，《河南教育公报》1925年第4卷第5期。

② 周作人：《知堂回想录》下，安徽教育出版社2000年版，第475页。

③ 周作人：《儿童的文学》，《新青年》1920年第8卷第4号。

学术观点。

关心儿童问题的知识分子，在人权和科学研究的指导下，参照西方儿童观，重新定义儿童。他们对儿童的定义由社会属性和本质属性两方面构成。就本质属性而言，知识分子从生理和心理两方面阐释儿童作为人生发展阶段的独特性，否认儿童是缩小的成人或“小大人”。如周作人认为：“盖儿童者大人之胚体，而非大人之缩影。”①就社会属性而言，他们把儿童置于民族国家的发展脉络中，承认儿童具有“未来国民”身份。如郭沫若认为：“今天的儿童便为明天的国民。”②鲁迅在《狂人日记》中提出的“救救孩子”，更是基于对麻木屈从的“国民性”的反思，寄国家希望于“没有吃过人的孩子”。因为“儿童的发现”在“人的发现”之后，所以，儿童拥有的“未来国民”的社会属性具备一个重要的前缀，即独立自主人格、个性解放。这个前缀，说明本质属性置于社会属性之上。从生理和心理层面对儿童本质属性的全面认识，既是五四新文化运动时期个人本位儿童观的最大特色，又是与传统家族本位儿童观和晚清时期形成的国家本位儿童观的根本区别。

二、个人本位儿童观的体现

儿童本质属性得到充分发掘，并超越社会属性，代表个人本位儿童观的确立。在个人本位儿童观指导下，五四新文化运动时期的知识分子，不仅猛烈抨击以“父为子纲”为主要内容的封建伦理纲常，而且把“儿童本位”运用到养育、教育、文学、艺术等领域，创作出新的养育

① 周作人：《儿童研究导言》，原载《绍兴县教育会月刊》1913年第3号，转引自钟叔河编：《周作人文类集·上下集》，湖南文艺出版社1998年版，第586页。

② 郭沫若：《儿童文学之管见》，原载《民铎》1921年第2号，转引自《1913—1949儿童文学论文集》，少年儿童出版社1962年版，第35页。

和教育方法、儿童文学和艺术作品。

封建伦理纲常是传统儿童观的思想源泉。若以“儿童是儿童”的个人本位儿童观取代“儿童是‘小大人’”的家族本位儿童观，必须批判和瓦解封建伦理纲常。在封建伦理纲常中，与儿童观紧密相关的是“父为子纲”。“父为子纲，则子于父为附属品，而无独立自主之人格矣”①，“父为子纲”建构的“孝亲”文化成为把儿童置于父母隶属物位置的枷锁。正因为此，传统的孝道成为知识分子批判的重点。1919年7月，胡适在《新青年》上发表《我的儿子》一文，以“树本无心结子，我也无恩于你”表明不把生养作为对儿子的恩赐，以“我要你做一个堂堂的人，不要你做我的孝顺儿子”批判孝道对儿童的限制。8月，他发表《再论我的儿子》，借助回信答疑，强调父母“决不居功，决不市恩”“不要把自己看做一种‘放高利债’的债主”。② 胡适这两篇文章，逆传统孝道而行，给予封建伦理纲常猛然一击。同为人父的鲁迅，基于怎样做父亲的思考，在《我们现在怎样做父亲》一文中也发表了相似的观点。他认为，父母给予子女的应该是“爱”，而不是“恩”，“父母对于子女，应该健全的产生，尽力的教育，完全的解放”，而不是强调报恩尽孝。③ 鲁迅还从进化论的角度抨击过去的“长者本位”，明确提出并呼吁人们树立“幼者本位”。“本位应在幼者，却反在长者；置重应在将来，却反在过去”。④ 周作人在《祖先崇拜》一文中，也借助进化论提倡由“祖先崇拜”转向“子孙崇拜”。鲁迅、周作人、胡适等知识分子，虽然对儿童的具体认知有差异，但都极力发掘并肯定儿童的本质属性。这构成

---

① 陈独秀：《一九一六年》，《新青年》1916年第1卷第5号。

② 胡适：《我答汪先生的信》，载何卓恩编：《胡适文集 · 人生卷》，长春出版社2013年版，第73页。

③ 鲁迅：《我们现在怎样做父亲》，《新青年》1919年第6卷第6号。

④ 鲁迅：《我们现在怎样做父亲》，《新青年》1919年第6卷第6号。

了五四新文化运动时期"儿童的发现"的重要特征。

注意到新生儿和婴幼儿身体特殊性养育方式的文章，在《妇女杂志》《中华妇女界》等刊物中被频繁刊载。1916年，寅斋翻译日本医学士佐久间兼信著写的《初生儿之生理》，详细介绍新生儿各方面生理状况，如脐带、皮肤的变化、排泄、乳汁、黄疸症状等等。[①]刘季雄在《初生儿之摄生》一文中，将新生儿的体重、体长、体温、脉搏、呼吸等数据提供给母亲做参考。[②]婴儿的清洁卫生、饮食卫生、规律化生活、培养卫生观念、建立卫生习惯等内容，在这一时期也得到详细介绍。如缪程淑仪认为，断奶应在孩子出生后14个月至18个月进行，避开盛暑严寒，选择幼儿身体强健时；断奶后不可食用肉类，可食鸡蛋，最好是厚粥。[③]

教育是儿童学习知识和获得社会文化观念的主要途径，五四新文化运动时期知识分子希望把儿童培养成为"完全的人"。为实现这一目的，他们把"儿童本位"运用到学校教育和家庭教育中，提倡以儿童为中心的教育制度。早年留学美国、专心研究教育学和心理学的陈鹤琴，是中国现代儿童教育的奠基者。他认为，儿童的心理与成人的心理不同，具有好奇心、好动、好模仿、好合群、喜欢野外生活、喜欢成功、喜欢称赞等心理，[④]所以，"儿童时期不仅作为成人之预备，亦具他的本身的价值，我们应当尊敬儿童的人格，爱护他的烂漫天真"[⑤]。陈鹤琴秉持"儿童本位"的教育观，于1923年在南京创立鼓楼幼稚园。"该园实施中采取某些原则，主要的如幼儿应自由活动和游戏；家庭与幼儿园

① 寅斋：《初生儿之生理》，《中华妇女界》1916年第2卷第1期。

② 刘季雄：《初生儿之摄生》，《中华妇女界》1916年第2卷第6期。

③ 缪程淑仪：《断乳后婴儿的保育法》，《妇女杂志》1920年第6卷第6号。

④ 陈鹤琴：《家庭教育》，华东师范大学出版社2006年版，第11页。

⑤ 陈秀云、陈一飞编：《陈鹤琴全集》第一卷，江苏教育出版社2008年版，第7页。

应对儿童的教育共同负责；应允许儿童们在户外游戏，并在大自然中学习，来代替固定的课程。”① 陈鹤琴的教育主张及实践，与传统的以教师为活动中心、以课本为参考资料的古板教育形成鲜明对比。张雪门、陶行知、蔡元培等教育家，也表达出教育应以儿童为中心的观点。

在现代儿童教育中，玩具和儿童游戏成为重要的教育工具和教育方法。这不仅体现在陈鹤琴的教育思想中，而且体现在周作人的译作及著述中。周作人为此专门翻译了日本学者黑田朋信的《游戏与教育》，他把儿童游戏称为美育，认为游戏能够寓教于乐。② 周作人还从学理的角度对玩具进行研究，写作《玩具研究》。他认为，玩具是儿童成长和教育的必需品，其作用与图书、仪器相同，有助于身心锻炼和智力发达，在为儿童选择玩具时，要遵循实用、教育、卫生、运动、经济、审美、技巧七个原则，不适合选用贵重、细小、尖锐、着色、玻璃制品等物品。③

除了主张学校教育制度和方法的革新，知识分子还给予家庭教育以重视，提倡家庭教育方式的改变。1925 年陈鹤琴以儿童心理学的研究为依据，结合自己的实验，写成《家庭教育》一书。这一时期，诸多知识分子撰文论述，鲁迅的《我们现在怎样做父亲》就是例证。在论述中，父母的角色不再遵循封建伦理纲常，而是以开放的教育态度主动理解儿童，以引导的方式协助发展儿童的本能。④

---

① 陈鹤琴著，陈秀云、柯小卫编：《陈鹤琴教育思想读本活教育》，南京师范大学出版社 2012 年版，第 168 页。

② ［日］黑田朋信著、周作人译：《游戏与教育》，原载《绍兴县教育会月刊》1913 年第 2 号，转引自钟叔河编：《周作人文类集 · 上下集》，湖南文艺出版社 1998 年版，第 682—690 页。

③ 周作人：《玩具研究（一）（二）》，原载《绍兴县教育会月刊》1914 年第 5 号，转引自陈子善、张铁荣编：《周作人集外文》上，海南国际新闻出版中心 1993 年版，第 158—163 页。

④ 柯小菁：《塑造新母亲：近代中国育儿知识的建构及实践（1900—1937）》，山西

儿童文学是儿童教育的一种形式，又具有区别于其他教育形式的文学性特征。这在晚清时期梁启超等人借助创作诗文、翻译国外儿童文学作品，以培养肩负救国希望的儿童时，已经有所体现。与晚清时期相比，五四新文化运动时期的儿童文学具备两大显著特点。

第一，出现了一股“儿童热”。周作人、鲁迅、叶圣陶、冰心、郑振铎、茅盾、郭沫若等关注儿童、肯为儿童写作的知识分子，不仅形成了文学群体，而且他们创作、搜集整理、翻译的儿童作品和创办的儿童期刊读物，呈现出井喷式增长。就作品而言，涉及散文、诗歌、寓言、童话、小说、剧本、民谣等多种文体，如茅盾在1917年编写的寓言集《中国寓言初编》、郭沫若在1920年创作的儿童诗舞剧《黎明》、叶圣陶在1922年发表的中国现代童话《稻草人》。另外，他们还翻译了大量的外国儿童文学，如《安徒生童话》《格林童话》。就期刊读物而言，包括《学生杂志》（1914年）、《少年报》（1921年）、《儿童世界》（1922年）、《小朋友》（1922年）、《小妹妹》（1922年）、《小弟弟》（1922年）、《儿童报》（1923年）等。这股“儿童热”本身就是“儿童的发现”的重要体现，代表着儿童成为重要的关注对象。

第二，出现了文风转型。儿童文学不再是为迎合民族国家需要而创作，而是为关怀人性而创造。1920年10月26日，周作人在北京孔德学校作题为《儿童的文学》的演讲，奠定了这一时期儿童文学的写作基调。周作人强调“顺应”，提倡儿童文学“无意思的意思”。所谓“顺应”，一是顺应儿童在生长期内外两面的生活的需要，也即从儿童的需要出发，其次才是效果；二是依据儿童心理发达的程度与文学批评的标准，顺应满足儿童本能的兴趣与趣味。① 在“人性解放”的时代主题下，

教育出版社2011年版，第137页。

① 周作人：《儿童的文学》，原载《新青年》1920年第8卷第4号，转引自钟叔河编：《周作人文类集·上下集》，湖南文艺出版社1998年版，第682—690页。

大多数创作儿童文学的知识分子都成为周作人的追随者和拥护者。不过，也并非所有的儿童文学都千篇一律地遵守和使用这种儿童创作观，以鲁迅为代表的少数知识分子在顺从儿童心理的同时，又注重引导。即便如此，鲁迅的作品和晚清时期单纯地为塑造顺民而创作的儿童文学也相互区别。

与儿童文学紧密相关的儿童艺术，此时也彰显出“儿童本位”的特征。此处的儿童艺术，并非儿童创作出来的作品，而是以儿童为创作题材的成人作品。其中，兼具父亲和教师社会角色的丰子恺的漫画较具代表性。

作为父亲，丰子恺以自己孩子的童稚日常生活为绘画素材，表达对儿童的欣赏、赞许，甚至崇拜之情。他笔下的长女阿宝因为只有零星几粒花生米而自然的失意和不满；长子瞻瞻趁爸爸不在时溜进书房，半伏在案上写写画画，憨态可掬；瞻瞻还把两把芭蕉扇放在胯下模仿骑脚踏车，极富想象力、创作力；失手打破泥人后，瞻瞻痛哭流涕，感情真切。在他看来，儿童是身心全部公开的真人，彻底地真实而纯洁，儿童时代是“唯我独尊”的黄金时代。① 他钦佩儿童的真率、自然与热情，认为大人间所谓“沉默”“含蓄”“深刻”的美德，与儿童相比，全是不自然的、病态的、虚伪的。② 丰子恺的文字与画作，直观呈现出对封建家庭伦理关系的颠覆。

作为教师，他用画笔表达出对身为学生的儿童的关心，呼吁改变传统教育方式与方法，尊重学生的身心发展规律和人格。他批判和讽刺传统教育“唯分是图”的功利。在功利化教育中，凶神恶煞的教师采取

① 丰子恺：《万般滋味，都是生活：丰子恺散文漫画精选集》，华中科技大学出版社 2018 年版，第 51 页。

② 丰子恺：《万般滋味，都是生活：丰子恺散文漫画精选集》，华中科技大学出版社 2018 年版，第 49 页。

揠苗助长的教育方式，呆若木鸡的学生透着与身份和年龄不相符的沉闷。他质疑并反对“流水线式”的教育方式，认为教师没有因材施教，学生全部由一个模子刻出，个性与天性被抹杀得一干二净。这种质疑与批判，代表着他对学生成长为“独立的人”“完全的人”“自然的人”的期待。

上述儿童观的几方面体现，具有相通性。批判和瓦解封建伦理纲常是实践个人本位儿童观的第一步，只有以重视儿童的新道德、新观念取代无视儿童的旧道德、旧观念，才能生成体现“儿童是人”“儿童是儿童”的养育、教育、文学和艺术。同时，延续千年的封建伦理纲常不能轻易荡涤，传统儿童观不能轻易转变，需要具有“儿童本位”色彩的教育、文学、艺术反复的清洗、冲刷。这也注定了个人本位儿童观的确立将是一个漫长的过程。

在“人性解放”的时代潮流下，五四新文化运动时期的知识分子把儿童从过去的家族家庭和民族国家认知框架下转置个人主义框架下，借助西方理论学说，探讨儿童作为人生阶段的独立意义与价值。他们强调儿童的本质属性而非社会属性，注重儿童的权利而非义务。在个人本位儿童观指导下，作为体现形式的教育、文学、文艺纷纷朝向现代发展。陈鹤琴、陶行知等教育家不仅主张改变僵化专制的教育方式，尊重儿童的个性与人格，而且身体力行，将现代教育付诸实践。周作人、丰子恺等文学艺术家，使“儿童”成为文学和艺术的一个重要主题。可以说，五四新文化运动时期真正形成了从思想和理论角度发现儿童的观念。

三、集中于文化圈层的儿童境况之改变

以周作人为代表的知识分子所提倡的个人本位儿童观及养育方式，主要借助文字在文化圈层传播。能够受此影响并改变传统育儿方式的父

母主要为文化圈层的父母，能够借此影响并改变传统生活轨迹的儿童主要为文化圈层的儿童。尽管陈鹤琴、丰子恺等人把个人本位的儿童教育主张落实到了实践中，并推动了中国近现代教育改革，但入园受教、入校读书的儿童依然具有明显的阶层性。

不可否认，这一时期注重儿童身体发育特殊性、心理发展规律的教养方法得到传播，儿童文学和儿童文艺也蓬勃发展，但传播与发展主要建立在"文字"的基础上。在当时，这种传播途径，本身就具有阶层性。毕竟能够接触并理解《新青年》《妇女杂志》《中华妇女界》等刊物及各种儿童读物内容的人士，绝非芸芸众生。比如，《妇女杂志》和《中华妇女界》两份女性杂志所设想的主要读者对象就是有知识的女性，尤其是有知识、能够承担家庭责任的"贤妻良母"。①

与晚清时期相比，五四新文化运动时期的学前教育事业又有了新的发展，不仅数量增加，而且办园理念改变。1919年成立的南京高等师范附属小学的幼稚园、1919年陈嘉庚创办的厦门集美幼稚园、1919年熊希龄主办的北京香山慈幼院、1923年陈鹤琴创办的南京鼓楼幼稚园等，课程内容和教学方法都开始注重以幼儿为中心。受杜威实用主义思潮影响，厦门集美幼儿园课程包括故事、音乐、游戏、自然和社会、识字与计算、工作（包括图画、手工）等。②具有试验中国化优质教育主旨的鼓楼幼稚园，每学期还会组织受托儿童检查体格、接种牛痘、参加展览会。③这些幼稚园具有阶层性，私立幼稚园的收费限制了平民幼儿入园，公立幼稚园则主要附设在大学和各省省立女子师范或师范学

① 谢天勇、张朋：《从女权斗士、香闺佳人到贤妻良母——民初上海女性期刊读者定位的演变及分析》，《学术界》2012年第12期。

② 中国学前教育史编写组编：《中国学前教育史资料选》，人民教育出版社1989年版，第261—264页。

③ 中国学前教育史编写组编：《中国学前教育史资料选》，人民教育出版社1989年版，第285页。

校，招收教职人员子女。①

在具有阶层性的幼稚园中，招收孤儿、弃儿和贫儿的北京香山慈幼院虽然属于特例，但因为收容的儿童只有六百多名，不足以打破整体的阶层限制。香山慈幼院属于官督民办、具有慈善性质的幼稚园，前身是慈幼局。初办时，香山慈幼院收容遭遇水灾而无人认领的儿童和香山附近的贫儿，后来开始招收一小部分自费的儿童。受托儿童的养育，由留美归来的熊芷负责，他们的营养、保健卫生、教育都得到重视。一般的孩子能吃到豆浆、鸡蛋，体弱的孩子还能喝到牛奶。②香山慈幼院为贫苦儿童提供了难得的优质生活环境和受教育环境。

个人本位儿童观对儿童教育的影响不仅体现在幼稚园方面，而且体现在小学教育中。1922 年 11 月，北洋政府颁布“壬戌学制”，把“谋个性之发展”作为标准之一，在一定程度上对课程、教材和教法进行了改革。课程改革注意从儿童出发，以儿童为本位，由公民课代替传统说教的修身课，由钟点制代替可根据科目难易、年级高低支配的分钟制。小学教材由文言文转向白话文，并采用大量的儿歌、童话、民谣、语言等，如商务印书馆编辑出版的《新学制国务教科书》初小第一册第一课是“狗、大狗、小狗”，第二课是“大狗叫，小狗跳，大狗小狗叫一叫，跳两跳”。教育方法克服死记硬背、单向灌输、重教材轻实践的倾向，加强调动学生的主动性、动手能力、教学与生活的联系。③

“壬戌学制”促进了小学教育的再度发展，但能够接受新式教育的儿童依然有限。据中华教育改进社调查统计：1923 年全国初小学生

① 刘彦华编著：《中国学前教育史》，光明日报出版社 2010 年版，第 94 页。

② 中国学前教育史编写组编：《中国学前教育史资料选》，人民教育出版社 1989 年版，第 276 页。

③ 吴洪成：《历史的轨迹——中国小学教育发展史》，西南师范大学出版社 2003 年版，第 431、435 页。

5814375 人，其中男生 5445815 人，女生 368560 人；高小学生 582479 人，其中男生 547297 人，女生 35182 人；初高小共计学生 6396854 人，与 1909 年的入校儿童总数相比，增加了 4864108 人。① 在增加的数字背后，进入新式学堂的儿童所占比例并不高。根据同时期一项关于中国各省区儿童受义务教育的情况调查，山东省接受初小学教育的儿童，仅占学龄儿童总数的 15%。②

家庭养育方式、学校教育和家庭伦理道德秩序，属于五四新文化运动时期知识分子所关注的重要场域。在这些场域，少数文化圈层儿童的生活发生了变化，他们不再被“父为子纲”的伦理纲常所禁锢，能够接受到科学育儿和现代教育。然而，大多数儿童的生活，与第一节详述的晚清时期儿童生活境况基本无异，依然被家族本位儿童观所主导。

第三节　国民党统治区国家本位与个人本位的并行及实践

南京国民政府时期的儿童观，在吸收借鉴晚清时期国家本位儿童观和五四新文化运动时期个人本位儿童观的基础上，呈现出国家本位与儿童本位并行的特点。政党取代知识分子，成为儿童观的主要缔造者。在日本帝国主义对华侵略和国共两党激烈对抗的时空背景下，儿童受到政府前所未有的关注。国民党和共产党都基于民族国家利益和政党需要肯定了儿童地位、制定了儿童政策、采取了塑造儿童的措施。本节主要

① 庄俞、贺圣鼐：《最近三十五年之中国教育》，商务印书馆 1931 年版，第 28 页。

② 《上国会书：中国各省区受义务教育之儿童数与人口数之比较表》，《义务教育》1923 年第 14 期。

对以蒋介石为核心的国民党所持儿童观及措施展开探讨。至于这一时期中国共产党的政策及措施，笔者将其在本章第四节详述。

一、国家本位儿童观回归的原因

个人本位儿童观在20世纪20年代中后期逐渐消隐，国家本位儿童观在南京国民政府时期得到强调。这种关于儿童的一退一进的思想观念的变化，受到内外两股力量的共同推动。五四新文化运动时期形成的个人本位儿童观本身具有过度理想化的缺陷，政党博弈与国家危难的政局、文人从政的风气则成为国家本位儿童观回归的外部推动力量。

以周作人为代表的知识分子所提倡的个人本位儿童观，不仅脱离了社会发展需要，而且脱离了广大儿童的实际生活条件。它所主张的个人本位、非功利性与传统儒家文化所看重的家族本位、功利性完全对立，中间没有任何缓冲。与中国传统文化格格不入的个人本位儿童观，在当时容易被视作异端。汪长禄就对胡适《我的儿子》一文提出质疑："把'孝'字'驱逐出境'，划在做人事业范围以外，好像人做了孝子，便不能够做一个堂堂的人。换一句话，就是人若要做一个堂堂的人，便非打定主意做一个不孝之子不可。"①另外，人具有自然属性和社会属性，儿童也不例外。周作人等人虽然认识到儿童的社会属性为未来国民，但忽视了当时社会发展需要和社会对儿童的期待，这就使得儿童成为独立于社会历史的特殊群体。

国共合作破裂后，两党纷纷把儿童作为争夺对象，极力培养符合政党需要的儿童。这种人力资源争夺，源于晚清时期梁启超等人把儿童

① 汪长禄：《汪长禄关于"我的儿子"一文给胡适之的信》，《每周评论》1919年第34号。

置于民族国家框架下的言说，尽管儿童的社会属性在五四新文化运动时期得到压制，自然属性得到凸显，但儿童与现代国家的联系终究建立起来，儿童被赋予主人翁的身份。1936年，陈立夫在第二次全国童子军大检阅大露营祝词中提道：“儿童是国家未来的，是继续国脉的新血轮。”①1942年，毛泽东在《延安日报》上题词：儿童们团结起来，学习做新中国的新主人。②由这种身份定位的意涵可知，似乎谁掌控了儿童谁就掌控了国家和时代的命脉。

儿童在日本帝国主义侵略中国的危难关头，还被看作拯救国家、收复主权的希望。1931年，日军发动九一八事变，霸占东北三省，发动侵华战争，此后陆续在华北等地挑起事端。1937年，日本制造卢沟桥事变，掀开了全面侵华的序幕，直到1945年8月15日，日本无条件投降。持续十四年的日本侵华战争，严重破坏了中国的主权。在主权沦丧、国家危难的大背景下，儿童被赋予救亡图存的重任。“若欲发扬国光，永绝外侮，使我五千年之中华民族，常能屹然独立于世界，则非对于全国之现有儿童，尽量设法，竭力筹维。”③与晚清时期相比，南京国民政府对儿童的政治期许有过之而无不及，直言“儿童为民族生命之始基”④，“国家的重责，全付在儿童身上”⑤。在使命期许下，儿童被要求具备与救亡图存职责相匹配的能力，而不是尊重本心、发展天性，“个体本位”被要求让位给“战争”“斗争”“振兴”等更合时宜的思想主题。

作为个体本位儿童观的倡导者，知识分子在家国变故之际，自身

---

① 陈立夫：《祝全国第二次童子军大检阅大露营》，《中央日报》1936年10月10日。

② 《共青团中央少先队工作会议文件（四）：革命少年儿童运动部分历史资料》，1960年4月2日，山东省档案馆藏，A004—01—0128—004。

③ 孔祥熙：《儿童节之感想》，《申报》1933年4月4日。

④ 《儿童年今日开幕——今实施儿童幸福》，《申报》1935年8月1日。

⑤ 《儿童节纪念之重要演讲词：宋委员长儿童节纪念讲话》，《时代教育（北平）》1936年第2期。

也面临转型。知识分子的转型带动了儿童观的转型。他们的转型之一是关注对象的转移，即由人的关怀转向社会关怀和政治关怀，也即关注的目光由儿童转移到国家和社会。例如陈独秀、胡适、鲁迅等，他们开始更多地思考有关国家进步与阶级斗争方面的内容。知识分子的转型之二是身份的转型，即由文人转向政客。在20世纪三四十年代，“文人从政”蔚然成风，胡适、郭沫若、叶公超、闻一多等人纷纷弃笔从戎。周作人作为个人本位儿童观的领路人，也是如此。他在 1941 年开始担任汪伪政府华北政务委员会委员，并被指定为常务委员兼教育总署督办。文人从政，导致他们对儿童的呐喊减少，即使偶尔呐喊，也是站在各自的政治立场，而非儿童的立场。

由国家本位儿童观回归的原因可知，政治因素占据着举足轻重的地位。这就使得南京国民政府时期的儿童观具有浓厚的政治色彩，儿童被建构成不同意涵的政治符号。但南京国民政府时期的儿童观从五四新文化运动时期的儿童观发展而来，不可能完全摆脱个人本位儿童观的作用。所以，南京国民政府时期的儿童观融合了社会发展需要和儿童的身心发展规律，既是对晚清时国家本位儿童观的吸收与发展，又是对五四新文化运动时期的个人本位儿童观的借鉴与纠正。

二、国家本位与儿童本位并行的体现

国民党统治区的儿童观由政府倡导，并且得到了作为国民党最高领导人蒋介石的积极支持。这种儿童观属于社会主导形态的儿童观，其形成模式决定了与过去知识分子倡导的儿童观相比，增加了体现的新面向。这一时期的儿童观，没有停留在养育、教育、文学和艺术层面的主张，而是从儿童节、儿童年、童子军等活动中进一步实践。这三项实践活动，能够充分体现国民党统治区儿童观特点，即国家本位与个人本位并行。

儿童节的设立与半官方半民间的社会慈幼组织——中华慈幼协会直接相关。1928 年 4 月正式成立的中华慈幼协会明确提出“维护儿童权利，并以种种可能的方法，为儿童谋幸福”。1931 年 3 月 7 日，孔祥熙以中华慈幼协会会长的名义，呈请上海市社会局转呈上海市政府，建议将每年的 4 月 4 日设立为儿童节，以实现“引起民众注意，使人人有慈幼思想，人人负慈幼责任，并可使儿童自知所处之地位，庶扩大慈幼范围，树强国强种之基”的目的。① 上海市政府接到呈文后，将其转呈给国民政府。国民政府命令行政院妥善办理，随即教育部根据中华慈幼协会拟定的纪念儿童节相关办法，制定了《儿童节纪念办法大纲》，通令各级教育厅“该节自二十一年度起应列入小学校历，以昭郑重而资提倡”②。由此，4 月 4 日被国民政府确立为儿童节，又称“双四节”。

在“强国强种”的政治目的导向下，儿童节庆祝活动具有浓厚的政治气息。这在各地党政机关主持召开的庆祝大会中得到充分体现。庆祝大会一般分为四个步骤：首先，举办如下庆祝仪式。“一、奏乐，二、全体肃立，三、升旗，四、唱党歌，五、向国党旗及总理遗像三鞠躬礼，六、主席恭读总理遗嘱，七、静默。”③ 国民政府借助庄重的仪式，通过党歌、党旗、国旗、孙中山像等政治符号向儿童进行政治教育。其次，由大会主席报告、党政机关长官训词及儿童答词。1935 年北平儿童节，大会主席向儿童依次提问了五个问题：“儿童最大的使命是什么？”“我们的领袖是谁？”“怎样复兴中华民族？”“今年学生救国工作是什么？”“你们今年参加大会得到的教训是什么？”全场儿童均行礼致敬，并一一作出回答：“爱国家”“蒋委员长”“实行新生活运动”“提

① 《中华慈幼协会提倡儿童节》，《申报》1931 年 4 月 4 日。

② 教育部编：《教育法令汇编》第 1 辑，商务印书馆 1936 年版，第 254 页。

③ 《本市今日热烈庆祝儿童节》，《申报》1936 年 4 月 4 日。

倡国货”“爱国家雪国耻”。① 这种互动，不仅是政治意识形态的灌输，而且深化了儿童的责任感。再次，演说与表演节目。演说环节不仅包括来宾演说，还有儿童代表演说，他们上台发表对政府的感激及爱党爱国、不负众望的决心。除了上台演讲，儿童还会表演唱歌、跳舞、乐器等各种节目。最后，在纪念大会结束之际，全场呼喊口号，如“儿童是新中国未来的主人翁，儿童是建设新中国的基石，儿童是复兴中华民族的生力军”，参会儿童则高呼“儿童要负起三民主义的责任……中华民族万岁、三民主义万岁、中国国民党万岁”。②1937 年抗日战争全面爆发后，由于战事紧张、政局动荡，儿童节纪念活动被简化。儿童节，提供了国民政府对儿童进行政治教化的载体。

在民族危机下设立的儿童节尽管承载着政治目的，但作为儿童的节日，也体现出以儿童为主体的特征。上文提及的儿童演说和表演已经蕴含了此层意思，儿童成为实践活动中的主角，他们站在讲台和舞台的中央，成人反而作起听众和观众。由配角到主角的转变，引发众人重新认识儿童，发掘儿童被埋没的价值。另外，在政府号召下，电影院、公园、书局、医疗机构等场所开展了一些为儿童谋福利的活动。如 1933 年上海市儿童节，虹口公园、外滩公园、兆丰公园等 28 家公园免费向儿童开放，中华书局、儿童书局、北新书局等 26 家书局廉价推销儿童书籍，至少有 35 家医院诊所为儿童免费检查体格和接种牛痘。③

虽然儿童节已经成功设立，并且通过年复一年的庆祝活动切实为儿童谋得了福利，但就福利效果而言，儿童节存有两个明显的弊端。第一，因为一年仅庆祝一天，时间短暂，所以许多福利政策没有得到有效

① 《今日儿童年之儿童节平津两地均举行盛大纪念会各校儿童表演欢迎民众参加》，《大公报（天津）》1935 年 4 月 4 日。

② 《昨日第五届儿童节全市各界热烈庆祝》，《申报》1935 年 4 月 5 日。

③ 《今日全市庆祝儿童节》，《申报》1933 年 4 月 4 日。

的落实。第二，因为儿童节福利需要凭借校徽、学生证等证件领取，需要一定的家庭经济支持，所以贫苦儿童、流浪儿童被拒在儿童节福利之外，他们的生活状况依然糟糕。儿童节的不足，成为“儿童年”的诱因之一。

“儿童年”从提议至开展经历了近一年八个月的酝酿。为了“唤起全国民众注意儿童事业，使人人有慈幼之观念，负慈幼之责任；同时使全国儿童明瞭自身所处之地位，而奋发振作，努力向上”①，上海市儿童委员会希望国民政府把 1934 年设为儿童年，遂于 1933 年 11 月将此提议连同实施办法纲要一并建议给中华慈幼协会。中华慈幼协会又将相关内容呈请上海市社会局、市政府，后转呈国民政府，交由行政院核办。1934 年 1 月，国民政府内政部和教育部审议后，决定：“所呈办法事属可行，惟儿童年之举行，一切事前计划及进行步骤，均须充分准备，本年分已历多日，拟改定于二十四年举行，本年内即著手筹备。”② 这表明，国民政府赞同开展儿童年，但因为时间仓促、来不及准备，将时间暂定为 1935 年。1934 年 11 月，内政部、教育部拟订《全国儿童年实施办法大纲草案》。1935 年 2 月，行政院第 202 次会议决议：“儿童年期间，定为自中华民国二十四年八月一日起至翌年七月三十一日止。”这就确定了全国儿童年的具体开展时间。1935 年 4 月，由教育部、内政部、实业部和中华慈幼协会人员组成的全国儿童年实施委员会成立，主持全国儿童年一切事宜。③ 此后，全国儿童年实施委员会组织开展了一系列筹备工作，比如编制宣传标语绘画、编辑宣传小册、编发活动办法

① 全国儿童年实施委员会编：《全国儿童年实施委员会总报告》，出版社不祥 1936 年版，第 1 页。

② 全国儿童年实施委员会编：《全国儿童年实施委员会总报告》，出版社不祥 1936 年版，第 1 页。

③ 全国儿童年实施委员会编：《全国儿童年实施委员会总报告》，出版社不祥 1936 年版，第 8 页。

大纲、编订举行各种展览会。①

充分的酝酿显示出政府对此事的重视，儿童年的开幕仪式再次印证了国民政府的重视程度。1935 年 8 月 1 日，南京国民政府在南京新都大戏院举行了隆重的儿童年开幕典礼。会场布置营造出喜庆的氛围，市府乐队演奏，全场悬旗悬灯，还有飞机在空中散发标语。② 参会人员约 1800 人，可谓数量众多、政要云集，包括南京市 1530 名中小学生代表，财政部部长孔祥熙、教育部部长王世杰、内政部代表周伯敏等数十名机关代表，还有上百位学校教职员和民众。仪式流程与儿童节的相似，依次进行奏乐开会、唱党歌、向国旗党旗及总理遗像行三鞠躬礼、唱儿童年歌、主席致开会辞、演说、儿童代表致辞、奏乐散会等八则事项，略显庄重和严肃。③ 相似的流程具有相似的功能，即对儿童进行政治教育。但与儿童节相比，儿童年又因为组织儿童代表拜谒中山陵，而使政治色彩更加浓厚。每个学校指定了一名学生代表跟随领队教师谒陵，他们在中山陵唱党歌、行鞠躬礼、听总理遗嘱、献花圈……身临其境接受三民主义教育。

隆重的开幕仪式表现出国家本位的儿童观，但儿童在其中并非只充当被关怀对象。儿童代表还站在自身的立场为儿童发声，甚至勇敢地批评了成人在儿童福利方面“虎头蛇尾、形式主义”的做法，号召他们把政策落到实处，真正为儿童谋幸福。市立邓府巷小学儿童代表的答辞可见一斑：

> “为什么要规定这个儿童年?”听到这个名词，就可晓得，是

① 全国儿童年实施委员会编：《全国儿童年实施委员会总报告》，出版社不祥 1936 年版，第 23 页。

② 《本市千余儿童昨日参加儿童年开幕礼》，《申报》1935 年 8 月 2 日。

③ 全国儿童年实施委员会编：《全国儿童年实施委员会总报告》，出版社不祥 1936 年版，第 140—141、144 页。

重视儿童的表现。诸位到会的承认，全国的同胞也都承认。我是儿童，是国家最有希望的份子，复兴民族、期待着我们去努力；报仇雪耻，期待着我们去努力；中国一切的希望，都想在我们儿童的身上来实现。

……

儿童的需要受教育，和人饿了要吃饭，冷了要穿衣，有同样的重要。诸位所期望于我们儿童的，不可说是不深不切，诸位要想实现这种希望，也惟有去努力儿童教育。……同时我又替全国的儿童带来了一个诚恳的要求，希望诸位接受，就是我们中国人向来有这样说而不做，虎头蛇尾的毛病。比方规定了这个儿童年，今天举行开幕典礼，人人都很高兴的来参加，到了散会以后，儿童年的工作就算完了。我希望今天到会的长官们来宾们，要可怜现在一般的儿童，我们儿童就好比一大群无衣无食的灾民，正热望着诸位的救援，诸位如肯本着计划去做，这不但是儿童的幸福，也是国家民族的幸福。①

这份儿童代表的答辞或许出自成人之手，或许经过成人审查，但终究通过儿童自己表达出来。儿童借助公权力进行自我肯定，昭示着自己作为儿童的与众不同和重要性，并为自己伸张和争取受教育的权利。如若以传统的封建伦理纲常来衡量，他们的言辞简直是“大逆不道”，但在南京国民政府时期却得到国家的支持和肯定，成人也只能听之任之。另外，基于儿童特殊性的关注，传统社会的主流认知是忽视的，晚清和五四新文化运动时期是成人替儿童主张，南京国民政府时期则是儿童自己为自己主张。这是难得的进步之处。

---

① 全国儿童年实施委员会编：《全国儿童年实施委员会总报告》，出版社不详1936年版，第145—146页。

儿童代表在答辞中提到了儿童年所要开展的一项非常重要的工作，即儿童教育。除了儿童教育，国民政府还特别注重儿童救济。正如教育部部长王世杰在开幕仪式上宣读的国民政府颁布保证儿童福利之训令——《国民政府训令第607号》所言："学校儿童应受义务教育，在学儿童应给予优良之智识及体格训练……义务教育适自本年度开始办理，此事关系儿童福慧，至为重要，又目前各地方灾祲迭见，儿童之流离失所有待救济者，为数当不在少，以上二端，尤应特别注意，毋稍忽视。"①可见，儿童教育和儿童救济是为儿童谋福利的重要方面，也是儿童年的工作重点。在这两个方面，全国儿童年实施委员会在相关部门协助下采取了行动，并且落实到实践中。比如它和教育部义务教育委员会联合举行"全国义务教育宣传周"，并督导各地方厉行小学"二部制"、广设"短期小学"以救济全国失学儿童，普及儿童教育；设置儿童问题讲座，邀请陈鹤琴、马容谈、吴研因等谈论《儿童玩具与教育》《欧美儿童教育状况》《清末以来我国小学教科书概括》等儿童教育事项，建立儿童图书馆；又如督导各地方筹设贫儿院、孤儿救济所，改善育婴机构、改善童工学徒待遇；等等。②虽然儿童年所开展的儿童教育和儿童救济活动存在着很多弊端，没有真正普及义务教育，亟待救济的儿童也比比皆是，但与过去相比，它已经有所突破，迈出了在政府支持下，为儿童谋福利的重要一步。

在备受重视的儿童教育和儿童救济工作之外，全国儿童年实施委员会举办的四场展览会也是儿童年的代表性成绩。全国儿童年实施委员会认为，儿童读物是儿童的"精神食粮"，对儿童教育具有重大影响，

---

① 全国儿童年实施委员会编：《全国儿童年实施委员会总报告》，出版社不祥1936年版，第144页。

② 全国儿童年实施委员会编：《全国儿童年实施委员会总报告》，出版社不祥1936年版，第173、174、171、343—363页。

但已有儿童读物有好有坏，有待研究改进、制定标准，国人对儿童读物缺乏了解，文学家也普遍轻视。为了改变这种不良的发展状况，更好地发挥“精神食粮”的作用，1936 年 1 月 30 日至 2 月 5 日，“全国儿童读物展览会”首先在南京举行。此次展览会按照教科书类、补充读物类、社会流行读物类、参考书类，共展出读物 2828 种、13908 册。[①] 玩具教具对于儿童教育的作用同样不容小觑，为了唤起社会人士对于教具玩具的注意、鼓励教具玩具的仿制和创制、谋求教具玩具的改进，1936 年 5 月 17 日至 26 日，“全国儿童教具玩具展览会”在南京举行。此次展览会共展出玩具教具 8722 件，其中国内玩具教具 8330 件，国外玩具 392 件，分为建筑玩具类、交通玩具类、国防玩具类、运动玩具类等十五类。[②] 第三场展览会是 1936 年 6 月 6 日在上海举办了为期十天的“全国儿童绘画展览会”。与前两场展览会不同，儿童绘画展览会真正有儿童参与。本着“以研究提倡儿童绘画，并启发艺术兴趣，改进艺术教育”的宗旨，展览会收到了 3 万件儿童画作，评出 2743 件优良作品，予以奖状、奖品及纪念品。[③] 第四场展览会事关儿童的健康，即 1936 年 6 月举办的儿童卫生展览会，共展出 4695 件展品，包括日常卫生类 1414 件，健康教育类 1901 件，儿童疾病类 347 件，环境卫生类 584 件，妇幼卫生类 89 件，统计报告类 360 件。[④] 这些展览会虽然不是主要面向儿童，并且掺杂了浓厚的政治目的，但和儿童利益直接相关。

---

① 全国儿童年实施委员会编：《全国儿童年实施委员会总报告》，出版社不祥 1936 年版，第 188 页。

② 全国儿童年实施委员会编：《全国儿童年实施委员会总报告》，出版社不祥 1936 年版，第 243、251、249 页。

③ 全国儿童年实施委员会编：《全国儿童年实施委员会总报告》，出版社不祥 1936 年版，第 276、295 页。

④ 全国儿童年实施委员会编：《全国儿童年实施委员会总报告》，出版社不祥 1936 年版，第 333—335、340 页。

全国儿童年实施委员会还开展了举办夏令营儿童健康营、成立儿童问题咨询处、筹设儿童中央图书馆等活动。儿童年确实为儿童做出许多谋福利的事情。也正因为如此，儿童年虽然比儿童节开展时间晚，但从卫生、教育、救济等方面构建了儿童事业发展的初步框架，可以称得上南京国民政府发展儿童福利成就最显赫、对大众儿童观影响最大的一年。儿童年在开展之际，也对后来的儿童事业发展提出希冀，“我们应把儿童年，当做儿童世纪的开始；我们应该永久的提倡儿童幸福，就在这儿童年里，组织成许多永久的关于儿童幸福的机关，永久地从事关于援助儿童的实际事业，以使儿童年虽然结束，而儿童的幸福方兴未艾”①。然而，初步建构的发展框架很快被战争中断，并促使政府对其进行了新的调适。

儿童年把儿童教育确定为工作重点之一。南京国民政府在成立初期，已经表露出对教育的重视态度。1929 年 3 月 25 日召开的国民党第三次全国代表大会明确表示“教育为立国之大本”②,1932 年蒋介石在长沙各界代表会上作关于教育重要性的演讲，指出“现在救国与复兴民族的途径，惟有第一注意教育”③。教育，不仅被视作巩固国民党政权的根本途径，而且被视作救亡图存的首选方式。这一时期的教育以三民主义为宗旨，同时又因为战争背景具有明显的军事色彩。其中，中国童子军④教育，成为南京国民政府时期儿童所受教育的一大特色。

---

① 全国儿童年实施委员会编:《全国儿童年实施委员会总报告》，出版社不祥 1936 年版，第 157 页。

② 《中国国民党第三次全国代表大会通过确定教育宗旨及其实施方针案》，载国民党中央执委会训练部编:《教育要义：总理关于教育之遗教》，出版社不详 1930 年版，第 169 页。

③ 《蒋介石在长沙各界代表会上作关于教育重要性的讲演》，载《教育：一、二》，出版社不祥，出版时间不详，第 139 页。

④ 根据 1929 年中国国民党中央第二十一次常会决定的《童子军组织原则八条》，童子军名称改定为“中国童子军”。本书对“童子军”的称谓，遵照此规定。

国民党和政府发现童子军对国家发展、民族振兴的独特价值后，便逐步将其纳入管理体系。童子军在 1907 年夏天由英国陆军中将彼登堡（Robert Baden Powell）创办，在 1912 年由武昌文华大学引入中国。在发展初期，童子军由外国人设立的教会学校提倡、推广，如上海格致公学校，活动也因此呈现出欧化的特点。1926 年，国民党中央青年部在第二次全国代表大会认为过去的青年运动存在不少缺点，顺势把眼光投向“有勇敢诚实的精神、助人服务的特性、是青年运动最好的工具”的童子军。同年，国民党中央执行委员会通过了成立“中国国民党童子军委员会”的决议和创办《中国国民党童子军案》的提案。中国国民党童子军委员会成立后，即开始研究童子军的教育，讨论关于训练、组织、宗旨等问题，出版《中国国民党童子军教育章程》，刊行《中国国民党童子军月刊》。[①] 这些措施标志着童子军一改往日的欧化色彩，进入到党化时期。1928 年，中国国民党童子军司令部成立；1929 年，司令部地位提高，直属于中央执行委员会；1930 年，中国童子军在南京举行全国童子军第一次总检阅及大露营，蒋介石、胡汉民、戴季陶等党国要人纷纷发表演说；[②]1934 年，“中国童子军司令部”改为“中国童子军总会”，童子军的最高指挥机构改为中国童子军总会，蒋介石本人亲自负责其领导并出任会长……童子军的属性逐渐发生质性改变，完全变成了国民党组织机构的一部分。

中国童子军被视作准备救中国的生力军，“以发展儿童做事能力，养成良好习惯，使其人格高尚，常识丰富，体魄健全，成为智仁勇兼备之青年，以建设三民主义之国家，而臻世界于大同”为宗旨。为了实现这一目标，国民党对中国童子军主要进行了军事和政治两种训练。训练

① 刘澄清编著：《中国童子军教育》，商务印书馆 1938 年版，第 11—12、1、16—17、18 页。

② 刘澄清编著：《中国童子军教育》，商务印书馆 1938 年版，第 22—24 页。

办法因团体、小队、个人而异，同时又具有共性。因为团体的训练内容较为全面，在此仅以团体为例。军事训练包括五方面内容：一是露营、野战、追踪、测量、绘画、架桥等野外活动，二是劳苦操作、游戏运动等锻炼体格的活动，三是战斗术、侦查术等关于军事训练的常识，四是联络他团举行会操游戏等增进友谊、相互观摩的活动，五是负警备之责的活动。这些军事训练活动是针对男性童子军设计的。女性童子军因为被期待塑造成为未来健全的母亲和家庭支柱，所以训练内容以卫生、家事、看护、烹饪等为主。由此可知，国民党对儿童的培养男女有别，没有突破"男主外，女主内"的传统性别角色分工的窠臼。政治训练则没有性别差异，均以忠孝、仁爱、信义、和平为训练的最高原则。①这在《童子军军歌》中具有明显的体现。音乐与政治在一定程度上具有相通性，"不同时期、不同题材的作品就是一定的政治意识形态的音乐化"②，具有思想教育和政治教化作用。"我们是三民主义的少年兵""忠孝、仁爱、信义、和平，充实我们行动的精神"③等歌词向童子军队员灌输三民主义和国民道德规范。

童子军教育比儿童节、儿童年更明显地体现出国家本位儿童观。尽管《中国童子军总章》规定："中国童子军采用以儿童为本位之教育主张，及近代科学教育之方法。根据儿童生活生理及心理之状态，为实施训练之准绳，以养成其服务民族国家及社会所需要之基本能力"④，但无论是国民党和国民政府对童子军的定位，还是训练内容都有违儿童本位，甚至还要求"一旦战争发生，童子军与国家的兵士同样到战场去，

① 刘澄清编著：《中国童子军教育》，商务印书馆1938年版，第3、281、205、197页。

② 夏小玲：《中国艺术歌曲思想教育作用之我见》，《学校党建与思想教育》2011年第32期。

③ 刘澄清编著：《中国童子军教育》，商务印书馆1938年版，前言。

④ 刘澄清编著：《中国童子军教育》，商务印书馆1938年版，第281页。

以争求国家之福利”①。上场杀敌、为国牺牲明显逾越了儿童的年龄属性和身心特点。

基于战争的特殊环境考量，以蒋介石为核心的国民党重新审视儿童的地位，采取儿童福利措施。为塑造符合政党意识形态需要的、能够救亡图存的“小国民”，国民政府所倡导的各项措施均具有国家本位的色彩，尤以童子军教育甚之。国家本位儿童观确立的过程，也是“儿童的发现”走向“儿童的遮蔽”的过程。遮蔽儿童的主张，不再属于纯粹的个人本位儿童观。但观念一经形成，即会影响持久。何况，个人本位儿童观还属于现代化进程中的重要组成部分。所以，南京国民政府时期，国民党尽管倾向国家本位的儿童观，但也吸收了五四新文化运动时期形成的个人本位儿童观。

三、集中于城市中上层社会的儿童生活境况之改变

晚清时期出现的国家本位儿童观影响了官绅阶层的儿童生活境况，五四新文化运动时期出现的个人本位儿童观影响了文化圈层的儿童生活境况。新兴儿童观在这两个时期的实践效果，显示出阶层性。南京国民政府时期，国民党统治区所开展的儿童节、儿童年和童子军三项活动，扩大了新兴儿童观在实践层面的影响力，兼具阶层性和地域性，主要改变了城市中上层社会的儿童生活。这些改变在三项活动的开展过程中已经有较充分的体现，如儿童在儿童节当天可以免费体检和接种牛痘、免费游园、上台演讲。与城市儿童的生活形成鲜明对比，农村儿童依然延续着传统生活模式。另外，虽然同在大城市，儿童的生活也有阶层差异，上层社会的儿童与底层社会的儿童具有天壤之别。

① 刘澄清编著：《中国童子军教育》，商务印书馆 1938 年版，第 3 页。

城乡儿童的生活差异在当时引起文人墨客的关注。他们不仅撰文描述，而且通过漫画呈现。1937年，刊载在《实报半月刊》上的一则题为《城市与乡村儿童生活对比》的漫画，形象地表达出农村儿童与城市儿童的生活差异。上课前，农村儿童辛勤地从事家务劳动，城市儿童则躺在舒适的床上看书；上课时，农村儿童接受的是传统私塾教育，城市儿童则接受现代新式教育；午饭，农村儿童食用的是粗茶淡饭，城市儿童却用美味的食物喂狗；放学后，农村儿童进行农业生产劳动，城市儿童则游戏玩耍；睡觉时，农村儿童卧于平炕，城市儿童则寝于软榻。

这些差异在文字资料中也是屡见不鲜，尤其在教育领域。乡村教育没有得到推广，儿童的受教育环境也不及城市。①张宗麟对山东、浙江、上海、福建等八省儿童生活观察发现，只有经济状况比较优裕的家庭才送儿童进学校。另外，大都市几个著名小学和幼稚园的儿童，家长车接车送、教师笑脸相迎，但在乡村地区，即便地主家庭也鲜有接送孩子的事情。②城乡教育差异长期存在，1948年，寿县学生表达出对都市儿童的羡慕和教育不公的不满："都市的小朋友真幸福，读书的学校好，四周的环境好，有学校及其他公共地方给他们游戏，有图书馆给无钱买书和上学的苦孩子阅书报和杂志""我们都是同样的小朋友，为什么不能一样的读书和游戏呢?!"③

除了受教育机会和受教育环境的差异，新式教育在城市迅速发展的同时，私塾依然是广大乡村儿童获得蒙养教育的主要机构。尽管国民政府欲把学校作为党化教育的场所，并推行官学，但村民们对官学并不接纳，从而使官学在农村地区的推广举步维艰，私塾则始终占据上风。

---

① 建枝：《城市的和乡村的儿童生活》，《节制》1927年第6卷第1期。

② 张宗麟：《儿童生活：八省儿童生活的印象述略》，《儿童教育》1934年第6卷第1期。

③ 孙文若：《寿县的儿童生活》，《儿童周刊》1948年12月18日。

1935年，在山东汶上县进行农村教育调查的调查者感慨："在渐趋'西化'近代化的城市见不到的问题、不显著的问题，在农村社会里还是光彩夺目。"[①] 另外，即使是新式教育，也并非全然面向社会招生，部分学校具有家族和宗族性，实行一家一姓之学。例如，7岁的鲍敦务在1947年由私塾转入新式学堂"敬爱小学"。"敬爱小学"由鲍家一位在外面读书的青年兴办，只有鲍姓的后代才能进，学生有一二百名，教师也都姓鲍。[②]

医疗卫生条件的差异，是国民政府时期城乡儿童生活差异的另一个重要体现。在出生方面，城市新生儿已经逐渐享受到新法接生的技术，乡村新生儿的命运则依然掌握在接生婆手中。新法接生在20世纪三四十年代的大中城市不断发展，但在中小城市，尤其是农村地区，接生婆仍然很活跃。[③] 因为接生婆接生措施不当，新生儿死亡率居高不下。据统计，20世纪40年代末，山东省泰安地区新生儿破伤风发生率为890‰，婴儿死亡率为236‰。[④] 在疾病治疗方面，上海、青岛、汉口、广州、香港、杭州、鼓浪屿等大城市已经有儿童科室，上层社会的儿童可以到医院医治；乡村地区的贫儿则普遍依靠巫术和土方，他们的父母或者用香烛求神，或者购买神药。[⑤]

---

① 廖泰初：《变动中的中国农村教育：山东省汶上县教育研究》，载李文海主编：《民国时期社会调查丛编·医疗卫生与社会保障卷》下，福建教育出版社2014年版，第38页。

② 鲍敦务口述：《我那辗转的教师生涯》，载郑新蓉等编著：《泥土上的脚印——新中国第二代乡村教师口述史》，广西教育出版社2018年版，第54页。

③ 吕美颐、郑永福：《近代中国新法接生的引进与推广》，《山西师大学报（社会科学版）》2007年第5期。

④ 山东省地方史志编纂委员会编：《山东省志·卫生志》，山东人民出版社1995年版，第505页。

⑤ 张宗麟：《儿童生活：八省儿童生活的印象述略》，《儿童教育》1934年第6卷第1期。

国民党统治区的儿童劳动，同样具有地域性和阶级性。在家庭需要下，农村孩子的劳动内容与晚清时期基本相同，幼小的孩子拾柴、挖菜，年龄稍大的男孩从事农业生产劳动，女孩从事烦琐的家务劳动。城市中上层社会的儿童，因为入校机会增加，劳动量相对减少，家庭对他们的培养已经朝向现代化。城市中自谋职业、自寻生路的儿童，则是另一番生活景象。20世纪40年代末关于上海儿童福利的一项调查显示，上海街头充斥着各种儿童职业，包括擦皮鞋、卖花、摆地摊、拉风箱等。其中，拾荒的儿童尤为可怜，不仅收入少，而且不卫生：

> 走到街头，常看见有些小孩背着一个破筐，手里拿着两只竹片，沿途拾着纸片、布片、破玻璃瓶、空罐头等。每当卫生局的垃圾车推到，四周就围着这些儿童，然而必先经过推车的人先选一遍，等渣滓中大一点的纸片、玻璃片、肉骨头、布片之类被提取之后，剩下来的就是儿童的天下，他们像淘金似的淘上几个钟头甚至一天，然而所得仅可换3000元左右，这是顶苦的一种职业了。①

城市贫苦儿童的生活状况具有延续性。1935年儿童节，《大公报》曾发表社论批判这一现象："今年的儿童节，范围虽似很广，实际也不过是替少数有教有养的儿童打算，没有包括儿童全体……至少在举行儿童运动的时候，不要把大多数要饭的，住垃圾桶的，以及贫儿院，孤儿院，育婴堂的儿童们忘掉。他们也需要教养！他们也期求幸福！他们也是中国未来的主人翁！他们也是建设新中国的基石！他们也是复兴中华民族的生力军！"②也正因为如此，当少数家庭条件优越的城市儿童享受儿童节福利的时候，大多数城市儿童依然处于吃不饱、穿不暖、睡不好

① 刘德伟主编：《有关上海儿童福利的社会调查》，载李文海主编：《民国时期社会调查丛编·医疗卫生与社会保障卷》下，福建教育出版社2014年版，第780页。

② 佚名：《1935年儿童节大公报的社论》，《杂文选刊》2007年第7期。

的状态。

民国时期是一个充满战乱的时期，身在其中的儿童饱受战争之苦，承受了童年不应有的重负。许多亲历战争的文人学者在回忆录中提到战乱中奔命逃亡的场景，如生在河南信阳的作家叶楠以“硝烟中”三字形容自己的童年：几乎刚懂事，便认识各种枪支、手榴弹、枪刺、钢盔、防毒面具；五六岁时唯一的歌曲是《我的家在松花江上》，每每唱起，声泪俱下；八岁家乡沦陷，跟着家人逃进豫鄂边的大林莽，见证了十几个日本骑兵把父老乡亲赶尽杀绝的残忍场景……[①]相似的故事被经历抗日战争和解放战争的受访者多次提及，鲁中山区的受访者频频躲进深山，黄河入海口的受访者曾钻进芦苇丛。[②]这些回忆是那个时代强加给儿童心灵的悲痛记忆。

南京国民政府时期，南京国民政府和国民党对于儿童重要性的强调及所开展的儿童节、儿童年、童子军等实践活动，在医疗卫生、教育、日常生活等方面，改变了城市中上层社会儿童的生活。这些改变，加剧了儿童生活境况的城乡差异、阶层差异。广大农村儿童和城市底层儿童的生活，并没有发生实质性的改变。

第四节　革命根据地侧重国家本位的儿童观及实践

中国共产党采取的是农村包围城市的革命道路，政权控制地区主

① 叶楠：《硝烟中的童年》，载田珍颖主编：《名人童年故事》，中国和平出版社2002年版，第5—10页。

② 根据笔者于2017年5月28日在济南市仲宫镇张家村对郑学诗的访谈录音整理；根据笔者于2017年5月20日在东营市垦利镇惠丰社区对范兴仲的访谈录音整理。

要在农村。与城市相比，儿童医疗卫生和教育条件较差，父权家长制的观念更加牢固，儿童具有参加生产劳动的传统。同在两党博弈、国家危亡的时空背景下，共产党也进行了设立儿童节、建设儿童组织等实践活动。这些儿童政策和措施与农村社会相结合，显示出中共儿童观的特色。中共控制区的儿童观及实践受到五四新文化运动时期个人本位儿童观的影响，但主要体现为国家本位，儿童被号召支援战争、参加生产，并接受思想教育。

一、侧重国家本位儿童观的体现

苏区儿童节设立在 4 月 1 日，并以穷苦儿童为活动对象。1933 年 1 月 5 日苏区中央儿童局制定《关于春季冲锋季中儿童运动的决定》，规定："四月一日为儿童节。这是劳苦儿童自己的节日。"[①]儿童节突出了本区儿童的"穷苦"特点，暗示了革命根据地的儿童节是广大儿童的儿童节，而非国民党统治区城市儿童的儿童节。1937 年国共两党建立抗日民族统一战线，开启第二次合作，革命根据地的儿童节纪念日始与国统区相同，改为"4 月 4 日"。

儿童节的活动目的和内容主要围绕服务于"生产"和"战争"两大主题展开，具体活动内容跟随政治任务的变化而调整。李军全通过分析 1937—1949 年中共机关报关于儿童节的新闻报道和河北、山西两地的相关档案发现："对于中共而言，儿童节纪念并非唤起社会民众对儿童的注意与重视那么纯粹，并非组织纪念大会、召开纪念座谈会和举行应景纪念活动那样简单，它需要的是在纪念活动中发动民众支持儿童走

① 《苏区中央儿童局关于春季冲锋季中儿童运动的决定》（1933 年 1 月 5 日），载共青团中央青运史研究室、中央档案馆编：《中国青年运动历史资料（1933—1934）》第 12 册，中共党史资料出版社 1989 年版，第 10 页。

向革命，动员儿童走出家庭，其最大意义便在于借助纪念达到教育儿童的政治意图。”①

通过纪念活动，让儿童走出家庭、走向革命、接受政治教育，在苏区第一届儿童节已经明确。苏区中央局规定，第一届儿童节以改善儿童生活、教育儿童、动员儿童参加粉碎敌人的斗争和举行儿童团大检阅为主要内容。②为期八天的大检阅，主要检阅冲锋季中儿童拥护苏维埃红军工作情况。③参加斗争和检阅、拥护苏维埃正是走出家庭、走向革命的体现。这些活动也能够发挥意识形态教育的作用，有助于淡化儿童的家庭意识，增强他们的集体意识和政治认同感。

儿童节包含了改善儿童生活和教育儿童的内容。苏区小学教材的内容更是紧密联系实际，文字生动活泼，有时还使用易于被儿童理解和接受的韵文。如《国语课本》第三册第十四课：

> 月光光，月光光，小孩子，上操场。土炸弹，木壳枪，开步走，瞄准放。大家时刻准备着，准备打倒国民党。④

与农村传统私塾教育惯用的儒家经典相比，这些新教材的内容、文字和语言特点，无疑更加符合儿童的认知。但改善儿童教育和生活的内容，并非全然从照顾儿童身心发展的特殊性出发，还赋予儿童改善他人生活和教育他人的责任。《关于春季冲锋季中儿童运动的决定》提及，教育儿童以卫生常识的同时，发动儿童向家庭和一般群众宣传注

---

① 李军全：《节日与教育：中共儿童节纪念述论（1937—1949）》，《福建论坛（人文社会科学版）》2016年第1期。

② 《苏区中央儿童局关于春季冲锋季中儿童运动的决定》（1933年1月5日），载共青团中央青运史研究室、中央档案馆编：《中国青年运动历史资料（1933—1934）》第12册，中共党史资料出版社1989年版，第10—11页。

③ 《共青团中央少先队工作会议文件（四）：革命少年儿童运动部分历史资料》，1960年4月2日，山东省档案馆藏，A004—01—0128—004。

④ 吴洪成：《历史的轨迹——中国小学教育发展史》，西南师范大学出版社2003年版，第495页。

意个人和公众卫生；灌输儿童以科学知识的同时，发动儿童劝阻父母敬神拜佛。①

抗日战争时期，儿童节纪念活动进一步号召儿童支援抗战。1940年西北青年救国联合会和中华民族解放先锋队号召“四四”儿童节放假一天，使儿童能够自由活动，并发动所有儿童每人做一件抗战工作，如：站岗放哨、慰问抗属、写慰问信、拾破铜烂铁等。这些抗战活动实则在1940年“四四”儿童节前已经得到广泛的开展，并取得成效。“在前方儿童站岗放哨、送消息、捉汉奸、慰劳抗属鼓励军心，收效极大；在后方努力募捐写信鼓励前方将士，宣传和组织民众进行了许多工作，获得了社会人士热烈赞许。”②

除了支援战争，号召儿童参加生产劳动在抗日战争时期同样受到重视和提倡。1942年晋察冀边区行政委员会、各界抗日联合会制定的《关于迎接和纪念四四儿童节的指示》规定：“由于根据地劳动力缺乏，人民生活更加困难，因之动员广大少年儿童参加大规模生产运动，成为今年纪念四四儿童节的第一任务。”《指示》还规定了参加生产劳动的具体任务，如把全体少年儿童按年龄、性别分别动员到纺（棉、毛）织（布、带子）编（席、篓、篮）拾（粪、柴）和春耕生产中，号召全体童子军（幼童军自由参加）每人种瓜三窝、树一棵，号召每个村庄争取建立一个“童子军菜园”。此指示意欲使儿童和成人一起加入劳动大军，成为一支重要的生产力量。据晋察冀边区青年联合会统计，边区儿童在1938年至1942年五年中创造了可观的生产成绩，仅唐县儿童1938年

---

① 《苏区中央儿童局关于春季冲锋季中儿童运动的决定》（1933年1月5日），载共青团中央青运史研究室、中央档案馆编：《中国青年运动历史资料（1933—1934）》第12册，中共党史资料出版社1989年版，第10—11页。

② 《西青救民先队关于纪念“四四”儿童节与开展儿童工作之决议》，载中国井冈山干部学院、中央档案馆编：《〈新中华报〉综合版整理本4》，江西人民出版社2016年版，第2312—2313页。

到 1941 年 6 月，开荒 317 亩多，拾粪 247800 斤，造儿童林 374 处，种菜园 230 处，种儿童田 210 亩 8 分，儿童滩 39 亩多，捉害鸟 64090 只，养羊 7 只，鸡 70840 只，蚕 2138500 条，打柴 48240 斤，拾粮 14350 斤。①

参加生产劳动、支援战争、宣传方针政策等实践活动，不仅帮助儿童走出家庭，而且促使家长和农村社会重新认识儿童。农村儿童具有劳动的传统，年幼时拾柴、挖菜，10 岁左右的男孩参加生产劳动，女孩参加家务劳动。在传统观念中，儿童劳动属于成人劳动的辅助。儿童节则使儿童和成人一起加入劳动大军，并量化了儿童的劳动成果。在物质资源匮乏的农村社会，这些生产成绩成为儿童地位提升的砝码。曾经以少不更事的形象存在于乡村社会的儿童，直接参与到成人化的政治生活中，而且拥有了话语权。

除了上述实践活动，中国共产党还采取表彰和诉苦相结合的方式，把儿童节作为思想教育的契机。以晋察冀边区为例，《关于纪念和迎接"四四"儿童节的指示》倡议，授予热爱劳动的儿童以"劳动小英雄"的称号，授予学习成绩优异的儿童以"学习先锋员"的称号，奖给全区生产和学习最好者一只小羊羔，1942 年还授予在 1941 年秋季反"扫荡"战中作出贡献的儿童以"民族小英雄"称号。② 奖励内容代表着共产党在这一阶段培养儿童的方向，激励儿童参加生产劳动，处理好劳动和学习的关系，具有民族气节。另外，为了深化儿童仇日抗日的情绪，他们还召开了诉苦大会，通过儿童之口说明日军对中国少年儿童的种种残杀、凌辱、收买、引诱等罪恶行为。在此基础上，举行"五不运动"宣誓：一、不告诉敌人一句实话；二、不报告干部和八路军；三、不报告

① 《共青团中央少先队工作会议文件（四）：革命少年儿童运动部分历史资料》，1960 年 4 月 2 日，山东省档案馆藏，A004—01—0128—004。

② 《共青团中央少先队工作会议文件（四）：革命少年儿童运动部分历史资料》，1960 年 4 月 2 日，山东省档案馆藏，A004—01—0128—004。

洞子和粮食；四、不要敌人东西，不上敌人当；五、不给敌人带路（游击区可改为：五、不上敌人校，不参加敌人的少年团）。[①]对儿童的思想教育，进一步肯定了儿童的政治身份，凸显了儿童的社会作用和价值。

虽然实践活动和思想政治教育活动能够提升儿童的社会地位，但这些活动在当时主要源于政府需要。参加生产劳动、军事斗争等活动内容和诉苦式教育方法均具有成人化特点。

解放战争时期，曾经在民族危机中形成的儿童成人化塑造模式开始回落，逐渐加入儿童化色彩。这一时期的儿童被号召参加粉碎国民党进攻的战争和开展土地改革的系列斗争，他们的学习也受到共产党和政府的重视。依据身心发展特点接受相应教育，是儿童社会化的重要方式。1946 年 3 月，冀东区青年联合会规定："儿童工作的中心应是组织广大儿童进行学习，纪念今年儿童节首先应检阅儿童学习成绩，开展儿童学习运动。"[②]学习取代劳动，成为共产党对儿童的首要期待。为此，青联还提出了一些保障儿童受教育的福利措施，如帮助学校解决教材问题、试办半日制学校等。[③]

在革命根据地开展的诸项儿童节活动中，多次提及儿童团，如苏区第一届儿童节举行了儿童团大检阅。儿童团属于中国共产党领导的儿童组织，其成立过程得益于共产党对少年儿童力量的重视。中国共产党在成立初期就认识到把少年儿童组织起来的必要性，1921 年《中国劳动组合书记部宣言》号召"把一个产业底下的劳动者，不分地域，不分

① 《共青团中央少先队工作会议文件（四）：革命少年儿童运动部分历史资料》，1960 年 4 月 2 日，山东省档案馆藏，A004—01—0128—004。

② 《共青团中央少先队工作会议文件（四）：革命少年儿童运动部分历史资料》，1960 年 4 月 2 日，山东省档案馆藏，A004—01—0128—004。

③ 《共青团中央少先队工作会议文件（四）：革命少年儿童运动部分历史资料》，1960 年 4 月 2 日，山东省档案馆藏，A004—01—0128—004。

男女老少，都组织起来，做成一个产业组合”[①]。随后，中国共产党领导的第一个少年儿童组织在安源路矿工人子弟学校成立，即安源儿童团。目前学界对安源儿童团的具体成立时间虽然说法不一，但均早于国民党掌管童子军的1926年。[②]

儿童团成立后，中国共产党愈发认识到组织儿童的重要，并在外界因素的影响下加速了儿童团的发展。1926年7月，中国共产主义青年团中央第三次扩大会议通过了儿童运动决议案。《决议》指出：“现今正在生长的青年男女儿童，即是三、五年后社会上活动的中心力量”“帝国主义者和资产阶级看出此种儿童的重要，已开始注意这些儿童的训练与组织……我们若不及早注意这些贫苦儿童的组织与教育，使其在我们影响之下参加各种解放的斗争，则必须为我们将来革命工作的极大损失”[③]。所以，青年团号召发展儿童运动，并在会后不久正式发布《劳动童子团简章》。

---

① 中共中央文献研究室中央档案馆编：《建党以来重要文献选编（一九二一——一九四九）》第1册，中央文献出版社2011年版，第46页。

② 关于安源儿童团的成立时间，主要有四种：第一种是1922年4月末，依据原安源工人、曾任解放军工程兵副司令员的王耀南将军的回忆录《坎坷的路》：“1922年4月末，老矿工刘振海大叔把我们七八个小伙伴聚集在一起，叫我们组织起来，成立了安源铁矿的第一个儿童组织。”第二种是1922年9月11日，依据“中少先锋影视网”2011年9月7日刊发的题为《“庆祝中国共产党成立90周年——中国少年儿童革命历史电影展映活动启动仪式”在黄骅举行》的报道：“早在中国共产党成立的第二年1922年9月11日，中国少先队先期组织‘安源儿童团’就在党组织的关怀下诞生了。”第三种是1923年，依据“大江网”2004年11月22日刊发的《红色安源鲜为人知的故事》：“据纪念馆资料科周小健科长介绍和史料的记载，早在1922年4月，安源的少年儿童在安源铁矿工人俱乐部的领导下，组织起来，并于次年正式成立儿童团。”第四种是1924年，依据江西人民出版社2010年出版的《红色萍乡》：“1924年上半年一个属于安源儿童自己的组织成立了，这个组织的名字就叫安源劳动童子军。”参见黄洋：《中国最早的红色儿童团——安源儿童团研究》，《萍乡高等专科学校学报》2013年第2期。

③ 《共青团中央少先队工作会议文件（四）：革命少年儿童运动部分历史资料》，1960年4月2日，山东省档案馆藏，A004—02—0128—004。

儿童团和儿童节的活动内容及发展趋势相似，主要活动内容包括政治斗争和生产劳动。儿童团自成立初期即肩负起一定的政治任务，如1927年4月16日成立的宝庆市儿童团规定：今后的工作有参加群众运动、列队游行、散发传单、张贴标语、喊口号、唱革命歌曲、组织宣传队和纠察队。① 又如毛泽东对兴国县调查发现，儿童团参与了放哨、检查烟赌、破除迷信活动。② 这些初期的活动包括了拥共反蒋、反对迷信等内容。同儿童节相似，儿童团的政治任务伴随国家形势的变化而变化，也经历了抗日战争时期支援抗战、解放战争时期再度反蒋的历程。聊城市阳谷县石楼村姊妹团团员范玉香参与了斗争复查：

> 咱这边斗争复查早，好像是1947年吧，我十三四岁，在姐妹团。有一次去斗地主还分给我一个大花袄，我拿家里来了。我父亲好心眼儿，白天分的，黑家他又偷偷地给人家送回去了。③

与一年一次的儿童节相比，组织活动频繁的儿童团，对儿童的日常生活给予了更多的关注。儿童团不仅组织儿童参加政治斗争和生产劳动，而且发动儿童参与反对童养媳、反对缠足、反对父母打骂束缚等活动。④ 聊城市阳谷县白村姊妹团团员白爱菊参与了废缠足活动：

> 我那时候小，跟了人家队伍后头，挨家挨户查，看看谁家小闺女缠脚。谁家缠脚就斗谁。我记得，有一次斗了一个姓曹的人家，他闺女裹脚了。俺这些姊妹团的人把他闺女的裹脚布顶了根

① 《共青团中央少先队工作会议文件（四）：革命少年儿童运动部分历史资料》，1960年4月2日，山东省档案馆藏，A004—02—0128—004。

② 毛泽东：《毛泽东选集》，东北书店1948年版，第105—106页。

③ 根据笔者于2019年5月11日在聊城市阳谷县石楼村对范玉香的访谈录音整理。

④ 《苏区中央儿童局关于春季冲锋季中儿童运动的决定》（1933年1月5日），载共青团中央青运史研究室、中央档案馆编：《中国青年运动历史资料（1933—1934）》第12册，中共党史资料出版社1989年版，第10—11页。

棍子上，压着他游街。①

因为儿童团活动频繁，与儿童日常生活关联较大，所以，与儿童节相比，其对农村社会传统儿童观念和养育方式构成了更大的冲击。这些活动不仅体现了儿童的社会作用、儿童身份和地位的转变，而且直接挑战了“长者本位”“家族本位”的伦理秩序。家长给女孩缠足原本属于家长的权力、家庭的私事，现在却受到儿童的制裁和公权力的制约。

儿童在新旧之风交替时期的行为，与父母一辈人形成鲜明对比。范玉香把斗争复查的“战果”带回家，父亲偷偷地给地主送回去；曹姓家庭给女儿缠足，受到来自外界的女孩们的惩罚。同在一个时空背景，感受相同的革命气息的洗礼，两代人的所思所为却截然不同。父辈身上体现的是保守性，新生一代则具有初生牛犊的侠气。这些差异使中国共产党进一步认识到开展儿童工作的重要性。

在儿童团实践活动中，中国共产党对女童的定位打破了传统的性别角色分工的限制，号召并组织她们和男童一起参与到军事训练、政治教育、阶级斗争和生产劳动中。上文提及的石楼村姊妹团团员范玉香、白村姐妹团团员白爱菊就是例证。共产党领导的儿童组织既包括依据性别划分的姐妹团，又包括模糊性别、把男女儿童混合在一起的儿童团。山东省阳谷县属于中共革命老区，儿童组织开展活跃，数量和质量均具有代表性。据统计，抗日战争时期，阳谷县有200多个村建立了儿童团和姐妹团(8—16岁)，有4900多名男女儿童参加；解放战争时期，儿童团和姐妹团又扩展到500多个村，团员也增加到12400多人。②曾经成长于此的符合儿童团年龄要求的多位受访者，都有参加儿童团和

① 根据笔者于2017年5月20日在东营市垦利镇惠丰社区对白爱菊的访谈录音整理。

② 《学习儿童团的好榜样——山东阳谷县少先队调查儿童团历史的活动》，1958年4月17日，山东省档案馆藏，A004—01—0108—002。

姐妹团的记忆。曾任儿童团团长的张寿松回忆："那时候的小闺女很厉害，听谁家说破坏话、谁家裹脚，就跟着随访，和小疯喳喳一样。老人接受不了，不愿意叫小闺女出门，但也管不了。那时候小孩唱的歌就是'自己的孩子不能管，谁管谁是老封建'。"① 面对可预知的来自家庭的阻挠，儿童试图通过言说和行动化解。教育家长改变封建伦理纲常和性别规训，本身就是姐妹团的一项任务。中共儿童观和塑造措施，虽然受到五四新文化运动时期个人本位儿童观的影响，在卫生及教育方面注意到儿童身心发展的特殊性，但更加侧重国家本位。这种状况，在政权设于农村、以生存和战争为政治趋势的时空背景下，具有存在的合理性。农村儿童有劳动的传统，战争又进一步加剧了对儿童劳动的需要。增加农业生产，能够为战争提供更多的物质保障和支持。中国共产党侧重国家本位儿童观的做法，在新中国成立后，迎来新阶段。

二、农村儿童生活境况的改变

革命根据地的儿童观及塑造措施，影响了农村社会传统儿童观念。村民们通过儿童所参加的生产劳动、支援战争等活动，以及所获得的"民族小英雄""劳动小英雄"等荣誉称号，重新认识儿童，并改变了儿童少不更事的传统观念。除了观念上的变化，受教育机会的增加和缠足现象的减少，成为体现这一时期农村儿童生活变化的重要面向。

自 1934 年开始，幼儿园在农村地区逐步建立，以烈士遗孤和干部子女为主要招收对象。瑞金下州区下州村组织的两个托儿所是成立最早的苏区托儿所。上屋子托儿所共收托 20 名婴幼儿，其中 14 名是红军家属子女；下屋子托儿所共收托 23 名婴幼儿，其中 19 名是红军家属子

① 根据笔者于 2019 年 5 月 11 日在聊城市阳谷县石楼村对张寿松的访谈录音整理。

女。[①] 两个托儿所的招生情况表明，只有少数的农民子女进入幼儿园。1948 年由山东解放区救济分会完成的《胶东区儿童福利事业调查报告》显示，东海育儿所 180 名婴童、北海育儿所 190 余名婴童、西海育儿所 203 名婴童、南海育儿所 188 名婴童均为干部子女。[②] 在山东地区，直至农村地区土地改革完成后，为适应农村妇女参加农业生产的需要，面向农民子女的托儿组织才零星出现。

革命根据地的农村儿童接受教育、学习知识的机会增加。1933 年《关于春季冲锋季中儿童运动的决定》规定："使大多数工农劳苦儿童到列宁小学读书""因为战争紧急而列宁小学不能开办，即应广泛建立野外学校，广泛发动识字运动（识字班）"。[③] 列宁小学在兴国县等模范地区取得可观的成绩。据 1934 年统计，兴国学龄儿童总数 20969 人，进入列宁小学的就有 12806 人，入学比例达到 60%以上，而同期国民党统治区下的贫困山区儿童入学比例不足 10%。[④] 由于农村儿童常常被家长要求参加劳动，识字班作为灵活的办学形式，更加适合他们。山东解放区临沂勾角村的儿童，就曾在参加农业生产和造纸之余，利用早上和晚饭后上识字班。[⑤] 中国共产党在解放区积累的教学经验，之后运用到了新中国早期农村地区普及教育的过程中。

---

① 中国学前教育史编写组：《中国学前教育史资料选》，人民教育出版社 1989 年版，第 366 页。

② 《胶东区儿童福利事业调查报告》，1948 年，山东省档案馆藏，G008—01—0201—001。

③ 《苏区中央儿童局关于春季冲锋季中儿童运动的决定》（1933 年 1 月 5 日），载共青团中央青运史研究室、中央档案馆编：《中国青年运动历史资料（1933—1934）》第 12 册，中共党史资料出版社 1989 年版，第 10 页。

④ 陈元晖、璩鑫圭、邹光威编：《老解放区教育资料》（一），教育科学出版社 1981 年版，第 498 页。

⑤ 临沂地区教育局：《山东老解放区教育资料选辑》，出版社不详 1981 年版，第 402—403 页。

在政策宣传和经济利益的共同作用下，农村女孩缠足的现象减少。尽管禁缠足在晚清已经开启，但始终难以下沉到农村社会。人们传统的婚嫁及相关审美观念成为政策的对抗力量，尤以妇女为忠诚的捍卫者。1932年国民政府内政部调查显示，配合放足者主要是城市女青年，中共控制区也只是少部分青年妇女。①为了改变这种状况，中国共产党运用儿童团宣传禁缠足的方针政策，并惩治违反者。儿童团所开展的相关活动，不仅使女性团员自身成为受益者，而且帮助了一批非团员女童。正如上文所提及的白爱菊和曹姓女孩。与政策宣传相比较，经济因素的作用更加直接，影响也更为广泛。土地改革完成后，家庭农业生产对劳动力的需求，成为女孩解放双足的推动力量。1948年，鲁北地区刘德芝的母亲执意要给7岁的女儿缠足，担心不缠足影响未来婚姻，结果遭到丈夫的一顿呵斥："即使嫁不出去也不能给孩子缠脚，缠了脚就不能下地干活了。"②最终，刘德芝拥有了一双天足，自由行走在田间大地。

由于农村地区父权家长制观念牢固，而且农村儿童占中国儿童的绝大多数，这个时期的儿童政策和措施仅改变了少数农村儿童的生活境况。观念的改变既是现代化的组成部分，又受到现代化整体进程的影响。受物质资源匮乏、交通不便等因素制约，与城市地区相比，农村地区现代化进程整体缓慢，进而导致农村地区封建伦理纲常受现代化影响较少。依然牢固的封建伦理纲常成为农村地区儿童地位提升的思想障碍。何况，农村地域广阔，儿童福利及相关措施发展不均衡。革命根据地儿童生活的改变，还不能代表广大农村的整体状况。

---

① 杨兴梅：《近代中国反缠足的努力与成效述略》，博士学位论文，四川大学历史文化学院，2006年。

② 根据笔者于2017年5月28日在济南市仲宫镇张家村对刘德芝的访谈录音整理。

小 结

在中国古代社会，以血缘关系为基础的家族本位儿童观长期占据主导地位。在此儿童观指导下，作为社会文化概念的儿童是“五伦”之中的“子”，属于父母的私有财产和满足家族家庭需要的工具。近代以来，伴随中国社会的转型，家族本位儿童观一枝独秀的状态受到冲击和挑战，少数儿童生活境况得以改变。晚清时期，伴随民族意识觉醒和现代国家观念形成，以梁启超为代表的趋新人士把儿童由家族家庭转置民族国家框架下言说，提出国家本位儿童观。五四新文化运动时期，伴随“人的发现”，以周作人为代表的知识分子把儿童由家族家庭、民族国家转置个人框架下言说，提出以人权和科学研究为依据的个人本位儿童观。这两种儿童观在当时只影响到少数精英阶层对儿童的认识，使他们子女的生活成长模式发生改变。南京国民政府时期，面对外敌入侵和政党博弈，儿童被重新转置民族国家和政权巩固的框架下言说，但也受到个人本位的影响。国民党和共产党都基于各自的政党需要，开展了儿童节、儿童组织等活动，使城市中上层社会和革命根据地少数儿童的生活状况得到改变。所以，1949 年前，儿童生活境况的改变和地位的提升，具有明显的阶层性和地域性。广大儿童的生活依然被家族本位儿童观所主导，而且与传统社会相比，没有发生实质性改变。“幼者本位”，尚未被广泛地接受和实践。

第二章　以爱国卫生运动为契机的儿童卫生与保健

基于现代性政权和现代化建设两方面需要，国家把与儿童相关的生育、养育纷纷纳入卫生管理体系。罗芙芸（Ruth Rogaski）在《卫生的现代性：中国通商口岸卫生与疾病的含义》一书中，描述了公共卫生与民族国家的关系。随着18世纪法国、英格兰和普鲁士对“公共卫生”的发展，卫生开始与民族、国家相关联。这层含义在20世纪初期被帝国主义植入中国，并在中国精英们的推动下，逐渐成为现代性政权的标识。为了实现国家主权和现代性，中国共产党和人民政府开展爱国卫生运动。在运动中，个人的卫生等同于民族的卫生，讲卫生成为爱国的表征。① 儿童卫生属于爱国卫生运动的重要组成部分。不仅如此，儿童能否拥有健康的身体、强壮的体魄，直接关乎国家现代化建设。1959年9月，由卫生部主管、人民卫生出版社主办的《中级医刊》刊发社论，指出：“工农业的机械化、自动化，人的质量是决定一切的，不但政治上要好，而且要身体健康，精力充沛，这样才能胜任愉快地加快社会主义建设的速度。”②

由于妇幼保健措施缺乏，儿童在1949年前的病亡率极高，尤其是农村地区。1929—1931年金陵大学学生对山东、河北、江苏等17个省的农户调查资料显示，接近一半的儿童死亡，能够活到15岁的男性为

① 参见［美］罗芙芸：《卫生的现代性：中国通商口岸卫生与疾病的含义》，向磊译，江苏人民出版社2007年版。

② 《扩大预防进一步贯彻预防为主的方针》，《中级医刊》1959年第9号。

56.2%，女性为 57%。[①] 导致儿童病亡率极高的原因主要有三个：一是易造成新生儿破伤风的旧法接生，二是依赖巫术、依靠土方的儿童常见病治疗方式，三是忽视婴幼儿身体特殊性的旧法育儿。

针对儿童病亡率居高不下的原因，卫生行政部门协调妇联推行的儿童卫生与保健措施，包括三方面内容：一是降低新生儿破伤风的新法接生，二是应对麻疹、痢疾等儿童常见病的现代性预防与治疗，三是能够在一定程度避免婴幼儿生病的新法育儿。这些卫生与保健措施，具备科学性，能够切实有效地改善儿童的身体健康状况。

本章将从保障儿童身体健康的角度，探讨新中国早期山东农村新法接生、儿童常见病现代性预防及治疗、新法育儿的历史进程和作用，揭示在生育和养育方面，传统与现代、社会与国家的张力。具体言之：新法接生如何取代旧法接生；官方倡导的儿童常见病预防及治疗措施与农村社会传统治疗方式经历了怎样的关系演变；新法育儿实践为何依靠托儿组织，在不同历史节点有何变化；这些承载着国家意志和科学性的儿童卫生与保健措施效果如何，对儿童和大众意识形态儿童观又产生了怎样的影响？

本章以为，由于国家推行的保障儿童身体健康的卫生观念与措施，符合人丁兴旺的传统家庭育儿目的，山东农村社会在贯彻过程中与国家的摩擦并不明显，但也绝非上令下行，而是基于经济、地域等因素进行调和，最终形成了新旧交织的局面。尽管如此，被接纳的现代卫生观念及育儿方法，切实提高了新生儿存活率和儿童常见病治愈率，降低了婴幼儿患病率。另外，卫生保健措施所获成效，连同实践过程中所体现的国家重视儿童、父母有呵护孩子的责任等内容，促使家长在身体层面重

---

① 顾杏元：《中国人民的平均寿命》，载《中国卫生年鉴》编辑委员会编：《中国卫生年鉴》，人民卫生出版社 1984 年版，第 43 页。

新认识儿童、关爱子女。

第一节　推行新法接生　减少新生儿破伤风

1949年前，山东农村主要沿用传统家庭接生法。产妇在土炕上或地上，有时还在牛马圈内，撒上草木灰或铺上谷草、麦秸、高粱秸等物，取半立位或半卧位分娩。① 新生儿落地后，接生婆用普通剪刀、破碗片、破玻璃或秫秸片割断脐带，② 用一般棉线捆扎留下的脐带或挽个疙瘩，把新生儿放入沙土布袋或破旧衣物中。遇到难产，接生婆不是求神拜佛，就是用粗暴方法盲目蛮干，比如悬吊产妇头发，在产妇腹部用力推压或用扁担迫压，或拖起产妇用力摔，甚至用铁钩子将婴儿向外勾拉。胎盘不下时，则强行牵拽或用手掏拉，或在脐带下拴一只破鞋将胎盘坠下。③

旧法接生缺乏必要的消毒意识和操作，容易引发产妇产褥热和新生儿破伤风。新生儿破伤风危害极大，如果得不到及时有效的治疗，常常使新生儿面临生命危险，成为高出生率伴随高死亡率的主因。新中国成立初年调查显示，莱东县门家沟和牟平县孔家疃村新生儿死亡率高达

① 山东省地方史志编纂委员会编：《山东省志·卫生志》，山东人民出版社1995年版，第505页。

② 有些地方断脐带物品显示出男女有别，如广东澄海县，用竹片给男孩断脐带，谓孩子将来读书做官，用剪刀给女孩断脐带，谓将来能剪布裁衣；海丰县鹅埠镇红罗村畲族，用破开的毛笔筒给男孩断脐，用破开的吹火筒给女孩断脐。齐涛主编：《中国民俗通志·生养志》，山东教育出版社2005年版，第144—145页。

③ 山东省地方史志编纂委员会编：《山东省志·卫生志》，山东人民出版社1995年版，第505页。

440‰；济南历城县甸柳庄和姚家庄新生儿死亡率竟达630‰，其中死于破伤风的占430‰；阳信县城关西北村王氏生育18次，新生儿均因破伤风等病死亡。①

产妇采取旧法接生，并非源于家庭对新生儿不重视，而是没有认识到旧法接生的危害，也不具备采取新法接生的客观条件。虽然儿童承载着传宗接代、养老防老、光耀门楣的目的，家人对他们的到来充满期待，但对新生儿身体的特殊性缺乏必要的了解，因此对新生儿的死因认知不足。人们倾向于把新生儿破伤风归因于儿童自身的命理和超自然神秘力量，而非与接生方法建立联系，比如认为“生风是叫邪风扑的，和接生婆没关连”②。在这种认知下，即便出于传宗接代的目的，父母希冀孩子健康成长，也容易对新生儿的死亡产生麻木感。另外，尽管民国时期的接生婆训练已经开始实践，但由于政治局势不稳定、政令不统一等因素，培训未能取得理想效果。③1949年前，广大农村几乎百分之百使用旧法接产。④

鉴于旧法接生对产妇和儿童生命健康的威胁，新中国广大地区掀起“生育革命”，卫生行政部门协同妇联积极推行新法接生。1949年9月，第一届全国卫生行政会议确立了“推广新法接生，改造旧产婆，尽快降低婴儿死亡率和产妇死亡率”。1950年8月，全国第一次妇幼卫生工作座谈会确定将对妇女儿童生命威胁最大的接生问题作为妇幼保健的中心任务，并将“改造旧产婆，推广新法接生”作为指导方针。在政策指导下，山东省于1950年在农村地区正式地规模性地开启新法接生工

① 山东省地方史志编纂委员会编：《山东省志・卫生志》，山东人民出版社1995年版，第506页。

② 《农民热爱的接生员——史大娘》，《大众日报》1953年11月29日。

③ 王瀛培：《团结与改造：从旧产婆到社会主义接生员——以上海为例的讨论》，《妇女研究论丛》2017年第4期。

④ 朱琏：《新中国两年来的妇幼保健工作》，《人民日报》1952年11月5日。

作，主要包括培训接生员、改造旧产婆、宣传妇幼知识几项内容。

一、培训接生员、改造旧产婆

培训接生员和改造旧产婆处于推行新法接生的诸项措施的首位，直至1958年农村产院建立，也一直是农村妇幼工作的重点。在这项措施下，旧法接生的实施者被政府训练和管控，从而为接生队伍注入新的力量。

培训接生员、改造旧产婆虽然是两项措施，但有很大交集。可以说，培训接生员最重要的内容就是把旧产婆改造培训成为接生员。之所以如此，主要有三方面原因：第一，国家虽然意欲吸纳中青年妇女加入接生员队伍，但由于接生被视作“下贱”的工作，她们普遍不愿意担任接生员。山东省许多地方举办的接生员培训班，仅有少数志愿从事妇幼卫生工作的中青年妇女参加。[①]据统计，整个二十世纪五十年代中青年妇女接生员约占总数的20%。[②]第二，在缺少避孕措施的情况下，农村妇女生育行为频繁，农村社会接生需要巨大。短期内难以培训出面向农村、数量足够而且技术熟练的接生员。第三，旧产婆不仅数量庞大，能够基本满足农村妇女的接生需要，而且具有群众威信，易于被农村妇女认可和接受。所以，改造旧产婆成为推行新法接生、降低产妇和新生儿死亡率及发病率的最佳办法。基于此，对农村地区而言，新法接生政策导向下的接生队伍大换血，主要是技术大换血，而非人员大换血。

新法接生工作开展后，山东地区运用行政命令，采取名额分配的

① 《章丘县七区举办接生员训练班推广新接生法保障妇婴身体健康》，《大众日报》1953年11月29日。

② 王利华主编：《山东省预防医学历史经验妇幼分册》，山东科学技术出版社1989年版，第47页。

方式，使农村接受改造的旧产婆和受训的接生员数量不断增加。1950年，山东省卫生厅首先组织卫生队到部分农村开展改造旧产婆和训练接生员的试点工作，要求每村派出1—3名参加，每期共20名，学习20天。试点工作一共培训了1600名接生员。①经过试点工作后，全省在1951年普遍开展了改造旧产婆、训练接生员、推行新法接生的工作。根据山东省卫生厅制订的1951年保健工作计划，按照平均每百户训练接生员1名的学员分配原则，计划改造旧产婆、训练接生员共5000名。②计划得到了有效的执行，截止到1951年8月，11个中心卫生院统计改造旧产婆3113名，完成全年任务的五分之三。③此后，培训接生员、改造旧产婆持续进行。到1954年底，山东省训练接生员达到4万余名（见表2—1—1）。④1956年1月23日中共中央政治局提出的《1956年到1967年全国农业发展纲要（草案）》再次推动了接生员培训和旧产婆改造进度。《纲要》第三十七条规定："卫生部门应当为农村训练助产员，积极推广新法接生，保护产妇，降低产妇的染病率和婴儿的死亡率。"⑤为此，山东省卫生厅计划在巩固提高的基础上，1956年继续训练接生员8000名。⑥截止到1957年，山东省共

---

① 山东省地方史志编纂委员会编：《山东省志·卫生志》，山东人民出版社1995年版，第506页。

② 任务分配具体如下：历城实验卫生院150名，临沂中心卫生院350名，德州中心卫生院650名，昌潍中心卫生院500名，淄博中心卫生院300名，文登中心卫生院300名，滕县中心卫生院500名，沂水中心卫生院350名，惠民中心卫生院500名，胶州中心卫生院400名，莱阳中心卫生院500名，泰安中心卫生院500名。见《一九五一年保健工作计划》，1951年，山东省档案馆藏，A034—00—0040—002。

③ 《一九五一年八个月来妇幼卫生工作总结》，1951年，山东省档案馆藏，A034—00—0040—004。

④ 《山东省妇幼卫生汇报提纲》，1955年12月20日，山东省档案馆藏，A034—00—0130—014。

⑤ 《1956年到1967年全国农业发展纲要（草案）》，《人民日报》1956年1月26日。

⑥ 《农村妇幼卫生讲课提纲》，1956年，山东省档案馆藏，A005—01—0194—006。

培训接生员 7 万余名。[①]

表 2—1—1：1954 年底山东省农村接生员组织情况统计表

地区	已训接生员总数	已建乡接生站（组）		已有接生装备数	尚无装备人数
		站（组）数	人数		
合计	43665	6407	27715	21981	15588
德州专区	3699	278	1186	954	2745
济宁专区	3136	421	2094	1413	893
临沂专区	4298	828	——	2339	1959
泰安专区	4651	641	3819	3372	1167
惠民专区	4343	378	3208	2637	1706
淄博工矿区	734	108	566	532	34
昌潍专区	3999	488	2283	2996	736
胶州专区	5283	980	4779	3942	722
莱阳专区	3253	725	3253	——	——
菏泽专区	3032	631	1971	1006	1000
聊城专区	5437	631	2756	1471	4145
文登专区	1800	298	1800	1319	481

说明：此表系 1954 年 11 月 22 日前各专区报上来的统计数字的综合。
资料来源：山东省卫生厅妇幼保健处：《山东省妇幼卫生汇报提纲》，1955 年 12 月 20 日，山东省档案馆藏，A034—00—0130—014。

培训不仅传授给接生员新法接生技术和妇婴卫生知识，而且提供

① 山东省地方史志编纂委员会编：《山东省志 · 卫生志》，山东人民出版社 1995 年版，第 507 页。

给她们一定的设备支持，以帮助受训人员回村后开展新法接生工作。1951年山东省历城县实验卫生院举办的旧产婆培训课程内容包括孩子是怎么来的、怀孕后注意什么、新法接生的好处、生产前的准备、怎样接生、发生意外怎么办、月子里注意事项等。[①]1951年的培训，山东省卫生厅拨给经费，规定学员回村时，免费发给每人二到三个消毒脐带包及眼药水。[②]培训内容具有科学性，注意到孕妇、产妇、新生儿的身体。[③]

为了加强接生员的思想领导和业务指导，提高她们的集体主义思想并及时纠正技术操作上的错误，卫生部门确立了建立乡村接生站(组)的计划，并决定给予完备的接生设备支持——接生筐[④]。这种以乡为单位、由乡妇代会主任兼任站长、有固定聚会场所和汇报制度的组织机构，把分散的个体接生员纳入到集体管理之中。在政府大力支持和倡导下，乡村接生站（组）发展迅速。截止到1954年11月，山东省农村地区建立乡接生站6407处，把27715名接生员组织在内(见表2—1—1)。[⑤]

由上述日渐增加受训人员、给予接生设备支持和不断建立组织机构可知，曾经散落民间、缺乏监管的旧产婆逐渐被纳入政府管理之中，她们成为国家倡导的现代接生技术的执行者并逐渐完成角色转变，由过

① 鲁霞：《改造旧产婆经验介绍》，山东人民出版社1951年版，第8页。

② 《一九五一年八个月来妇幼卫生工作总结》，1951年，山东省档案馆藏，A034—00—0040—004。

③ 《章丘县七区举办接生员训练班推广新接生法保障妇婴身体健康》，《大众日报》1953年11月29日。

④ 接生筐包括以下物品：柳条筐一个，洗手盆一个，红汞一瓶，蓖豆油一瓶，肥皂一块，口罩一个，棉球一袋，油布一块（三尺半长），洗手刷一把，酒精一瓶，眼药一瓶，镊子两把，剪刀一把，围裙一个，产包一个，内计接生大单一个三尺半，接生小单四块各二尺长。见《聊城区妇幼卫生工作基本情况及今后工作意见》，1954年10月30日，聊城市档案馆藏，0010—001—0233—030。

⑤ 《山东省妇幼卫生汇报提纲》，1955年12月20日，山东省档案馆藏，A034—00—0130—014。

去的民间接生婆变成国家的接生员。通过培训接生员、改造接生婆，政府从人力角度介入到原本属于家庭私领域的生育一事，对产妇生育方式进行科学干预，以便提高新生儿成活率、降低产妇产褥热感染率。

然而，从接生员受训完成到实践开展还有一段由农村社会和民众主导的历程，这段历程并不顺利，人们在新法接生开展初期所持的不接纳态度，阻碍了实践开展。为此，政府通过宣传与动员，力求扭转人们的传统生育观念，并帮助他们建立对接生员的信任感。

二、宣传新法接生

在新法接生宣传初期，宣传工作主要依靠接生员和卫生行政部门及妇联领导的宣传队。由于难以取得农村社会的信任，这两种力量的宣传效果并不理想。遇挫之后，宣传工作调整了宣传策略，由党员和受益村民配合宣传。后两种宣传力量取得了良好的效果，推动了新法接生的开展。

宣传是培训单位交给受训人员的一项任务，经过改造和培训的接生员兼任新法接生的宣传员。经山东省卫生厅调查，绝大部分学员能做到利用村里各种集会进行新法接生宣传。① 她们所做的宣传不仅包括旧法接生的弊端和新法接生的优势，而且包括一些妇幼卫生知识，其中就有新法接生的内容。比如历城县王舍人庄乡接生员在和妇女们聊天时，反复告诉她们："站着生，地上很脏，大人小孩容易得病，有时孩子还会生不下来。"②

然而，由于"生死有命"的传统生育观念根深蒂固，而且民众对

① 《一九五一年八个月来妇幼卫生工作总结》，1951 年，山东省档案馆藏，A034—00—0040—004。

② 《新法接生在王舍人庄乡里》，《大众日报》1954 年 11 月 1 日。

缺乏接生经验的受训人员没有信任感，宣传员的初期口头宣传不仅不被听众接受，而且有时会遭到嘲讽。昆仑县第五区郭格村接生员孙念华满怀热情和信心向大家宣传新法接生，就被人们嘲笑“老娘婆”，并被当众质疑：“学了这么几天，还能有个什么道道。再说，新法接生，你还能替人家遭罪吗？”①

卫生行政部门和妇联领导的宣传队是另一支关于新法接生的重要宣传力量，其初期宣传内容同样不易被老百姓接受。宣传队采取了自上而下、形式多样的宣传方式，如放映幻灯片、举办卫生展览棚、制作黑板报、借助妇女识字班上妇幼卫生课等。聊城区寿张县妇联组织的妇幼卫生宣传队，深入农村采取“逢会插一脚”的办法进行巡回宣传新法接生。②在新法接生的优势被民众切身感受的前提下，这些宣传方式能够加深民众对新法接生的认可度；但当民众对新法接生缺乏信任感时，这种宣传方式的作用和影响就较为微弱。

在新法接生宣传初期，接生员和宣传队均未能取得良好效果，现代生育技术和卫生观念不被山东农村社会接纳。为了保障新生儿和产妇生命健康，政府推行新法接生又势在必行，于是，培训单位指导接生员改变“广撒网”的方式，努力发展扎根农村社会的群众性宣传力量。一方面，她们开始着重向党团员和家属宣传，另一方面，向遇到棘手生育难题的家庭宣传。

“党团员及家属起模范带头作用，配合新法接生”成为当时的宣传口号，是否接受新法接生被抬升到政治高度。③这促使新法接生首先在党团员家庭中得到实施。具有科学性、现代性的新法接生一旦具备施展

① 《接生员孙念华》，《大众日报》1954 年 3 月 10 日。

② 《聊城区妇幼卫生工作基本情况及今后工作意见》，1954 年 10 月 30 日，聊城市档案馆藏，0010—001—023—030。

③ 《农民热爱的接生员——史大娘》，《大众日报》1953 年 11 月 29 日。

场域，其与旧法接生对比而来的接生工具齐全、接生方法先进、有助于产妇和新生儿健康等多方面优势就得到体现。切身感受到新法接生优势的党团员和家属也便成为新法接生的宣传力量。

除了党团员家庭，遭遇难产和新生儿假死的家庭也为受训接生员提供了“大展身手”的机会。难产和假死小孩是妇女生育行为中常有的事情，但由于旧法接生对此处理能力差，产妇和新生儿常常无辜丧命。正所谓民间所流传的“儿奔生，娘奔死，中间只隔一层纸”①。新法接生能够化险为夷，大大降低产妇和新生儿的死亡率。如昆仑县第五区郭格村村民王锡丰的妻子由于胎位不正，胎死腹中，生产过程异常艰难，接生员孙念华运用新法接生顺利把死胎接产下来，确保了产妇安全。②又如 1952 年 5 月 12 日，章丘县南河村的妇联主任史大娘在南河村和绿竹园村，接产了两个假死的小孩。孩子家人看到落地的孩子不喘气，便想扔掉，可是史大娘不慌不忙地把小孩倒过来一收拾，孩子“哇”的一声哭了。③这些带有“起死回生”色彩的接生事件在农村具有轰动效应，扩大了新法接生的影响力。

接受帮助和经过教育的受益民众，成为新法接生的宣传力量。孙念华在王锡林妻子产程开启前，曾要求帮忙接生，但遭到拒绝。事后，她告诫王锡林及家人：“要是产前进行检查，发现胎位不正，及早想办法，产孩子时，就不要遭这样的罪了，孩子也不会死！”④宣传凸显了新法接生与旧法接生的实践效果对比，使新法接生的优越性得到进一步彰显。王锡林及家人以自己的切身经历讲述新法接生具有处理难产、救治

① 《新中国预防医学历史经验》编委会：《新中国预防医学历史经验》第 4 卷，人民卫生出版社 1990 年版，第 60 页。

② 《接生员孙念华》，《大众日报》1954 年 3 月 10 日。

③ 《农民热爱的接生员——史大娘》，《大众日报》1953 年 11 月 29 日。

④ 《接生员孙念华》，《大众日报》1954 年 3 月 10 日。

假死新生儿、降低产妇和新生儿破伤风等好处，“新法接生太好了，我亏了它救了俺一家人”，一传十，十传百，大家也就逐渐改变了对新法接生的偏见。①

接生员面向党团员家庭和有急切需要的家庭所开展的新法接生实践，衍生出两种群众性协助宣传力量。这股民间宣传力量虽然分散，但对农村社会而言，比宣传员和宣传队更具说服力。在农民对新法接生缺乏信任时，宣传队和接生员的宣传难免有“王婆卖瓜、自卖自夸”之嫌，群众的宣传则不同。无论是本村党员还是本村村民，都因为“扎根”本村，而拉近了宣传者和听众之间的距离，使听众获得亲近感。可以说，群众性协助宣传力量让民众在心理上真正接纳了新法接生，进而接受来自宣传队和接生员的宣传信息。

民众对新法接生技术的态度转变，代表着家族本位儿童观在国家本位儿童观面前的妥协。经过宣传和实践效果的展示，由政府主导的现代性接生技术，逐渐被民众接纳。他们在认同新法接生能够有效降低新生儿破伤风感染率和产妇产褥热感染率的同时，也接受了政府对老百姓生育事宜的干预。

另外，民众也逐渐接纳了新生儿破伤风可以避免、假死小儿可以救治两方面与儿童身体特殊性密切相关的科学观念。这两则有悖于传统生育认知的信息，促使成人重新认识新生儿，并思考为人父母的职责。新生儿患脐带风，不是因为自身命理不好，而是因为接生方式不对；新生儿假死不能轻易扔掉，经过适当救治后还有存活的可能。更正错误接生方式和给予新生儿救治最有效的途径是新法接生。为人父母者，对是否采取新法接生具有决定权。这就建立了新生儿与父母之间的直接联系。

---

① 《接生员孙念华》，《大众日报》1954年3月10日。

三、新法接生的开展效果

培训接生员、改造旧产婆为新法接生的开展提供了人力支撑；宣传活动则为其清除了思想障碍，接生不当容易导致新生儿患破伤风逐渐成为共识。曾经促使产妇广泛采用旧法接生的两大原因被人民政府逐一消除。然而，新法接生在新中国早期的山东农村仍然没有得到彻底的、完全的开展，而是在经济、地域因素的作用下，与旧法接生相结合，形成了半新半旧的方式。其中，经济因素发展成为人们是否采纳新法接生的根本原因。为了节省接生费用，民众对国家推行的新法接生进行了创造，使其在农村社会呈现出新旧交织的形态。

新法接生费用高于旧法接生，村民不愿意支付过多的接生费用。1951 年，山东地区接生员每接生一次的工作报酬大约为十五斤小米，①后来，实物报酬转化成钱币。1955 年河北省怀来县西榆林农业社接生员的工作报酬为了解山东地区的收费提供了参考，每接生一次收取一元六角。②而据同时期请接生婆接生的宋莲英、白爱菊等人回忆，采取旧法接生只需给接生婆两个红鸡蛋、一碗红糖水③或两个红鸡蛋、两角钱、一块小手巾，总费用不超过五角钱④。新法接生比旧法接生多出约一元的费用。妇女频繁的生育行为，使这笔费用成为当时农村家庭慎重考虑的开支。

① 《一九五一年八个月来妇幼卫生工作总结》，1951 年，山东省档案馆藏，A034—00—0040—004。

② 《河北省怀来县西榆林农业社在文艺骨干领导下怎样建立卫生保健室和开展妇幼卫生工作的经验》，1955 年 11 月，聊城市档案馆藏，0010—002—036—007。

③ 根据笔者于 2019 年 4 月 28 日在东营市垦利区胜兴花园对宋莲英的访谈录音整理。

④ 根据笔者于 2017 年 5 月 20 日在东营市垦利镇惠丰社区对白爱菊的访谈录音整理。

兼顾节省接生费用和提高新生儿存活率，产妇通常在寻求家人或旧产婆帮助的同时，借鉴新法接生的技术和消毒措施。这是半新半旧新方式的第一个体现。由于认识到新法接生的优势和为人父母对新生儿的呵护责任，许多村民跟着接生员“学艺”。这就出现了在新旧之风交替之际，农村家庭把所学现代卫生观念和生育技术与传统家庭式接生方式相结合的场景。聊城市阳谷县石楼村张寿松曾得意扬扬地讲述他向接生员学习新法接生技能，并把技能运用到帮妻子接生过程中：

俺家这几个小孩除了第一个找村头那个老妈妈拾的，其他的五个都是我拾的。我听那培训的妇女说过，就学会了。她说的啥呢？在炕上生小孩不得风，在地上生小孩容易得风。再就是小孩见了面，还没断脐带的时候，从衣胞这边的脐带往小孩那边缕缕血脉，等小孩“哇”哭了，再断脐带。这样小孩硬棒。还有断脐带别用剪子铰，用剪子铰，小孩得“剪子风”；也别用指甲掐，用指甲掐，小孩得“指甲风”；应该用秫秸皮。①

张寿松从1955年开始给妻子接生，他对接生记忆的经验总结受到当时新法接生宣传的影响。尽管在接生过程中，张寿松仍有诸多操作不当之处，比如用秫秸皮切断脐带，并戏剧性地给破伤风杆菌安上“剪子风”“指甲风”等名目，但产妇由坐地生到躺床生的转变切实体现出在接生员的宣传指导下，家庭式接生技术的改进。

张寿松学习的是受训接生员的接生技术。随着宣传工作的进一步开展和医疗条件的改善，消毒措施在家庭式接生中也逐渐得到运用。1965年于广饶县耿家村生产的刘荣文在临产时尽力做好消毒准备：

我1965年生的第一个孩子是俺娘接生的。之前听人家宣传的说过，生孩子得消毒，要不孩子容易得脐带风。我就提前买下红

① 根据笔者于2019年5月11日在聊城市阳谷县石楼村对张寿松的访谈录音整理。

药水，买下脐带包，还煮了煮剪子。[①]

脐带包、红汞和经过高温消毒的剪刀，都是新法接生中的必需品。这些消毒用品的准备除了受到新法接生和医疗事业发展的影响，还与刘荣文自身条件有关。她虽然生在农村，长在农村，并且选择在农村婆家生产，但她毕竟已经通过升学和工作离开过农村。1965年，她在垦利县县委工作。这不仅使她有更多机会接收现代医学知识，而且具备一定的经济能力去购置消毒用品。刘荣文的例子说明了教育事业和卫生事业的互助性，教育能够为推广卫生事业提供更多便利。

农村社会创造的把传统接生方法与新法接生技术、消毒措施相结合的半新半旧接生模式，是国家介入传统家庭生育方式后的初步成效，也是进一步介入的阻碍。产妇及家人面对新法接生和旧法接生的取舍，体现出经济和新生儿健康的权衡，节省家庭开支似乎比孩子健康更加重要，尤其在子女较多的家庭。家庭基于经济因素对接生方式的取舍有悖于国家对儿童的定位：所有的新生儿都将成长为社会主义的建设者和接班人，都应该拥有健康的身体。

对此，政府并非全然无知无措，而是试图改变，但因为有些操之过急，最终酝酿出在“大跃进”时期大办农村产院、实行分娩产院化的举措。生活方式“大跃进”与生产“大跃进”相伴而来，农村产院、托儿所、养老院等共产主义社会的标识迅速发展。1958年10月，仅据山东省23个县统计，已建农村产院达4929处。[②]“收费低、花费少”成为农村产院吸引产妇入院的一个特点。福山县建立的七处农村产院平均收费是每生一个孩子支付一元五角接生费和一至三个工分的住院费，锅

① 根据笔者于2019年4月28日在东营市垦利区胜兴花园对刘荣文的访谈录音整理。

② 《依靠党的领导做好妇幼卫生工作》，《山东卫生》1958年10月5日。

灶、柴草、灯油由农业社供应。[①] 莒南县爱国农业社则规定产院负责一切生活的供应，而且全部供应细粮。[②]“对于当时农村而言，农村产院极大地推动了新法接生的普及。”[③]但这种脱离农村经济状况和产科人力资源的妇幼保健机构注定无法长存。

生育场所的切换是体现半新半旧新形式的第二个方面。少数的具有一定经济条件的农村妇女，在自我评估存在生育风险的情况下，会寻求主要设在县及以上城市地区的综合性医疗机构和妇幼保健院(所、站)的接生服务；如果自我评估安全，则选择采用家庭式生产。

生活在鲁南地区张村的黄素兰是唯一一位具有在医疗机构生产经历的受访者。促使她在 1958 年腊月去济南市妇幼保健院生产的原因是对高龄生产的担忧：

> 我身体不好，结婚十年没有怀孕，后来好不容易怀孕了，还正好赶上吃大食堂。上坡干活才给两个地瓜面子窝窝，我是小脚，上坡不方便，这一怀孕更不敢去了。俺俩商量商量，要不我去济南找俺妈去。俺娘家哥哥以前是八路军，后来在济南市里当大干部，俺娘也跟着他去了。再说，我那时候年纪大了，31 岁才怀孕，生头胎怕出事儿，农村的医疗条件怎么着也不如城市。他就弄个推车子推着我上济南了。1958 年腊月二十四，我在济南市妇幼保健院生的俺大闺女。当时，很多在那里生的，满满登登，都是济南市里的。等到这边食堂解散了，我才回来。生完第一个问题就不大了，再生的这五个孩子我就没去医院，都是找的咱村的郭桂英接生的。她有个小药箱，里面有红药水、镊子。她接生得也很

① 《福山县建立农村产院七处》，《山东卫生》1958 年 8 月 14 日。

② 《莒南爱国人民公社普建产院》，《山东卫生》1958 年 9 月 25 日。

③ 李剑：《农村产院与新法接生》，《南京中医药大学学报（社会科学版）》2018 年第 2 期。

好，小孩不得风。①

黄素兰后五次生产均在家中由接生员接生，促使她由医院生产回归家庭生产的主要原因是地域便利。虽然20世纪60年代的家庭式生产吸纳了新法接生的因素，与传统的家庭式生产有所区别，由接生员郭桂英使用药品和接生效果也可见一斑，但其卫生环境、接生条件与现代医疗机构相比均难以企及。

地域为理解新法接生在农村地区的实践提供了一个区别于经济因素的新维度。当济南市区许多产妇选择去妇幼保健院和综合性医院生产时，绝大部分农村妇女仍停留在家庭式生产。与1949年前相比，农村妇女多出了一个去城市医疗机构生产的选项，但这个选项因为建立在较为优渥的家庭条件基础上，而使其得来不易。黄素兰的哥哥是济南市某机关领导，家庭经济条件是她有机会享有现代生育服务的保障。生育场所的城乡差异，导致农村妇女生产的危险系数仍然高于城市妇女，农村新生儿死亡率仍然高于城市儿童。②

半新半旧的形式得以创造并流行，是国家本位儿童观、个人本位儿童观同家族本位儿童观调和的结果。与主动转变传统生育观念不同，家庭基于经济和地域因素，对国家倡导的有助于确保新生儿身体健康的新法接生大打折扣。具有科学性、现代性的新法接生与传统的、廉价的旧法接生相结合，尽管能够在一定程度上降低产妇产褥热和新生儿破伤风，但无力应对难产和假死新生儿的危急状况，甚至会因为延误而加剧产妇难产和胎儿的死亡风险。

当然，这个实践效果也预示着家族主义让渡了部分权力，接受公权力介入。出于节省接生费用和保护新生儿的共同目的，产妇和家庭往

---

① 根据笔者于2017年5月30日在济南市仲宫镇张家村对黄素兰的访谈录音整理。

② 山东省地方史志编纂委员会编：《山东省志·人口志》，齐鲁书社1994年版，第25页。

往做两手准备，如果生产顺利，则采取半新半旧的方式，如果不顺利，则求助接生员或现代化接生场所。接生方式和接生场所的切换均把保证产妇和新生儿健康作为前提。这种经济、地域和新生儿关系动态变化正是农村社会重新认识新生儿的结果。伴随家庭经济条件改善和越来越多的旧产婆改造培养成为接生员，半新半旧接生方式的生存空间日渐缩小，新法接生的生存空间日渐扩展。

通过培训接生员、改造旧产婆、宣传新法接生几项措施的发展情况和实践结果可知，国家倡导的科学化、规范化的新法接生在农村地区的推行过程并非一帆风顺。就培训与改造而言，青年妇女不愿意担任接生员，旧产婆占据培训主体；就宣传而言，宣传队和接生员的初期宣传不被民众接纳，最终在民众宣传力量的协助下才得以进一步开展；就实践而言，新法接生与民间社会延续上千年的传统接生方式相结合，形成了20世纪五六十年代农村社会独特的半新半旧的接生实践模式：主要采取家庭式生产的同时，效仿新法接生的部分技能。

尽管卫生行政部门协同妇联在农村地区推行的新法接生没有取得预期实践效果，但仍具有提高新生儿存活率的积极作用。一方面，半新半旧的接生模式具有一定的新法接生技能和消毒措施，能够降低新生儿感染破伤风的概率。1952年底，据山东省10个市专统计：施行新法接生，乡村新生儿破伤风感染率为6.12‰；施行旧法接生，乡村新生儿破伤风发生率为108.5‰。① 新法接生和旧法接生在新生儿感染破伤风问题上的数字差距，通过半新半旧的接生方式得到折合。另一方面，经过新法接生的宣传，产妇及家人在采取半新半旧方式的同时，做好应急情况下求助新法接生的准备，这使得假死小孩在一定程度上也能获得相应

① 山东省地方史志编纂委员会编：《山东省志·卫生志》，山东人民出版社1995年版，第507页。

救治。

新法接生的推行，不仅为新生儿的生命健康提供了保障，而且改变了民众对生育问题和新生儿的传统认识。新法接生打破了“天命论”，建立起新生儿健康状况与接生方式的联系，赋予父母呵护新生儿的义务。在领悟责任的前提下，父母重新思考和权衡经济与新生儿健康孰轻孰重的关系，使二者关系具有了弹性空间。这些观念认知的改变有助于新法接生的进一步开展。

在生育问题上，妇女和儿童紧密相连。从保障新生儿生命健康的角度重新审视新法接生，不禁发现导致新中国妇女地位日渐提升的另一个原因，即她们所具有的人类再生产功能得到国家重视。在以生产为中心的政经体制下，妇女由家庭私领域进入社会公领域，由家务劳动到兼顾生产劳动，她们的劳动价值得到物质性彰显，这是妇女地位提升的根本原因和直接原因。但妇女作为社会主义事业建设者的孕育者和哺育者，她们的人类再生产功能之于地位提升的作用也不容忽视。国家现代化建设不仅需要现实劳动力，还需要未来劳动力。孕育健康的下一代，成为国家在政策层面给予孕产期妇女以特殊照顾的重要原因。虽然受传统观念的影响，人类再生产功能在提高妇女地位方面不具备物质资料生产所具备的立竿见影的效果，但可以逐渐渗透农村社会。

第二节　儿童常见病的预防及治疗

儿童常见病的预防和治疗成为以爱国卫生运动为契机的儿童卫生与保健的重要内容。儿童常见病主要包括天花、麻疹、痢疾、伤寒、皮肤病、眼疾等传染病以及摔伤、磕伤等外伤，对儿童的生命健康构成威胁。1949 年前，山东农村社会对这些儿童常见病的医治主要依赖巫术、依靠土方。由于医治不当，许多婴幼儿虽然逃过脐带风，但没有战胜生命初期的各种常见病。据 1935 年邹平县政府主持的户口调查结果显示：该县死亡率高达 39.52‰，婴幼儿死亡数占死亡人口总数的 50%以上，其中 0—1 岁的死亡婴儿占总死亡人口的 12.15%，2—5 岁的死亡儿童占 39.79%。[①]

政府着重推广的儿童常见病预防及治疗措施体现为具有科学性的现代医学，这也是农村地区儿童常见病救治在新中国成立前后的根本区别。但因为现代医学在农村地区基础薄弱，而且建立及推广需要时间和资金，所以，在百废待兴、百业待举的新中国，具备科学性和现代性的医疗机构主要集中在城市地区，尚不能满足广大农村的需要。对此，政府对农村社会惯用的儿童常见病预防及治疗措施进行重新整合：坚决取缔民间巫术，宣传和补充土医与土方。这些措施是国家介入传统儿童养育模式的表现之一。政策措施进入农村社会后，农村地区形成了新旧措施交织的儿童常见病预防及治疗局面，老百姓有求助现代医学的机会，也在一定情况下延续着依赖巫术和青睐土医与土方的做法。

一、逐渐动摇的民间巫术

叫魂、占卜、立孩子之术等民间巫术曾被民众广泛运用于儿童常见病治疗。民间巫术是经过岁月的积淀流传下来的一种民俗，企图借助超自然的、不可思议的神秘力量对某些人、某些事施加影响，以达到自己的目的。[②]20 世纪初年，在“反迷信”的启蒙主义话语下，这些民俗

① 吴顾毓编：《邹平实验县户口调查报告》，中华书局 1937 年版。转引自山东省地方史志编纂委员会编：《山东省志 · 人口志》，齐鲁书社 1994 年版，第 23、25 页。

② 金开诚主编：《风水与巫术》，吉林出版集团有限责任公司 2011 年版，第 3 页。

被知识界定义为“迷信”，并受到反对和批判。[①] 经过近半个世纪的荡涤，在新中国成立前夕，尽管民间社会对于巫术的信仰逐渐松动，但依然有很多信奉者，尤其在教育和医疗条件落后的农村地区。就山东地区而言，鲁中山区巫术信仰较为浓厚。新中国成立后，中国共产党继续采取措施，对各种巫术和迷信问题进行斗争，如限制和排挤与迷信品有关的工商业、坚决取缔反动会道门组织、进行崇尚科学的宣传等。[②] 伴随科学话语的建构和医疗条件的改善，治疗儿童常见病的巫术逐渐动摇，部分巫术退出历史舞台。

在与儿童常见病预防和治疗有关的所有民间巫术中，以牺牲孩子健康和生活幸福为代价的立孩子之术在1949年前后的变化最为明显。立孩子之术包括保命之术和延寿之术，在时间上主要存在于新中国初年，在地域上集中于经济条件落后、巫术信仰浓厚的鲁中山区。

鲁中山区有保命之术的传统。所谓保命之术，即保证孩子存活的巫术。部分巫术在《中国民俗通志》有记载，如劈“偷生鬼”：俗信认为，送子奶奶送的孩子在户籍册，不是送子奶奶送的也就没有户籍，漫郊野外的游魂饿鬼想转世，因为不在户籍册，所以很难成活，便一次一次地来，又一次一次地去。对付偷生鬼的办法只有一个，就是用刀剁或斧劈或铡刀铡或镰刀砍。[③] 又如“残子趾”：在婴儿“娇贵难养、卑贱易生”的观念下，为了使婴孩生命由高贵变得卑贱，产妇在新生儿出世后不久便咬下其右脚一个趾头，并用大饼裹住脚趾，夹上黄酱、大葱吞下。[④] 这些看似荒谬绝伦、残忍不堪的保命之术在新中国成立前夕的鲁中山区

① 沈洁：《“反迷信”话语及其现代起源》，《史林》2006年第2期。

② 林春林：《毛泽东反对迷信的思想》，《大连海事大学学报（社会科学版）》2002年Z1期。

③ 齐涛主编：《中国民俗通志·生养志》，山东教育出版社2005年版，第149页。

④ 齐涛主编：《中国民俗通志·生养志》，山东教育出版社2005年版，第178页。

依然留存，只是具体实施过程与民俗记载稍有偏差。1947 年出生于西罗园的陈其平，有一个哥哥在病危之际被家人用石头砸死；1948 年出生于张家村的毕荣刚，右手小拇指被母亲咬下、吞掉。①

通过立孩子之术的具体实施过程可知，残忍的巫术是家族本位儿童观主导下的行为。为了实现人丁兴旺、子孙繁衍的家族目的，家长不惜把有生还希望的孩子打死或把健康的孩子致残。这两种方式都以牺牲孩子的生命健康为代价，既没有探求导致儿童生病的科学原因，也没有意识到儿童的公有性，而是把儿童作为家庭私有财产，任意处置。

对于这些行为，国家首先以法律的形式严令禁止。1949 年 9 月 21 日，中国人民政治协商会议第一届全体会议通过的具有临时宪法性质的《中国人民政治协商会议共同纲领》规定："注意保护母亲、婴儿和儿童的健康。"1954 年 9 月 20 日，第一届全国人民代表大会第一次会议通过的《中华人民共和国宪法》规定："儿童受国家的保护。"代表国家意志的法律，把为了家族利益而损害儿童生命健康权的行为置于对立面，成为打破儿童为父母隶属物的有力武器。

新中国成立后，随着农村卫生医疗条件改善及反对封建迷信宣传，具有神秘色彩的立孩子巫术在鲁中山区迅速缩减。就笔者田野调查所及，唯有一例，还是由他者讲述得来：

> 新社会用这法儿立孩子的少了，咱这片也就听说老邱一个。我和她都是西罗园的妈家，又都嫁到张庄。俺俩关系很好，她偷偷给我说的。她前面生的三个孩子都没活。第一个孩子可能 55 年、56 年生的吧。当时家里人没多想，也没管他，死了就扔了。第二个孩子是大呼隆②的时候生的，生下来活了两三个月不行了。死了

① 根据笔者于 2017 年 6 月 1 日在济南市仲宫镇张家村对陈其平的访谈录音整理。

② 大呼隆，即大跃进。

之后，他爷爷把他抱出去用石头砸了两下。第三个孩子是62年生的，属虎的，生下来活了几个月又不行了，她公公爹和她男的趁着孩子还有一口气，从孩子腚上剜了一块肉，剁剁，打上鸡蛋给她做汤子喝了。从那以后，生的两个男孩才立住。[①]

除了确保孩子存活的保命之术，鲁中山区还流行着定娃娃亲、取名／改名、拜神娘等确保孩子长寿的方式，即延寿之术。在此，暂以定娃娃亲为例。通过订立娃娃亲使儿童长寿的行事依据，源于“冲喜”这一民间信仰。“为使体弱多病的幼儿摆脱病痛折磨，父母便早早为其订下婚事，即便暂时不能履行婚姻义务，人们也确信这种娃娃亲的婚姻关系能够带来喜气，驱除病魔，起到‘冲喜’作用。”[②]为了达成“冲喜”目的而缔结的娃娃亲比其他原因主导下的娃娃亲在程序上多出一道程序，即神婆参与。鲁中山区邢家村村民王工兰在11岁不幸患上肾炎、大病一场，父亲在其病愈不久后即为她订立娃娃亲，将她许配给张家村13岁的李保祯。张村神婆郭桂英主持了这场订婚仪式，并将喜帖压在神龛下。[③]

民间信仰影响下的娃娃亲，具有双重逆时代性，不仅是迷信的产物，而且违背了《中华人民共和国婚姻法》关于婚姻自由的规定。儿童过早进入婚姻领域，不仅有损于身心健康，而且在婚姻自由的思想大潮下，失去了谋求人生幸福的机会。但这种娃娃亲因为与延寿之术相关联，具有很大的约束力，甚至远甚于婚姻自由的魅力。因此，儿童长大后不敢轻易解除婚约。王工兰在婚前曾多次表达解除婚约的想法，均遭到父母和公婆的反对，并被告知：“娃娃亲是长先生[④]订的，在长先生那

① 根据笔者于2017年6月1日在济南市仲宫镇张家村对陈其平的访谈录音整理。
② 李渊源：《河南驻马店娃娃亲习俗变迁原因探析》，《天中学刊》2013年第3期。
③ 根据笔者于2017年5月31日在济南市仲宫镇张家村对王工兰的访谈录音整理。
④ 长先生即蛇神。张村的神婆子声称自己的神是蛇神，因蛇俗称“长虫”，所以

里压过帖。解除后，肯定倒霉。”[①]60年代末的张村经历了“破四旧”“立四新”，用于压喜帖的神龛尽管已经被民兵破坏，但当事人还是对这类娃娃亲“心存敬畏”。

儿童是社会主义事业的建设者和接班人，有损儿童生命健康和人生幸福的事情是党和政府所不允许的。何况，巫术的负面影响远不止儿童层面，还有经济、文化、政治等层面。就经济层面而言，中国共产党领导下的新中国经济发展规划是由落后的农业国变为先进的工业国，建立独立完整的工业体系，为此采取制定“一五”计划，进行农业合作化等措施。烧纸、香烛等巫术物品的生产，不符合经济发展主流。另外，巫术不仅不利于工农业生产，其开展过程还会影响生产劳动。如1955年4月9日齐东县五区任家村巫婆任萧氏在给四区赵家村陈本荣的小女孩儿看病时宣称：陈本荣宅子后边柳树上有三个神仙，并有“神水”“神药”万病皆治。在她的哄骗下，不少农民跑去看病，影响了五个乡三十余个村的春季播种工作。[②]就文化层面而言，共产党崇尚科学，倡导和宣扬的是无神论，而巫术是一种有神论，“偷生鬼”和“长先生”是神灵鬼怪的具象化。《山东妇女》在1952年春节劝导读者：“今天的好日子是毛主席领导咱们团结起来，打倒了反动派，建立新中国而来的，并不是什么‘神’给的。所以，过阴历年不要按老规矩烧香、烧纸、敬神上供。”[③]正是基于上述各方面因素，新中国对巫术采取了坚决取缔的态度。

在国家坚决取缔的态度下，伴随农村妇幼卫生保健事业的发展，

村民敬称她的神为长先生。

① 根据笔者于2017年5月31日在济南市仲宫镇张家村对王工兰的访谈录音整理。

② 《巫婆任萧氏破坏生产被法办》，《大众日报》1955年6月9日。

③ 《山东省总工会、青年团、妇联等团体关于开展春节节约运动的联合通知》，《山东妇女》1952年第2期。

以牺牲孩子生命健康和人生幸福为代价的立孩子之术逐渐退出历史的舞台。新法接生的实施和医疗卫生条件改善不仅带来儿童自然死亡率的降低，而且给予孩子的死因以科学解释，如脐带风或者某种儿童疾病。合理的医学归因，使民间社会接纳了现代卫生的观念，把孩子频繁死亡的现象归结为“偷生鬼”或者依靠贱命保长寿的巫术信奉者、实践者减少。

与立孩子之术同存于历史进程中的还有叫魂、占卜等巫术。这些巫术虽然也是国家视之为封建迷信和坚决取缔的对象，并受到医疗卫生条件改善的影响，但因为不违反法律规定、不直接损害儿童身体，而与立孩子之术的发展态势不同。它们没有彻底退出历史舞台，只是在一定时期内有所减少，并且表现出屡禁不止的迹象。

叫魂具有不易消除的特点。对此，毛泽东于1933年率领临时中央政府检查团到兴国县长冈乡调查时已经有所发现。经过打土豪分田地、反迷信宣传、苏维埃的节省香烛钱运动后，“老婆太敬神（装香供饭、求神拜佛）的完全没有了，但‘叫魂’的每个村还有个把两个”①。正因为不易消除，叫魂之术在破除迷信之风大兴的新中国早期依然较普遍地存在于农村。出生成长于50年代的受访者均对叫魂有所耳闻，甚至亲身经历。他们讲述着神婆用烧纸、酒壶、小米、衣服、扫帚、屋门、母亲的头发等用品和求助灶王爷、狐神等神灵，给小孩叫魂的各种故事。

1949年后，对叫魂影响最大的事件是四清运动。四清运动开始前，叫魂一直处于逐步减少的状况，四清运动开始后则转入骤减模式。四清运动之所以成为叫魂转变的界点，是因为封建迷信活动作为“清思想”的内容之一受到清理。定襄县“四清”工作队员郜天仓当年的笔记记录：“清思想，清革命意志衰退，要求名利不好好工作；清搞封建迷信活动、

① 中共中央文献研究室编：《毛泽东文集》第1卷，人民出版社1993年版，第314页。

宗法关系、买卖婚姻、搞赌博、搞男女关系道德败坏；清强迫命令、大骂群众；清不维护集体利益，闹本位主义，不带头劳动，好吃懒做。”[①] 在这场政治运动中，公然叫魂者易被划为“四类分子”，遭受批判，甚至罚做苦工。仲宫镇张村村民 YGR 和 BLQ 就因此被罚扫街。[②] 即便因为会接生、看病而免于受罚的神婆郭桂英，这一时期也不敢顶风作浪，继续给孩子们叫魂。[③]

然而，叫魂虽然在四清运动期间受到很大遏制、进入骤减模式，但并没有根除，而是转至私下进行。由于找不到有经验的神婆，曾经目睹叫魂场景的党秋莲偷偷摸索着给亲戚家孩子叫魂：

> 有一次，俺二嫂子家的孩子吓着了。那时候正好四清，不叫迷信。谁迷信，他斗谁。找人家会叫（魂）的，人家也不敢来。我给俺二嫂子说要不咱自己试试吧，我也不知道准不准，反正那个徐奶奶给俺兄弟叫的时候我见了。舀半碗水，把那种大口、小脖、装二两酒的小酒壶栽了碗里。酒壶顶上搁一张四方本子纸，再用顶针压上，点着四个角，念三遍“狐神狐神，你给 ×× 领领魂”。她说行，试试吧。没有瓷壶咋办啊，俺俩就用了以前镐车的那个老瓷油瓶子。[④]

四清运动期间，私下进行的叫魂活动充分说明其具有屡禁不止的发展态势。叫魂之所以屡禁不止，主要有两方面原因：第一，叫魂对儿童的作用停留在心理干预，具有但试无妨的特点。党秋莲强调“试试”“不知道准不准”正是但试无妨的体现。这间接说明伴随农村医疗

---

① 杨峻峰主编：《定襄记忆》，北岳文艺出版社 2016 年版，第 349 页。

② 根据笔者于 2017 年 6 月 1 日在济南市仲宫镇张家村对李保禄的访谈录音整理。应受访者要求，为保护受到惩罚的两位神婆的隐私，此处隐去她们的真实姓名。

③ 根据笔者于 2017 年 6 月 1 日在济南市仲宫镇张家村对李保禄的访谈录音整理。

④ 根据笔者于 2019 年 5 月 2 日在东营市垦利镇惠丰社区对党秋莲的访谈录音整理。

条件的改善和破除迷信的宣传，民众对叫魂之术有效性开始存疑，将其作为科学救治的补充。叫魂屡禁不止，但人们对它的态度毕竟已经发生了转变，体现出国家公权力介入儿童常见病治疗后的效果。第二，叫魂者多为乡里乡亲，采取零收费，也即对家庭经济没有负面影响。

与叫魂相比，同具有但试无妨特点但需要支付一定费用的占卜，则在农村社会较少进行。据因为女儿体弱多病，多次求助占卜的鲁北地区十四村村民白爱菊回忆：

> 俺闺女小的时候很能生病，赖①的那头发焦黄。我寻思她还能成人吗？就找人家瞎子算卦的给算算。下镇有个会算的，十三村有个会算的，都算得很准。人家说："恁这个小孩是棵桃，大鬼小鬼都来摇，她好生灾，但能成人，过了六岁就好了。"当时找瞎子算的不多，小娇孩才来算。家里孩子多的，人家谁来算？得花钱。那时候算一次得花五六毛钱。②

白爱菊所提及的"只有视孩子娇贵的家庭才肯花钱占卜"暗示出占卜在当时演变成为家长疼爱孩子的一种表达方式。另外，占卜不具备治疗效果，但影响家长的治疗态度。白爱菊通过占卜预测孩子能否长大成人，在生病时是否有必要救治。在医疗条件不发达、家庭经济不宽裕的情况下，家长依赖占卜的做法有可理解之处。因为过多的人力、物力、财力投入，有可能伴随孩子的病逝而上演"竹篮打水一场空"。所以，建立和完善妇幼卫生保健，改善儿童的身体健康状况，是改变大众意识形态儿童观的关键。

立孩子之术、叫魂和占卜代表三种不同的儿童常见病治疗的巫术类型。在国家坚决取缔态度下，这三类巫术的发展情况不同。有损于孩

---

① 赖，方言，指病。

② 根据笔者于 2017 年 5 月 20 日在东营市垦利镇惠丰社区对白爱菊的访谈录音整理。

子生命健康和人生幸福的立孩子之术退出历史舞台；具有但试无妨特点的叫魂和占卜在农村社会仍然具有留存空间。对巫术去留做出选择的过程，也是家长对儿童增加了解和亲子关系变化的过程。家长对儿童没有实施伤残的权力，但有照顾呵护的义务，不能为了实现人丁兴旺的家庭目的而去伤害儿童。

民间巫术在按类别发展的同时，又呈现出整体动摇的趋势，逐渐在新中国早期的农村地区退居至儿童常见病预防和治疗的补充形式。这种发展趋势为土医与土方、现代医学提供了更大的作用空间，进而提高了儿童常见病的治愈率和身体健康状况。

二、备受青睐的土医与土方

土医与土方是另一种扎根民间社会，而且历史悠久的治疗儿童病的方式。与巫术相比，源于经验总结的土医与土方具有一定的科学性，比如土医生惯用的“扎扎”之术具有针灸功能，治疗儿童常见病偏方所用的植物多属中药材。基于此，政府对土医和土方的态度完全不同于民间巫术。在现代医学不能满足广大农村农民需要时，政府借助报刊、广播、各种会议、黑板报等方式对土医和土方进行宣传和补充。政府的支持，连同农村儿童病的治疗习惯、土医与土方所具备的廉价、便利的特点，使这种治疗儿童病的方式呈现出受人青睐的发展趋势，且发展成为新中国早期山东农村地区应用最广泛的治疗方式。

具有针灸功能的“扎扎”之术对治疗新生儿脐带风具有一定的疗效，也兼具一定的风险。其实，“扎扎”的神奇之处远不止治疗脐带风，还能治疗部分儿童常见病，在田野调查过程中，当受访者被问及“小时候生病如何治疗”这一问题时，他们不约而同地提到两个字——“扎扎”。

阳谷县莲花池村牟月辰回忆治疗哮喘的“扎扎”场景：

我小的时候也不知道得的啥病，好憋得慌[①]，俺娘就穿个大襟绿袄揣着我上李台找那个张老头给扎扎。那个老头看得很好，叫躺了他席上，给扎扎。扎哪里我忘了，反正以前净扎。[②]

仲宫镇张家村郑学诗回忆治疗头痛的“扎扎”场景：

1954年，我在并渡口村小学念四年级，学习把脑子用过了，头疼得不行，找了俺村里的郭桂英奶奶给扎了扎。扎了一星期才好。[③]

下镇乡十四村高秀云回忆治疗肠道寄生虫病的“扎扎”场景：

以前那孩子都好肚子疼，肚子里有虫子。隔着肚皮都能摸出来，疙疙瘩瘩。俺村里多亏了范来平，俺都喊他范三爷爷。一个老头，很好说话，会给人家扎扎看看，也不要钱，光行好。他可救了人了。俺小的时候一肚子疼就找他，他扎胳膊弯儿，扎完之后给挤挤血，用蒜瓣抹抹针眼儿，就好了。[④]

下镇乡十四村党秋莲回忆治疗白喉的“扎扎”场景：

1963年，咱这下边小地方也有小医院了，但要是黑家得了病，就得找土医生。我记得俺四妹妹一岁多长蛾子[⑤]，黑家厉害了，嗓子吼隆吼隆的。俺爹和二十二村的张仲宝都在渔业上，知道他舅会扎蛾子。我穿上俺娘那个带大襟的大袄，把俺四妹妹揣怀里，走了四五里地到下镇二十二村找张仲宝舅舅。人家给扎了扎，还给了点药。（妹妹长蛾子）很厉害了，要不是人家给扎扎，就完了。[⑥]

---

① 受访者牟月辰根据病史推测，婴幼儿时期所得病可能为哮喘。

② 根据笔者于2019年5月10日在聊城市阳谷县城对牟月辰的访谈录音整理。

③ 根据笔者于2017年5月28日在济南市仲宫镇张家村对郑学诗的访谈录音整理。

④ 根据笔者于2019年5月1日在东营市垦利区建设银行家属院对高秀云的访谈录音整理。

⑤ “嗓蛾子”是白喉病的别称。

⑥ 根据笔者于2019年5月2日在东营市垦利镇惠丰社区对党秋莲的访谈录音整理。

四则资料只是诸多与“扎扎”相关的田野调查资料中的一角。在受访者的经历中，“扎扎”不仅能够治疗上述提及的哮喘、头痛、肚子痛、白喉，还能治疗疝气、感冒等。受访者口中所提到的鲁西地区李台镇的张老头、鲁中地区张家村的郭桂英、下镇乡十四村的范来平和二十二村的张仲宝舅舅也只是众多土医生中的四位。土医生几乎每三五个村就有一位，他们运用的最普遍的措施是“扎扎”，偶尔提供一些土方，有些土医生还会脱臼复位。

除了土医惯用的“扎扎”之术，土方也在新中国早期的儿童常见病预防和治疗方面发挥了很大的作用。土方，顾名思义是人们在与疾病斗争过程中积累的一些生活经验，有时由土医生提供，但多数情况下众人皆知。在医疗条件落后或者家庭无条件就医的情况下，人们一般首先采用民间偏方自行救治。略述几则与民间偏方有关的儿童常见病治疗的田野调查资料。

山东省东营市垦利区寿山村王桂芳回忆治疗皮肤裂伤的民间偏方：

> 我小时候去割草喂猪，拿个镰一下子砍了腿上了，让骨头挡回来了，哽噔一下子，骨头露出来了，肉都翻翻着。弄点棉花瓤子烧烧，把灰抹了口子上。①

山东省东营市垦利区十四村村民党秋莲回忆治疗麻疹的民间偏方：

> 那时候小孩生疹子，也没药吃，就在屋里靠，不叫见风。俺父亲在渔业上，俺家不缺虾酱，我姊妹几个生疹子，都是吃点虾酱，把疹子提出来。人家那家里没虾酱的，有的上俺家借点，也有弄点茅草根煮水，要不就是芫荽根煮水。②

聊城市阳谷县石楼村张菊华回忆治疗感冒的民间偏方：

① 根据笔者于2019年4月29日在东营市垦利区光明小区对王桂芳的访谈录音整理。

② 根据笔者于2019年5月2日在东营市垦利镇惠丰社区对党秋莲的访谈录音整理。

> 俺小时候感冒了，俺娘就用白菜疙瘩、辣萝卜头、葱核熬点水，叫俺喝。喝完了摁了被子里，捂汗。捂得难受。[①]

聊城市阳谷县莲花池村牟月辰回忆治疗肠道寄生虫病的民间偏方：

> 俺家孩子多，买宝塔糖买不起，就喝楝子根水。楝子根熬水很苦，说是能毒死人。俺娘说："喝吧，穷人家的孩子毒不死。"结果俺家也没药死一个。隔一个月就得喝一回，要是不喝，解手光虫子。有时候下不来，还得用个小棍儿拽。一个蛋蛋都是虫子，大的小的，很吓人。[②]

济南市仲宫镇张家村村民刘德芝回忆治疗哮喘的民间偏方：

> 俺弟弟那个喉咙天天和拉风箱似的，老远就能听见，用偏方治好了。交九的时候，找九个水萝卜，从中间挖上一个窟窿，一个水萝卜里放上一个鸡蛋。九个水萝卜九个鸡蛋，埋了太阳晒不着的地方。明天交九了吧，你今晚拔出来。这一九吃一个水萝卜一个鸡蛋，连喝水带吃水萝卜，这个鸡蛋也吃。吃了好几个冬天，哪一个九也吃。他吃这个管事了。[③]

除了上述列举的偏方，受访者提供的偏方还有许多，比如烧蒜头治疗腹泄、马齿苋捣碎外敷治疗痄腮炎、蒲公英泡水缓解感冒、芦草根煮水治疗跌打损伤、水痘藤煮水治疗水痘……很多儿童常见病都能找到适用的偏方。这些偏方是人们生活经验的积累，具有廉价、便利的特点。偏方所用的植物或物品，大多属于农民在农业生产和生活中常见易得的。

土医和土方看似随意，但并非全然没有科学依据。"扎扎"之术属于中医针灸的一种民间体现形式，具有深厚的医学传统，最早见于二千

---

① 根据笔者于 2019 年 5 月 11 日在聊城市阳谷县石楼村对张菊华的访谈录音整理。

② 根据笔者于 2019 年 5 月 10 日在聊城市阳谷县城对牟月辰的访谈录音整理。

③ 根据笔者于 2017 年 5 月 28 日在济南市仲宫镇张家村对刘德芝的访谈录音整理。

多年前的《黄帝内经》。[①] 尽管“扎扎”与规范化的中医针灸要求有差距，所使用针具为家用绣花针，而非专用银针，但确实具有治疗效果。民间偏方所涉及的许多植被的功效也被记载在中医典籍中。如牟月辰提到的具有治疗儿童肠道寄生虫作用的楝子根。《神农本草经》载：“楝实，味苦，寒。主温疾伤寒，大热烦狂，杀三虫疥疡，利小便水道。”《名医别录》：“疗蛔虫，利大肠。”明《本草纲目》载：“治诸疝、虫痔。”明《神农本草经疏》载：“楝实禀天之阴气，得地之苦味，故其味苦气寒，极苦而寒，故其性有小毒。气薄味厚，阴也，降也。入足阳明、手足太阴经……湿热郁积则内生诸虫，湿热浸淫则外为疥疡，得大寒极苦之物，则湿热散，故能疗诸虫及疥疡也。”[②] 可见，楝子根不仅能够治疗儿童肠道寄生虫，还具有利尿和治疗赖头疮、伤寒等作用。楝子根的毒性也是被中医典籍明确的，在使用过程中要控制饮量。所以，许多民间偏方是基于植物的某种特性，针对性地治疗某种儿童病并取得疗效。

由于土医和土方具有一定的科学依据和治疗效果，而且廉价、便利，在现代医学短期内不能满足广大农村儿童治疗需要的前提下，政府借助媒体、会议和培训等途径对小儿针灸、民间偏方、中医验方给予肯定、补充和推广。山东省卫生厅主办的《山东卫生》经常刊载相关内容。如用针灸治疗麻疹，“穴位：风池、风府、大椎、合谷三里，大敦隐白每星期针一次；穴位：身柱、大杼、肺俞、针半分，每星期刺一次，共针三星期”；[③] 用葱煎水洗或者用老丝瓜烧剩末研末加水调敷治疗痄腮肿；[④] 用生姜两片煎汤调服治疗初起有恶寒怕冷的咳嗽；[⑤] 用鹅苦胆和猪

① 王晓峰：《针灸起源》，《文史天地》2019 年第 6 期。

② 任艳玲主编：《〈神农本草经〉理论与实践》，中国中医药出版社 2015 年版，第 338 页。

③ 《针灸预防麻疹》，《山东卫生》1959 年 2 月 19 日。

④ 《冬季杂病验方》，《山东卫生》1958 年 12 月 21 日。

⑤ 《冬季杂病验方》，《山东卫生》1958 年 12 月 21 日。

苦胆治疗百日咳；[1] 等等。除了这些惯用的常见的偏方和验方，政府还会介绍一些稀奇古怪的地方经验，如在 1959 年麻疹大流行时期，《山东卫生》详细说明河北省唐山市尿泡鸡蛋预防麻疹的方法：取新鲜鸡蛋数个，首先用针在每个蛋的周围扎七八个小孔，然后泡于尿中（成年尿、儿童尿均可），尿的数量要漫过鸡蛋，放在低温处，泡四至七昼夜，取出用水冲洗，然后用微火煮熟去皮服用，每人服一个，分一次吃或二次至四次吃都可以，一日服完。[2]

在政府推动支持下，土医和土方可治疗方法增加，可治疗范围拓宽。因此，源于传统、扎根民间的土医和土方不仅仍然充当着农村儿童常见病预防和治疗的主要方式，而且能够为儿童生命健康提供更多保障。

尽管土医和土方在保障儿童健康方面发挥出重要作用，但依然具有一些不足。首先，土医和土方可治疗的病种有限。伴随爱国卫生运动的开展，虽然农村地区个人卫生、家庭卫生和环境卫生均得到改善，但因为卫生不洁而出现的儿童病还有许多，如眼疾、脓包病、赖头疮等。另外，婴幼儿由于抵抗力差，本身易感染肺炎、麻疹、流感等疾病。其中，发生在儿童身上的许多疾病，土医土方无法有效救治，下文即将探讨的依靠新医术治疗的肺炎、肾炎就属于这类。其次，土医和土方的治疗效果有限。鲁中山区张村村民郭桂英是十里八乡有名的土医生，不乏登门求医者，对自己家的孩子定会倾尽全力救治，但在 1959 年，她三岁的孙子因重感冒病逝。[3] 鲁北地区十四村村民白爱菊也曾带三个月患白喉病的儿子求医于二十二村土医生孙仲保舅舅，但救治无效，儿子

① 《鹅和猪的苦胆可治百日咳》，《山东卫生》1958 年 12 月 21 日。

② 《服尿泡鸡蛋能预防麻疹》，《山东卫生》1959 年 1 月 22 日。

③ 王春兰口述：《独撑家庭的艰辛人生——王春兰访谈录》，载张李玺主编：《妇女口述历史丛书——农村妇女卷》，中国妇女出版社 2015 年版，第 128 页。

于1960年春死去。再次，土医和土方如果操作不当，容易诱发其他疾病。1954年全国妇联福利部和山东省卫生厅、山东省妇联在山东省历城县沙河乡调查发现，儿童病亡现象相当严重。王朝佐合作社共80个孩子，死亡41个，其中拉肚子死16个，抽四六风死11个，麻疹死3个，梅毒早产死5个，一岁以下急性传染病死2个，小产死2个，死产2个，死亡率超过50%。导致儿童病亡率过高的原因之一是沙河乡家长过度依赖偏方和“扎扎”之术，如孩子出疹子或发烧就煮白菜疙瘩、草根子、香菜根子水或把孩子闷在被子里发汗，结果孩子很容易着凉，病发肺炎、扁桃腺炎；又如孩子嗓子里长疙瘩，家长便找老大娘用手捏或卡，往往把小孩子卡得翻白眼，结果越卡越严重，严重地影响了孩子的健康和发育。①

政府对土医和土方的不足甚是了解，但在现代医学发展不足、农村家庭经济不宽裕的情况下，依然进行了补充性推广。土医和土方的不足，为现代医学在农村社会的发展和运动提供了条件，也注定了随着现代医学的发展，土医和土方会退居至儿童常见病预防和治疗的辅助位置。

三、救死扶危的现代医学

新中国成立后，除去三年困难时期，山东儿童病亡率均呈现逐渐降低的趋势。②儿童病亡率的降低虽然与人民生活水平提高和土医、土方的补充及推广有关系，但根本原因是现代医学的发展。随着爱国卫

① 《沙河乡妇幼卫生宣传试点的几点体会》，1954年，聊城市档案馆藏，0010—002—033—010。

② 山东省地方史志编纂委员会编：《山东省志·人口志》，山东人民出版社1995年版，第135—136页。

生运动的开展，儿童医疗保健体系逐步建立和完善，儿童常见病得到现代性预防和治疗。但受限于农村社会的风俗习惯、家庭经济条件和现代医院的发展不足的状况，家长一般在孩子病到万不得已，才会求助现代医学。而一旦求助现代医学，许多看似严重的疾病便会得到治愈。可以说是现代医学让濒临死亡的孩子获得救治。所以，1949 年后日渐发展和完善的现代医学，对农村儿童而言，呈现出救死扶危的特点。

儿童常见病的现代性预防与治疗以各级各类医疗保健机构的建立与完善为前提和基础。儿童医疗保健机构包括设立于城市的省市县三级医疗网和农村基层医疗机构。

在不断发展完善的省市县三级医疗网中，注意到儿童身体特殊性的医疗保健机构逐渐占据特殊的位置，不仅综合性医疗机构普遍开设了儿科科室，而且成立了专门性医疗保健机构——妇幼保健院（所、站）、儿童保健院（所、站）和儿童医院。根据 1955 年卫生部制定的各类专门儿童保健机构简则可知，不同机构在任务上各有侧重。妇幼保健院儿童保健部门主要任务为指导和辅导当地妇幼保健所(站）儿童保健业务、解决小儿科技术疑难问题、调查研究儿童卫生问题等。妇幼保健所主要任务为进行婴儿预防注射、健康检查和缺点矫治、一般治疗、托儿组织保健业务指导。妇幼保健站主要任务为开展新法育儿宣教工作、疫苗接种。儿童保健站主要任务为督促检查服务区内儿童机构的儿童保健工作、组织区内医疗预防机构做好托儿组织内儿童健康检查与缺点矫治、联系有关团体宣教儿童卫生和新法育儿、门诊治疗儿童疾病、定期检查儿童健康、培训初级儿童保健人员等。①专门儿童保健机构实行地段负

① 《为检送妇幼保健专业机构组织试行简则希转知试行由》，1955 年，山东省档案馆藏，A005—01—0045—018。

责制，不仅有上下级的业务指导和协作关系，而且形成了一个较为完整的妇幼保健网。和综合性医院的发展趋势一致，专门的儿童医疗保健机构也逐年增加。

虽然与儿童身体健康密切相关的综合性医疗机构和专门性医疗机构数量不断增加，体系不断完善，但对于农村地区的儿童而言，因为就医不便，其作用较为有限。儿童保健机构设置在县及以上的城市地区，在交通条件尚不发达的年代，这种设置减少了农村儿童的就医机会、增加了农村儿童的就医难度。

卫生水平不及综合医院和妇幼保健机构的农村基层医疗机构成为农村地区儿童常见病现代化预防和治疗的主要依托。农村基层卫生组织最早的组织形式是联合诊所。政府为了照顾乡村卫生资源匮乏、缺医少药的现实困难，号召乡村医务人员自愿组织起来办理以中医联合诊所为主要形式的联合诊所。在农业合作化运动中，农业生产合作社开始兴办保健站。山东省卫生部门培训大量的保健员，进行对疫情的调查报告、爱国卫生运动的组织、指导、督促、检查，向社员宣传卫生常识，及在生产现场的简易防治与急救等服务。①“人民公社化后，联合诊所、农业社保健站和区卫生所联合起来，共同组成公社卫生院，由公社统一经营管理。公社卫生院是集医疗、预防为一体的综合性医疗卫生机构。”②由于由公社或国家包揽下来的农村基层卫生组织存在过急过快的问题，所以在国民经济调整时期，农村基层卫生组织也作了相应的调整。卫生部在1962年8月下发的《关于调整农村基层卫生组织问题的意见(草稿)》中提出：“原来由医生集体举办的医疗机构，公社化后由国家或公社（大队）举办的，应当改为医生集体办”“原由公社或生产大队投资举办的

① 《关于农业生产合作社卫生员、保育员、助产员的工作性质、任务、选择、训练、待遇等问题的指示》，1956年，山东省档案馆藏，A034—00—0160—002。

② 李卫平：《农村卫生院产权制度改革》，《中国农村卫生事业管理》2001年第4期。

医疗机构，如果继续办下去有困难，可以转为医生集体办”。[①] 通过梳理 1949 年后农村基层医疗机构发展脉络可知，农村地区逐渐在形式上拥有了比较完整的医疗卫生体系，而且这种卫生体系以“集体化”为方向。农村医疗“集体化”的发展趋势，是 1949 年后农村经济建设集体化的结果，也是生活方式集体化的一种体现，增加了国家对儿童身体的干预程度。

在具备一定现代医疗资源的前提下，政府对于儿童身体健康的保障，预防先于治疗。“预防为主”是新中国卫生工作四大原则之一。儿童由于免疫功能不成熟，而且具备社会主义建设者和接班人的身份，成为“预防为主”的重点对象。儿童常见病的现代性预防措施主要包括两部分内容：一是疫苗接种，二是新法育儿。

1949 年后政府推行的现代化预防措施有多种，其中种牛痘因为开展最广泛、成效最显著而较具代表性。种牛痘属于现代性预防措施，能够有效地预防天花，与 16 世纪已在中国实施的成功率低、存在感染风险的人痘接种法[②] 具有本质区别。除了种牛痘，还有百日咳菌苗、霍乱菌苗、白喉类毒素、卡介苗、脊髓灰质炎减毒活疫苗等。这些现代预防措施能够有效地提高儿童抵御传染病的能力，防患于未然，增加了儿童

---

① 《卫生部关于调整农村基层卫生组织问题的意见（草案）（摘录）》（1962 年 8 月 2 日），载财政部文教行政财务司编：《文教行政财务制度资料选编（1949—1985）》第 2 册，中国财政经济出版社 1990 年版，第 201、202 页。

② 人痘接种法即取天花患者痘浆接种于人，使其产生免疫力，以预防天花的方法。人痘接种法有四种，分别是痘浆法（用棉花蘸取天花患者所出痘疮浆液，然后将棉花塞入未出天花者鼻腔，冀使其获得免疫力，但传染后症状较重，遂被淘汰）、旱苗法（取处于痊愈期天花患者的痘痂，研细后，用银管吹入未患者鼻腔。虽有效，但此法难于掌握，不甚可靠）、水苗法（把旱苗法所研细的痘痂用水调匀，棉花蘸后塞入未患者鼻腔内，红线系之，免被吸入或咽下，12 小时后取出。此法较为安全可靠）和痘衣法（将天花患儿内衣让未病者穿上，以冀传染接种，但成功率低）。见徐江雁编：《中国医学史》第 2 版，上海科学技术出版社 2017 年版，第 111 页。

的健康砝码。

种牛痘在1949年前的广大农村地区已经开展，受种者由家庭决定，奉行着“男性优先”的原则。由于受种者较少，而且天花传染性很强、死亡率极高，每年死于天花者众多。据有关部门统计，1949年前每年因天花致死者数以万计，1933—1944年全国天花发病人数约达38万。①即使不死，感染者也会生得一脸麻子，严重者还会影响视力和听力。②

1949年后，种牛痘变成一项公共医疗福利，政府要求所有居民都要种植牛痘。1950年10月12日卫生部公布《种痘暂行办法》，明确规定“中华人民共和国境内之居民，不分国籍，均须依照本办法之规定种痘”“强制执行”和“种痘一律免费，不得收取任何费用”等。③就山东地区而言，1950年全省进行了第一次大规模的种痘，春季种痘410万人，秋季种痘156万人，两季种痘人数占总人口的14.4%；1951年，春秋两季完成种痘800万人，天花疫情明显下降；1952年，全年种痘2600万人，基本上实现了普遍种痘；1953年，全省种痘700万人，种痘对象为新生儿和三年内漏种者，应种痘者全部接种；自1953年6月以后，山东省未发现新的天花病例。④根据田野调查，出生或成长于20世纪50年代的受访者胳膊上总有4至6个牛痘疤痕。

种牛痘虽然是一项全民福利，但相关细则和实践均表明国家防疫药资向儿童倾斜。《种痘暂行办法》第三条规定：“婴儿应由出生后六个月内种痘一次，届满六足岁、十二足岁及十八岁时，应各复种一次。凡

---

① 黄永昌：《中国卫生国情》，上海医科大学出版社1994年版，第102页。

② 山东省民主妇女联合会儿童福利部：《预防生天花，必须种牛痘》，《山东妇女》1952年第3版。

③ 国务院法制办公室编：《中华人民共和国法规汇编（1949—1952）》第1卷，中国法制出版社2014年版，第294—295页。

④ 山东省地方史志编纂委员会编：《山东省志·卫生志》，山东人民出版社1995年版，第179—180页。

从未种痘者，或逾规定之年龄而未复种者，应各补种一次。”① 由此可知，种痘办法给予出生至 18 岁的群体以重点关注。上行下效，省卫生部门制定的种痘指示也把儿童作为重点，如平原省② 政府《关于预防天花迅速发动种痘的知识》种痘数要求，凡城乡居民 13 岁以下儿童种到 40%以上。③ 在政策要求下，1951 年上半年平原省种痘 7021490 人，其中儿童所占接种比例最高，安阳七区完成 16 岁以下儿童种痘 9975 人，占 16 岁以下儿童的 40%，八区大城村小孩子普种。④

国家防疫资源向儿童倾斜加速动摇和瓦解了民间社会延续多年的长幼尊卑家庭秩序和社会秩序，在观念层面加速了传统的家族本位儿童观转型。平原省 1951 年春开展医务人员下乡种痘时，许多老年妇女因为未能如愿接种疫苗找村干部和医务人员理论：“你们是毛主席的老百姓，我们老婆子就不是毛主席老百姓吗?”⑤1952年，山东省进行普种牛痘，也是暂把 5%的老人排除在外。⑥ 虽然老人比儿童感染天花的概率低，但也遭受着天花的威胁，如 1950 冬、1951 年春，察哈尔省辉县五区赵保村六十多岁的老年人就生了天花。⑦ 来自老年群体的质疑，在当

① 《半年来妇幼卫生工作总结（初稿)》，1951 年 9 月 30 日，聊城市档案馆藏，0010—001—005—011。

② 平原省：中华人民共和国原省级行政区名，辖新乡、安阳、湖西、菏泽、聊城、濮阳 6 个专区，新乡市、安阳市 2 个地级市。1952 年 11 月撤销，将新乡专区、安阳专区、濮阳专区，新乡市、安阳市划归河南省，将菏泽专区、聊城专区、湖西专区划归山东省。

③ 《平原省人民政府指示关于预防天花迅速发动种痘的指示》，1950 年，聊城市档案馆藏，0014—001—004—061。

④ 《半年来妇幼卫生工作总结（初稿)》，1951 年 9 月 30 日，聊城市档案馆藏，0010—001—005—011。

⑤ 《半年来妇幼卫生工作总结（初稿)》，1951 年 9 月 30 日，聊城市档案馆藏，0010—001—005—011。

⑥ 山东省地方史志编纂委员会编：《山东省志 · 卫生志》，山东人民出版社 1995 年版，第 180 页。

⑦ 《平原县人民政府指示关于预防天花迅速发动种痘的指示》，1950 年，聊城市档

时没有改变国家依据接种对象的年龄分配防疫资源的先后顺序。这是国家在现代化建设过程中，给予作为社会主义事业建设者和接班人的儿童以特殊关照和特别重视的实践体现。

在这项福利事业中，国家取代家庭成为种牛痘预防资源的主导者，不仅奉行“儿童优先”的原则，而且打破了原有的性别分配不均。政府主导下的现代性预防资源分配，挑战了传统的“男尊女卑”“长者本位”等家庭伦理道德秩序，引导人们给予儿童更多的关爱与关注。

宣传和实践新法育儿，力求改变传统育儿方法中不合理的地方，是另一条重要的现代性预防措施。农村社会所沿用的不卫生、不科学的传统育儿方法容易诱发儿童疾病，比如随地大小便。“大便里可能有许多寄生虫卵，最常见的是蛔虫卵和钩虫卵。还可能有伤寒、霍乱、痢疾等病菌，在泥土里能活一个很长的时间才会死掉，孩子们是最喜欢在地上爬着玩耍的，不管脏不管净，就乱抓乱摸，摸了土再摸眼再摸嘴，或者再去拿东西吃，就把虫卵或病菌随着食物吃到肚子里去，或者随着手指送到眼里，这样就会生病。”①基于此，为了预防儿童生病，减少得病率，必须改变旧法育儿，实施新法育儿。然而，新法育儿实践过程曲折，最初并没有引起山东省妇幼卫生工作应有的重视，而是与解放农村妇女劳动力紧密挂钩，最终依托托儿组织，以集体儿童保健建立和完善的形式实施。所以，新法育儿的开展过程不单体现出现代性预防，而且有助于深入了解儿童福利与妇女福利的关系变化。至于托儿组织为何成为新法育儿的最佳实践场所，开展了哪些新法育儿活动，产生了怎样的效果？本研究将在本章第三节详述。

现代性预防虽然能够降低儿童得病率，但在时间和地域上均有渐

案馆藏，0014—001—004—061。

① 中华人民共和国卫生部妇幼卫生司儿童卫生科编：《新法育儿》，人民卫生出版社1954年版，第12页。

进性，大部分疫苗先城市后农村的分配秩序和农村地区落后的医疗条件及恶劣的卫生环境，使其在农村地区有很大的提升空间。何况，许多疾病不是依靠现代性预防就能避免的。所以，以中西医结合和西医为内容的现代性治疗措施，对于保障儿童身体健康至关重要。儿童常见病的现代性治疗措施主要包括两方面：一是自行使用家用西药；二是家长带孩子求助于现代医疗机构。

宝塔糖是自行治疗儿童常见病过程中应用最广泛的家用现代性药物。由于环境卫生和饮食卫生不达标，农村儿童极易感染肠道寄生虫病，尤其是蛔虫病。与过去依靠喝楝子根水、“扎扎”等民间土医与土方或自行用小木棍戳拽的方式不同，1949 年后农村社会开始逐渐采用新方式——宝塔糖，给儿童进行肠道驱虫。宝塔糖的主要成分是“山道年”，从菊科植物蛔蒿中提取而来。1954 年潍坊农场将蛔蒿从苏联引种成功后，为全国十几家制药企业提供了充足的“山道年”的生产原料。① 因为原料充足，市场需求量大，宝塔糖被制药厂大量生产。据许多受访者回忆，宝塔糖在一般诊所就可以买到，售价约二分钱。② 另外，宝塔糖为淡黄色、粉红色圆锥形的宝塔形状，带有甜味，深得儿童喜欢。安全有效、廉价易得、方便食用的特点，使宝塔糖逐渐成为 1949 年后农村社会应用最广泛的治疗儿童肠道感染的方式。

虽然宝塔糖在治疗蛔虫病方面取得了前所未有的疗效，但由于农村环境卫生和饮食卫生短期内难以取得实质性改善，所以，儿童患肠道感染始终处于屡控不止的状态。如 1955 年，山东省卫生防疫站组织全省各地进行大规模调查发现，全省中小学蛔虫感染率乡村为 80%—90%，最高感染率为 100%；1964 年，泰安市调查发现，小学生蛔虫

---

① 王建贵：《“宝塔糖”消亡之迷》，《医药世界》2008 年 Z1 期。

② 根据笔者于 2017 年 5 月 20 日在东营市垦利镇惠丰社区对白爱菊的访谈录音整理。

感染率为84.7%，宁阳县乡饮公社小学生蛔虫感染率为82.6%—95%。[①]这也间接说明开展爱国卫生运动、改善农村卫生环境和实施新法育儿的必要性。对于蛔虫病的治疗，并非每次自行治疗均有效。如果病情严重，现代医疗机构则为其提供了更高层次的治疗方式。正如在鲁北地区垦利县十四村度过童年的高秀云所述：

> 俺兄弟拉虫子拉不下来，叫范三爷爷扎也不管用，吃宝塔糖也不管用，肚子疼，疼得他在炕上栽根头。没办法了，俺爹和俺叔用簸箩把他抬到黄河农场医院[②]。在那里，人家医生给他吃打虫子的药，带上皮手套抠，抠出来的净虫子蛋。俺爹说，要不是有个医院，这个孩子就扔了。[③]

高秀云父亲的一句话反映出，在过度依赖巫术和土医与土方的农村社会，许多家长由于感觉病儿治疗无望、无效而选择放弃的情况。这也是1949年前农村儿童死亡率居高不下的重要原因之一。正是现代医学的发展从根本上改变了这种状况，看透了曾经看不透的病，治好了曾经治不好的病，科学有效地解决了曾经所谓的“疑难杂症”。

以蛔虫病为代表的肠道感染尚属于农民大众了解且设法自行治疗的病种。根据田野调查可知，当时有些儿童病是难以预防、危害性大的

---

① 山东省地方史志编纂委员会编：《山东省志 · 卫生志》，山东人民出版社1995年版，第139页。

② 黄河农场医院即1956年随黄河农场建立的总场卫生所。黄河农场医院成立初期系综合门诊，没有分科室，主要诊治常见病、多发病。1957年1月，总场成立卫生科。农场形成以卫生科、总场卫生所、分场卫生所的三级卫生网络。不但负责全场的卫生医疗工作，同时也承担附近乡村群众的诊治任务。1962年3月，总场卫生所迁至“山东渤海垦区综合技术学校”（后为黄河农场子弟中学）院内，分为内科、外科、妇产科、中医科、五官科、检查科、放射科、药剂科。在1966年4月，医院定名为“山东省地方国营黄河农场医院”。见《黄河农场志》编纂委员会编：《黄河农场志》，山东省地图出版社2006年版，第228页。

③ 根据笔者于2019年5月1日在东营市垦利区建设银行家属院对高秀云的访谈录音整理。

并发症，可惜他们及家长并不熟悉。在历经曲折后，才去寻求现代医学治疗。这些疾病的治愈过程能够更有力地说明现代性治疗措施对于保障儿童健康和提高儿童存活率的重要意义。

鲁北地区垦利镇十四村白爱菊回忆依靠西医给女儿治疗肺炎的场景：

俺闺女小的时候长过肺炎，多亏了牛庄中心医院①。那时候她才一岁多，嗓子成天吼隆吼隆，我先抱着她在村里看。二十村孙北宽（音）给小孩看病看得很好，稍微大点的病都好找他。他看了看说是蛾子，按蛾子治的，给了点药面。吃了不见好，我寻思不行，去大医院看看去。那时候离咱这近的有透视镜的大医院就两个，一个在牛庄，一个在北镇②。我在俺村北边截了到牛庄的车，

① 牛庄中心医院，原名山东省打渔张工程民工医院，1956年3月建立，位于牛庄镇牛庄村北，主要为全国重点水利工程——打渔张工程建设中的工程指挥人员、苏联专家和广大民工防病治病，也接收驻地周围的群众。1958年，打渔张引黄灌溉工程基本完工。1959年春，在当地人民政府和人民群众的要求下，经山东省人民政府批准留归当地，定名为淄博专区第三人民医院（当时，当地属淄博专区管辖）。1960年初，随着行政区划变更，医院改称为惠民专区第三人民医院。后又改名为惠民地区牛庄中心医院。1983年10月东营市正式成立，医院定名为“东营市牛庄中心医院”。这所医院是20世纪50年代末及60年代广饶、博兴、垦利等县方圆数百里的医疗中心。见政协东营区委员会文史资料委员会编：《东营区文史集粹》，中国文史出版社2006年版，第662—663页。

② 北镇，今滨州。山东省惠民区中心卫生院建于1950年5月27日，6月开诊，院址在惠民城里南门街原渤海区行署机关驻地，隶属山东省卫生厅与惠民区行政督察专员公署双重领导，系“医政合一”的全区性卫生行政与医疗机构。医院设有医政股、防疫股和妇幼保健股，负责全区卫生行政及医疗防疫、保健工作。医疗机构有医务部、门诊部和内科、外科、妇产科以及化验室、手术室、药房等，共有病床66张，职工68人。1952年10月，惠民区中心卫生院更名为惠民专区人民医院。1956年3月，惠民专区人民医院更名为惠民专区第一人民医院，并由惠民城里迁惠民专区机关新建驻地滨县北镇（今滨州），至此，全院有病床100张，职工131人，其中卫生技术人员77人。1958年10月，由于惠民专区与淄博市合并建立淄博专区，惠民专区第一人民医院遂更名为淄博专区第一人民医院。1960年1月，医院更名为淄博专区北镇中心医院。1961年1月，惠民专区恢复建置，淄博专区北镇中心医院更名为惠民专区北镇中心医院。9月30日，复名为惠民专区人民医院。至1965年，全院床位发展到245张，职工238人，其中医务人员158人。见滨州地区人民医院志编纂委员会编：《滨州地区人民医院志（1950—

块八毛钱。到那里一透，人家医生说："你这个孩子有肺炎，光吃点药不行。得住院打针。"我说："俺家离这里老远，在下镇那边。"他说："那你拿着针回家打去吧。"拿来了六针，俺就抱着她去下镇打。那时候针真管用，打上就很好了。①

在鲁中地区高而乡汤家村度过童年的王工兰回忆依靠西医治疗肾炎的场景：

我十一二上，俺五六个小妮去队里勒山楂芽，想着回来插山楂芽糊涂②。小队长撵开俺这伙了，人家不害怕，我害怕。因为他是小队长，俺爹是大队长，我怕他给俺爹说，俺爹揍我。吓得我一句话没说出来，也没哭上来，家去也不敢吱声。结果吓出肾炎来了。我浑身都肿起来了，还淌黄水，活过来死过去的，治不好。家里把老衣裳和鞋袜都给我做上了。到末了，俺叔叔说："咱死马当成活马医吧，上柳埠找那个先生去，治好就治好，治不好咱也不后悔。"那个先生上俺家来看了看，给我打的油脂青霉素，打了很多针才打好。那时候钱便宜，具体咱也不知道花了多少钱，可能是200块钱。为啥这样说？俺娘说过，大妮子递贴③咱多要200块钱，给她看病都花了。④

上述两位受访者，虽然身处地域不同、所得疾病亦不同，但她们自身求诊或带孩子求诊的经历具有三个共同特点。首先，她们最初求助的是传统治疗方法，这不仅与农民大众对传统治疗方法具有情感上的依赖有关，而且离不开传统治疗方法廉价、便利的特点。其次，与传统治

1999）》，齐鲁书社2000年版，第49—50页。

① 根据笔者于2017年5月20日在东营市垦利镇惠丰社区对白爱菊的访谈录音整理。

② 糊涂，地方方言，糊状的食物。

③ 递贴，定亲的意思。

④ 根据笔者于2017年5月31日在济南市仲宫镇张家村对王工兰的访谈录音整理。

疗方法的便利性形成鲜明对比，求助以西医为代表的现代性治疗具有诸多不便，白爱菊带女儿看病需要坐汽车往返、晚上住旅店，[①] 王工兰的叔叔请柳埠镇的医生到高而乡也费了一番周折。[②] 除了不便利，农民大众先传统后现代的求医逻辑，还表明当时他们对西医存在顾虑。早在 1951 年，平原省妇联福利部总结妇幼卫生工作时即指出，许多人认为“打针不顶事，而且是没病找病害”。[③] 经过近十年的社会发展，在 20 世纪 50 年代末、60 年代初这种认知虽然有所改观，但人们仍习惯在束手无策之际，抱“死马当活马医”的态度，求助西医。再次，依靠传统方法治疗不佳的病儿，被西医诊断为患有“肺炎”“肾炎”“淋巴结核”等鲜少听闻的疾病，经过油脂青霉素及其他消炎针剂治疗后痊愈，体现出救死扶危的特点。前后治疗效果对比，为理解西医在中国农村发展历史短暂的情况下，逐渐超越中医并成为大众主流治疗方法提供了一个答案。

这一阶段，国家宣传和提倡的现代治疗方法还有很多，如用 5%的弱蛋白银或用 5‰的硫酸锌溶液滴眼治疗红眼、用硫黄膏或 666 乳剂治疗疥疮、用 5%的白降汞软膏治疗癞头疮、用 5%的白降汞软膏或含有 2%的龙胆紫及 20%的酒精的水溶剂治疗脓包病……[④] 这些药物对于普通的农村家庭儿童而言虽然难得，但毕竟提供了一条有别于传统治疗方法的新途径，增加了儿童疾病的救治希望。

农村儿童难以获得现代医疗资源的背后，除了上文提及的农民大

---

① 根据笔者于 2017 年 5 月 20 日在东营市垦利镇惠丰社区对白爱菊的访谈录音整理。

② 根据笔者于 2017 年 5 月 31 日在济南市仲宫镇张家村对王工兰的访谈录音整理。

③ 《半年来妇幼卫生工作总结（初稿）》，1951 年 9 月 30 日，聊城市档案馆藏，0010—001—005—011。

④ 《农忙托儿组织保育人员训练教材提纲》，1952 年 7 月，山东省档案馆藏，A005—01—0020—006。

众对西医的认知顾虑及西医在发展初期本身所面临的药物紧缺问题，还与空间结构有关。依托于现代医疗机构的现代预防和治疗，在医疗物资分配上呈现出明显的城乡差异。医疗机构主要设立在城市，为城市人口提供了现代化治疗的便利；疫苗及其他现代化药物分配也是先城市后农村。这种城乡之别成为城市儿童的死亡率低于农村儿童的一个原因。

新中国成立后，由于政府介入儿童医疗卫生，山东农村社会在儿童常见病预防和治疗方面形成了小病求助土医与土方，大病求助现代化预防和治疗，偶尔求助巫术的模式。这种模式是国家与农村社会互构的结果。在“崇尚科学、破除迷信”的时代新风下，政府明令禁止巫术；在传统治疗方法具有一定效果且现代性医疗资源不能够满足农村社会需要的现实情况下，政府支持并补充土医与土方；在中共现代化治国理念和提高民众健康指数切实需要现代性预防和治疗的发展形势下，政府宣传和推广现代医学，建立以城市为中心的现代性医疗机构和农村基层社会医疗网。经过互构，尽管民间社会依然信奉巫术，但与之前相较，无论是次数还是力度均呈现出缩减的趋势。农村社会的医疗条件因此获得了较大改善。

第三节　托儿组织成为新法育儿的最佳实践场所

托儿组织作为新中国农村地区的一项新生事物，其新法育儿实践场所和儿童福利的性质是一个逐步确立的过程。在初期，农村托儿组织为满足农业生产对妇女劳动力的需要而设立，以保障受托儿童的生命安全为目的，新法育儿措施匮乏，以致影响到受托儿童的身体健康，进而影响到托儿组织的巩固和母亲们的生产劳动情绪。托儿组织的初期发展状况，促使山东省卫生行政部门及妇联认识和思考集体儿童保健的重要性，并把托儿组织选作新法育儿的最佳实践场。集体儿童保健的完善和发展，代表农村托儿组织经历了从安全育儿到卫生育儿的职能变迁，实现了以妇女福利为主到妇女儿童福利齐头并进的性质转向。托儿组织职能变迁和性质转向体现出国家对儿童的重视，以集体育儿取代个体育儿体现出国家把养育儿童纳入公共领域的努力。

由于对婴幼儿身体特殊性缺乏必要的认识，山东农村家庭在新中国初年依然普遍采用旧法育儿。托儿组织成为新法育儿的最佳实践场，逐渐采取符合婴幼儿身体发展规律的科学、卫生育儿方式，不仅为婴幼儿身体健康提供了保障，而且引导家庭改变传统育儿方法。尽管农村托儿组织在 1961 年退出历史舞台，但集体儿童保健所运用的饭前便后洗手、预防隔离、不咀嚼喂食、不喝生水、不吃生食等新法育儿方式，在民间得到了一定的传播。这些新法育儿方式与农村社会和家庭惯用的旧法育儿方式相结合，呈现出新旧并存的状态，发挥了现代性预防的效果，降低了婴幼儿患病率。

一、成立初衷：保障受托儿童生命安全

为恢复和发展经济，中国共产党在农村地区开展了以土地改革为首的一系列社会变革，老解放区土地改革更早，在 1947 年 10 月《中国土地法大纲》发布后即广泛开展起来。经过土地改革，妇女不仅获得了土地，而且被动员积极参加生产。社会变革对劳动力结构的调整，使妇女从家庭私领域进入社会公领域。在这种形势下，孩子照管成为公共社会问题，农村托儿组织应运而生。

农村托儿组织在初期主要有三种类型：一是以换工互助为特征的临时性农忙托儿组，二是以计工算账为特征的固定性农忙托儿组，三是具

备一定制度的农忙托儿所。其中，临时性农忙托儿组最先成立，数量最多。但是，这种托儿组织采用换工人情互助，没有做到计工划分，所以许多保育员在第二季不愿继续担任，托儿组也便难以为继。1951 年，爱国丰产运动期间，国家需要更多的农村妇女投入生产，以恢复和发展农业生产、支援工业原料和抗美援朝。不具备稳定性的临时性农忙托儿组显然无法满足社会发展需要。山东省妇联认为，影响临时性农忙托儿组巩固的关键是没有做到合理计工，违背了“双方有利、等价交换”的原则。所以，它在 1951 年提供了一种适用于农业生产且双方互利的托儿组织新类型——固定性农忙托儿组：老年妇女负责照管孩子，母亲们拿出一定的工分报酬。在推广固定性农忙托儿组的同时，山东省妇联还要求地方妇联选择生产基础好、妇女参加农业生产程度高的村庄创办更高级别托儿组织——农忙托儿所。莱阳县望岚口村的农忙托儿所是这一时期模范托儿所。与托儿组相比，农忙托儿所主要有比较健全的行政组织、比较合理的计工算账、比较完备的制度和比较好的保教工作四方面特点。①

无论是群众自发组织的临时性农忙托儿组，还是妇联创造的固定性农忙托儿组和农忙托儿所，成立的初衷都是为了保证受托儿童的生命安全，以缓解妇女参加劳动时的后顾之忧。首先，这些农村托儿组织以无人照管的孩子为主。② 爱国丰产运动开展初期，由于母亲参加劳动、无力照管孩子，婴幼儿伤亡事故频繁发生。因为伤亡事故极大地影响到母亲们的生产积极性，不利于“农村妇女运动要随着整个农民生产运动转入生产”的实施，所以，托儿组织招收无人照管的孩子以确保他们的

---

① 《关于农忙托儿组织情况报告》，1953 年，山东省档案馆藏，A005—01—0026—003。

② 《关于农忙托儿组织情况报告》，1953 年，山东省档案馆藏，A005—01—0026—003。

生命安全。[①] 其次，在组织形式方面，各托儿组织均实行 0—7 岁儿童混合照管。混养制忽视了婴儿和幼儿的身心发展区别，绝大多数受托儿童不能因龄受教。再次，在保育人员构成方面，各托儿组织均以无劳力或半劳力的老年妇女为主。老年妇女照看儿童，虽能保证儿童吃喝拉撒基本生理需要，但在教育和卫生方面均存有局限：她们多为文盲并采取传统的育儿方法，如咀嚼喂食，不利于儿童身体健康。

托儿组织的成立过程说明它是国家经济恢复的产物，是为了解决妇女参加生产和孩子无人照管的矛盾。从妇女和儿童的角度分别考察其作用可知，农村托儿组织在发生发展初期是一项以妇女福利为主的公共事业。对于妇女而言，她们能够进入公领域参加生产，为获得经济独立和争取解放创造必要条件；对于儿童而言，他们的生命安全虽得到保障，但与之前相比，生活并没有实质性改变。农村托儿组织在计工算账、建立制度方面与亲邻相帮、奶奶看孙子等传统照管儿童方式相区别，却依然延续着老百姓既有的育儿方法，育儿场所设在田间地头的树下或保育员家中，集体儿童保健措施几近空白。

发展初期的农村托儿组织仅仅是把儿童纳入公共领域，并没有采取新法育儿措施。由于与传统育儿认知一致，在经济利益的激励下，大多数村民配合上级要求，把儿童送至托儿组织进行集中照管。虽然偶尔有家长表示质疑，但也在党员模范带头示范和村干的政治规训下，放弃己见、跟随主流。如聊城专区莘县三区武呈集农忙托儿所成立时，妇女主任动员村民尹学莲把孩子送进托儿所，尹学莲说："今年杂灾多，孩子要是染上病，才不值哩！"妇女主任教育她："村干的孩子都送去了，不能娇惯孩子，要从抗美援朝、爱国生产出发。"[②]然而，随着农村托儿

① 中华全国妇女联合会编：《章蕴文集》，中国妇女出版社 1996 年版，第 76 页。

② 《莘县三区武呈集的农村托儿所是怎样组织起来的》，1951 年，聊城市档案馆藏，0010—001—006—048。

组织的发展巩固，新法育儿很快就具有了实施的必要性。

二、势在必行：将新法育儿引入托儿组织

为保障儿童生命安全而成立的托儿组织在巩固和发展方面遭遇了困难。实践表明："农忙托儿所要想巩固和扩大，最重要的问题是做好保教工作。"① 保教工作即保障儿童生命安全和身体健康，并给予儿童适当教育。然而，农村托儿组织成立的初衷是安全育儿，不仅未考虑卫生和教育问题，而且由于延续了不适合儿童集体生活的传统育儿方法，导致农村托儿组织卫生状况堪忧。

据聊城专区妇联 1951 年 8 月调查，无论是农忙托儿组还是农忙托儿所在卫生环境、收托儿童和保育人员方面均存在问题。在环境卫生方面，托儿组织房间狭小、空气不流通、室内不消毒、婴儿铺的东西又脏又薄；在收托儿童方面，不注意隔离患有传染病的儿童，只要是无人照管者均可入所；在保育人员方面，不仅身体不健康的老年妇女有机会进入保育队伍，而且普遍缺乏卫生及保育科学常识。② 脏乱封闭的环境本来就容易滋生病菌，携带病源的儿童和老年妇女还被纳入托儿组织，其后果可想而知，托儿组织成为皮肤病、麻疹、眼疾等传染病传播的温床。

托儿组织恶劣的卫生状况引起了妇联和卫生部门注意，他们试图通过培训保育员来改善。1951 年下半年各专区妇联对农忙托儿组织的调查使山东省妇联和卫生厅认识到："缺乏保健指导是农忙托儿组织中普遍存在的问题，从农忙托儿组织管理干部到保育人员均缺乏卫生保

① 《北山村的农忙托儿所是怎样组织起来的》，《山东妇女》1952 年第 6 期。

② 《儿童保育工作总结》，1951 年 8 月 24 日，聊城市档案馆藏，0010—001—006—025。

健知识。”① 于是，两部门纷纷把“加强保健指导、训练保育人员”纳入1952 年工作计划，并合编《农忙托儿组织保育人员训练教材提纲》和举办农忙托儿组织保育人员训练班。根据《教材提纲》可知，规定的培训内容体现出新法育儿，包括幼儿营养、幼儿常见病及预防、疾病护理、卫生习惯、家庭卫生、环境卫生等。② 在具体实践中，地方培训单位对规定的培训内容作出了调整。如莘县妇联、教育科、卫生科于1952 年 8 月 27 日开办的“农村托儿所幼稚园保姆训练班”，历时三天，培训内容为“看孩子也是抗美援朝”的思想动员、预防传染病基本方法、健康婴儿的发育和婴幼儿饮食习惯。③

1952 年的保育员培训开启了托儿组织引入现代卫生观念和建立集体儿童保健的阶段。这一阶段的卫生保健实践内容主要包括两个方面：第一个方面是以不喝生水、凉水和按时喝水、吃饭为内容的饮食卫生。莱西县夏家庄农忙托儿所组织家长轮流烧水以保证孩子喝热水，并在吃饭时间送孩子们回家吃饭。④ 第二个方面是以洗手、洗脸为内容的清洁卫生。泰安县十三区王昌州互助组保育员田秀英受训后，把自己的水缸和盆子搬到托儿组，给孩子洗手，洗脸，洗衣服。⑤ 虽然集体儿童保健实践内容简单，但却成为国家改变传统日常育儿方法、推广适合婴幼儿身体特征的育儿方式的开始。

---

① 《农忙托儿组织保育人员训练教材提纲》，1952 年 7 月，山东省档案馆藏，A005—01—0020—006。

② 《农忙托儿组织保育人员训练教材提纲》，1952 年 7 月，山东省档案馆藏，A005—01—0020—006。

③ 《莘县农村托儿所幼稚园保姆训练班总结》，1952 年，聊城市档案馆藏，0010—002—003—018。

④ 《夏家庄农忙托儿所是怎样发展起来的》，1953 年，聊城市档案馆藏，0010—002—010—026。

⑤ 《关于农忙托儿组织情况报告》，1953 年，山东省档案馆藏，A005—01—0026—003。

托儿组织内恶劣的卫生环境和频繁发生的传染病不仅引起了妇联和卫生部门的注意，而且引起了家长的不满。母亲们不愿继续送孩子入托或干脆采取把孩子领回家自己照管的抵制措施。[①]家长的行为与国家的做法具有本质区别，这些抵制措施并非源于对采取新法育儿和改进集体育儿方式的诉求，而国家则坚持把儿童纳入公育场所，并逐步实施符合儿童身体发展规律的育儿方式。也恰恰是在认识和措施上的分歧之处，国家开始引导家长形成新的育儿理念，改变传统育儿方法。

国家决定把现代卫生观念和集体儿童保健引入托儿组织，除了考虑妇女由公领域生产劳动回归私领域家务劳动将减少国家生产建设力量这一因素外，还与对儿童重要性的深化认识密不可分。可以说，农村托儿组织能够逐步转变发展策略，引入现代卫生观念，重视婴幼儿卫生保健，根本原因是随着社会主义建设事业的全面展开，国家越来越关注儿童的培养问题，并把儿童的培养纳入建立现代国家的议程之中。在1953年11月召开的第二次全国少年儿童工作会议上，胡耀邦同志重申了“儿童是社会主义建设者”的国家儿童观，并阐释了“社会主义建设者”的内涵，“社会主义的建设者，必须是具有高度文化科学知识、共产主义道德品质、健壮体魄的新型人物”[②]。所以，集体儿童保健关涉妇女和儿童两代劳动力的利益，关系到国家过渡时期的建设任务和工业化、现代化长远发展。

尽管1952年具有新法育儿色彩的集体儿童保健开始实践，但还有很大的提升空间。因为山东省仅有1116名农村保育干部和保育员参加了培训，而且部分受训人员是文盲，使受训效果打了折扣，饮食卫生和

---

① 《昌潍县牛家庄姜永贵农业生产合作社组织农村托儿组》，1955年6月，聊城市档案馆藏，0010—002—034—007。

② 胡耀邦：《热爱新的一代是共产主义的美德》，《人民日报》1954年1月15日。

清洁卫生最初仅在少数托儿组织内实施。[①]据1954年山东省卫生厅年度总结："妇幼卫生工作对儿童保健工作重视不足，甚至连集体儿童的保健工作也未能予以应有的重视，以致各种传染病在托儿所泛滥。"[②]

正是在集体儿童保健初期实践不足和上述认识指导下，从1955年开始，山东省卫生厅协同妇联着手改变妇幼卫生只重视新法接生、忽视新法育儿的状况，决定以加强农村托儿组织的保健工作为试行新法育儿的重点。[③]此后，农村托儿组织不再仅是解除母亲参加生产牵累、保障儿童生命安全的场所，而且被卫生部门视作推进妇幼卫生、实践新法育儿的重点。1952年开启的内容简单的仅在少数托儿组织内实施的集体儿童保健，伴随社会主义改造基本完成和社会主义制度的确立而得到初步完善。

三、进行调整：新法育儿的不断发展与完善

1955年冬1956年春，全国范围掀起农业合作化运动高潮，山东也不例外，截止到1956年6月，山东省入社农户占总农户的92%，其中有65%的农户已入高级社。[④]为了"在社会主义改造和社会主义建设高潮的基础上，给农业生产和农村工作的发展指出一个远景，作为全国农民和农业工作者的奋斗目标"，[⑤]中共中央委员会提出《1956年到1967

---

① 《妇幼福利工作情况总结》，1953年，山东省档案馆藏，A005—01—0026—004。

② 《山东省1954年妇幼卫生工作总结(草案)》，1955年3月28日，山东省档案馆藏，A034—02—0103—004。

③ 《山东省1955年妇幼卫生工作计划》，1955年3月28日，山东省档案馆藏，A034—02—0103—005。

④ 《山东省关于开展农忙托儿组织工作的报告》，1956年6月15日，山东省档案馆藏，A005—01—0059—004。

⑤ 《毛泽东文集》第7卷，人民出版社1999年版，第2页。

年全国农业发展纲要（草案）》。《纲要》对妇女劳动和农村托儿组织均提出了新要求："每一个农村女子全劳动力每年生产劳动的时间不少于120个工作日""农业生产合作社应当成立农忙托儿组织"。[①] 顺应发展形势，在已经把托儿组织确立为新法育儿最佳实践场所的基础上，山东省卫生厅和妇联对集体儿童保健进行初步完善，主要体现在组织形式、收托对象、保育人员三方面的规范。

在规范组织形式方面，托儿所和幼儿园依据收托对象的年龄分开组织，并确定托儿所以卫生保健为主要功能，幼儿园以思想教育为主要功能。这也是本节尽管以农村托儿所为研究对象，但却对1956年前的农村托儿组织进行整体论述的原因所在。1956年2月，中华人民共和国内务部、教育部、卫生部联合颁布的《关于托儿所幼儿园几个问题的联合通知》规定："托儿所和幼儿园应依儿童的年龄来划分，即收三周岁以下的儿童为托儿所，收三至六周岁的儿童为幼儿园"，"有关方针、政策、规章、制度、法令、教育计划、教育内容、教育方法、儿童保健等业务，在托儿所方面，则统一由卫生行政部门领导；幼儿园统一由教育行政部门领导"。[②] 山东省农村托儿组织虽然在执行依据儿童年龄收托方面具有一定的弹性，有的把收托儿童的年龄上限提高一岁，有的把收托儿童的年龄上限降低一岁，但基本上能做到依据年龄大小分别照管。也正因为此，山东省妇联关于农村托儿组织数量的统计，1956年前是把托儿所和幼儿园混合在一起，1956年后则按照两者类别分开（见表2—3—1）。

在规范收托对象方面，无人照管不再是唯一条件，身体健康、无传染病同样重要。拒收或隔离具有传染病的孩子，能够从源头上控制托

---

① 《1956年到1967年全国农业发展纲要（草案）》，《人民日报》1956年1月26日。

② 《教育部、卫生部、内务部关于托儿所幼儿园几个问题的联合通知》，1956年2月，山东省档案馆藏，A029—01—0418—002。

儿组织内传染病的发生和流行。1956年7月，聊城专区妇联明确要求托儿组织拒收和隔离患病儿童。① 随后，该区大多数托儿组织订立了制度，表示不再收托患有传染病的儿童，但碍于乡土人情，还是出现了违背规定的情况。比如莘县曹楼村保育员为了方便邻居下地挣工分，把领居家发烧的孩子领入园中。② 为了加强全省托儿组织和保育员的规范意识，山东省妇联于1956年12月强调：不得收托患有传染病的孩子；若发现孩子在托儿组织内生病，要及时隔离并通知家长医治。③

表2—3—1：山东省农村托儿组织1956—1959年发展情况

	托儿所数（处）	托儿数（个）	幼儿园数（处）	幼儿数（个）
1956年	36420	366485	6862	162476
1957年	17476	117360	3061	71391
1958年公社化前	122723	1290596	27159	627575
公社化至1959年6月	96852	2423918	74620	3016275

注：1958年公社化后的数字缺菏泽、招远两县及威海市的统计。
资料来源：《农村托儿组织发展情况》，1959年，山东省档案馆藏，A005—01—0113—003。

在规范保育人员方面，不仅业务技能培训被再次提上日程，而且提高了选拔标准。培训农村保育员被确定为1956年妇幼卫生工作的一项艰巨任务。④1956年3月山东省卫生厅在10个区分批培训了603人，

① 《关于整顿巩固和全面开展托儿组织工作的意见》，1956年7月8日，聊城市档案馆藏，0010—001—041—003。

② 《莘县曹楼村的幼儿园是如何整顿与巩固起来的》，1956年8月，聊城市档案馆藏，0010—002—069—018。

③ 《保育骨干训练教材提纲》，1956年12月10日，聊城市档案馆藏，0010—002—051—001。

④ 《下发"保育员训练教材提纲"（草稿）的函》，1956年3月6日，山东省档案馆藏，A034—00—0177—002。

之后，县妇联和卫生部门依据培训提纲继续组织培训。[①]截止到1956年5月，全省受训保育人员约占总人数的30.6%。[②]在培训内容方面，1956年的培训增添了给婴儿使用柔软干净的尿布、不给幼儿穿开裆裤等新内容，并注意到男女、大小儿童在卫生保健方面的差异。[③]由此可见，新一轮的培训在受训数量和培训内容方面均较1952年有所提升。另外，山东省卫生厅还要求提高保育人员身体素质并加入青壮年妇女力量以调整人员结构。山东省卫生厅规定："选择保育员的条件，主要是无传染病、耐心喜爱孩子，尽可能地发动几个半劳力的高小或初小毕业生受训，并参加托儿组织的工作，以便经常地传授保育常识。"[④]在执行保育员选拔条件上，各农村托儿组织基本做到身体健康、无传染病，经过教育后能掌握简单的卫生知识。[⑤]

这一阶段，新法育儿实践效果具有多面性。与1956年前比较，保育员在贯彻新法育儿的内容方面并没有太大改进，不喝生水、不吃生食、饭前便后洗手、按时吃饭依然是主要内容；但在贯彻的力度和广度上，因公社的物资照顾和保育员考核标准的调整而增强。公社照顾清洁卫生和饮食卫生用品，为托儿组织实施新法育儿提供了物质条件。"勤俭办社"指示下达前，托儿所的脸盆、热水瓶、毛巾、小床等用品主要由公社承担；"勤俭办社"指示下达后，这些用品虽然改为依靠群众解

---

① 《关于开展农忙托儿组织工作的报告》，1956年6月4日，山东省档案馆藏，A005—01—0056—002。

② 《关于开展农忙托儿组织工作的报告》，1956年6月4日，山东省档案馆藏，A005—01—0056—002。

③ 《保育员训练教材提纲（草稿）》，1956年3月6日，山东省档案馆藏，A034—00—0177—001。

④ 《保育员训练教材提纲（草稿）》，1956年3月6日，山东省档案馆藏，A034—00—0177—001。

⑤ 《关于农忙托儿组织开展工作情况向地委、省妇联的报告》，1956年5月3日，聊城市档案馆藏，0004—002—044—010。

决，但公社也会给予适当的照顾。如蓬莱县刘沟区张李村托儿所群众解决热水瓶、床铺、凳子、桌子，公社提供一把苕帚、四个乒乓球、十八个小皮球、一座空屋子，还每天拿出二斤煤给儿童烧水喝。[①] 另外，新法育儿的实践效果成为考核奖惩保育人员的依据，甚至直接关系到工分收入。高唐县妇联规定："保育员不能让儿童吃冷食、喝冷水、坐冷地，否则批评教育、扣工分。"[②]

集体儿童保健的初步完善是国家认识到新法育儿之于托儿组织巩固和发展的重要性，并结合农业农村在社会主义建设时期对妇女和儿童两代劳动力的要求而形成的结果。1956 年 9 月，山东省妇联对农村托儿组织的任务和性质进行重新定义："农村托儿组织，是农业生产合作社为解决女社员生产时孩子无人照管的困难；保证儿童的安全和健康，并使之受到合理的教养……它是农业生产合作社的一项集体福利事业，也是农村文化建设事业中的一项不可缺少的工作。"[③] 与 1953 年《山东妇女》把农村托儿组织的任务定义为"解决母亲参加生产孩子在家无人管的苦难，使母亲们能安心生产，保护孩子的安全"[④] 相比，"健康"和"教育"被明确提出。

"大跃进"时期，农村托儿组织的发展趋势和爱国卫生运动对集体儿童保健的要求，促使新法育儿进一步发展并走向广泛实践。农村托儿组织不仅数量大幅度增加，而且在托管形式上为适应生活集体化[⑤]，呈

---

① 《张瑞兰同志的发言稿蓬莱县刘沟区张李村农业社保育员》，1956 年，聊城市档案馆藏，0009—002—037—008。

② 《高唐县妇联关于目前托儿组织的情况问题和今后意见》，1956 年 4 月 7 日，聊城市档案馆藏，0010—002—059—013。

③ 《农村托儿组织暂行管理办法（草案）》，1956 年 9 月，山东省档案馆藏，A005—01—0059—001。

④ 《纪念"六一"国际儿童节大力开展农忙托儿组织》，《山东妇女》1953 年第 6 期。

⑤ 组织军事化、行动战斗化、生活集体化是人民公社化运动的口号。"所谓生活集体化，就是人民公社不仅是生产组织者，也是生活的组织者。人民公社普遍兴办公共食

现出由分散托管向集中托管、由整日制向寄宿制、由部分入托向全体入托的发展趋势。这种发展趋势对集体儿童保健提出更高要求。山东省卫生厅规定："必须使保育人员学会和掌握新法育儿知识，贯彻'预防为主'的精神，结合爱国卫生运动的开展，搞好幼、托儿童保健工作。"① 其制定的《关于人民公社托儿所、幼儿园的若干问题的意见（草案）》成为这一阶段农村托儿所卫生保健活动的指南。

第一，建立"三查""四早一好""四接种"和民间偏方相结合的预防制度。由于儿童集体生活易带来疾病、传染危险，且传染病对儿童威胁严重，所以"托儿所保健工作首先应当抓紧的问题是：与各种急性传染病（最常见的是麻疹、水痘）等作斗争"②。托儿所与传染病作斗争，需贯彻"预防为主"的方针，具体而言，即做到三查（入所前体格检查、定期健康检查、晨间检查）、四早一好（早发现，早报告，早隔离，早治疗和护理好）、四接种（牛痘，白喉，百日咳，卡介苗）。③ 山东省卫生厅要求托儿组织按时组织儿童进行牛痘、卡介苗、白喉、百日咳预防接种，④ 但受限于农村物质和医疗条件，只有牛痘接种基本实现。相较于四接种，其他预防措施可操作性更强。在三查方面，入所前体格检查与定期健康检查的内容略同，"包括身长、体重、心、肺、五官、皮肤是否正常，儿童及家庭内有无传染病患者"⑤。这两项检查均由

堂、幼儿园、托儿所、缝纫组、理发室、公共浴室、敬老院等，想以此节省劳动力，并培养社员的集体主义、共产主义精神。"见何沁主编：《中华人民共和国史》第3版，高等教育出版社2009年版，第133页。

① 《依靠党的领导做好妇幼卫生工作》，《山东卫生》1958年10月5日。

② 《儿童保健工作参考资料》，1958年10月，山东省档案馆藏，A034—02—0176—002。

③ 《巩固提高农村产院加强儿童保健工作》，《山东卫生》1959年4月26日。

④ 《儿童保健工作参考资料（山东省儿童保健工作青岛现场会议专辑）》，1958年10月，山东省档案馆藏，A034—02—0176—001。

⑤ 《儿童保健工作参考资料（山东省儿童保健工作青岛现场会议专辑）》，1958年

医务人员进行，需要卫生所和托儿所建立卫生保健合作。晨间检查“即每天早晨查看儿童的眼睛、耳朵、喉头、皮肤和儿童的面色精神是否正常，如有条件可测量体温，对37.5℃以上者进行隔离观察”①。晨间检查可由受过训练的保育员独立完成，即便是没有文化的保育员也能设法实践，如大杨庄托儿所保育员不会写字，做晨检记录时，对身体正常的孩子划个“—”号，不正常的划个“十”号。②检查是实现四早一好的前提，一旦检查发现患病儿童，保育员就应告知家长领回家治疗，以免传染给所内其他孩子。在传染病流行期间，保育员还要求托儿所与外界隔离、本村儿童与外村儿童隔离。另外，保育员还使用一些民间偏方预防传染病，如在流感期间给孩子服白菜根煮水，③在麻疹流行季节给孩子服紫草根煎水、④茅草根煎水、⑤胎盘粉。⑥

第二，培养婴幼儿以流动水洗手、定期剪指甲、不穿土裤子等卫生习惯。首先，培养儿童饭前便后要洗手的卫生习惯虽然推广已久，但托儿组织内的传染病却屡控不止，其中一个重要原因是洗手方式不适合

10月，山东省档案馆藏，A034—02—0176—001。

① 《儿童保健工作参考资料（山东省儿童保健工作青岛现场会议专辑）》，1958年10月，山东省档案馆藏，A034—02—0176—001。

② 朱杰臣：《孩子哈哈笑妈妈干劲高》，《大众日报》1959年1月10日。

③ 《从加强儿童保健工作着手介绍南岩子口村托儿所巩固提供的经验》，《山东卫生》1959年3月29日。

④ 翟淑君：《一个农业社的托儿所》，《山东卫生》1958年9月28日。另据1959年3月举行的山东省儿童福利工作积极分子代表会议《授奖情况人员统计表》记载：临沂专区郯城县李庄人民公社大哨耕作区大哨村托儿所、临沂专区莒南爱国人民公社托儿所、烟台专区栖霞县城镇公社第四耕作区南岩子口村托儿所等均在麻疹流行期间给孩子服用紫草根煎水。见《授奖情况人员统计表》，1959年3月1日，山东省档案馆藏，A005—01—0101—036。

⑤ 《红色保育员——李桂兰》，1960年5月20日，聊城市档案馆藏，0010—001—064—006。

⑥ 《从加强儿童保健工作着手介绍南岩子口村托儿所巩固提供的经验》，《山东卫生》1959年3月29日。

儿童集体生活。以托儿所里最常见的眼病——砂眼和结膜炎——为例，因砂眼和结膜炎主要是个人不讲卫生所致，所以很多孩子在一个盆子里洗脸且共用一条毛巾易引发。“大跃进”时期，官方倡导的儿童饭前便后洗手方法细化到采取一人一盆一巾制或流水化：“每个孩子都应用自己的手巾和洗脸盆，手巾要经常洗和晒，脸盆用过后也要擦干净；如果经济条件不允许，可采用流水洗脸法，以防止相互传染。”[①]流水洗脸法经济实用，保育员利用泥壶、瓷罐、竹管等改装代替水龙头，达到流水洗手脸的目的，用以培养儿童的卫生习惯。[②]其次，定期给儿童剪指甲、洗澡、理发等原本属于家长的事情，也在这一阶段列入保育员工作范围。1959年3月，山东省福利工作积极分子代表会议向全省保育员发出倡议，在全托和日托型托儿所均要尽可能地做到四包：“一包照顾吃饭，二包给孩子理发、洗澡，三包给孩子拆洗缝补，四包对病儿的护理。”[③]这些看似普通的替代母职的规定，在当时远远超出农村家庭对儿童日常清洁程度，特别是定期剪指甲。因为民间流传着经常给小孩剪指甲会导致小孩变成哑巴的迷信，所以家长给孩子剪指甲不及时，导致孩子指甲里面藏着脏东西。孩子若吸吮手指或咬指甲，容易生肠胃病。[④]在患脓包病时，孩子用长指甲搔抓皮肤，不仅会造成脓包糜烂，而且会通过手指把病菌带到别处皮肤上，又会造成新的脓疱。[⑤]再次，废除沙

① 《预防孩子得眼病——有托组织和父母要注意孩子个人卫生》，《山东卫生》1959年1月18日。

② 《儿童保健工作参考资料（山东省儿童保健工作青岛现场会议专辑）》，1958年10月，山东省档案馆藏，A034—02—0176—001。

③ 《省儿童福利工作积极分子代表会议向全省儿童福利工作者的倡议书》，《大众日报》1959年3月6日。

④ 中华人民共和国卫生部妇幼卫生司儿童卫生科编：《新法育儿》，人民卫生出版社1954年版，第17—18页。

⑤ 《和保育员谈防治儿童脓包病》，《山东卫生》1959年5月3日。

土布袋[①]成为卫生习惯培养重点。在托儿组织成立初期，沙土布袋被视作必需设备。[②]但这种育儿方法不利于婴儿身体健康。据单县妇联调查，很多睡沙土袋的孩子都得了钩虫病。[③]1956年发布的《保育员训练教材提纲（草稿）》虽然提倡使用尿布，但并未对沙土布袋明令禁止。“大跃进”期间，山东省卫生厅明确要求：“苦战两个月，使幼托组织改变穿沙土布袋和嚼食喂孩子的不良习惯。”[④]在上级指导下，单县王小庄农忙托儿所、莱阳南墅人民公社皮家园村托儿所等把革除沙土布袋作为工作准则。

第三，建立儿童食堂，拒绝咀嚼喂食，实行一人一碗一匙以确保饮食卫生。自1956年托儿所确定整日制的办所形式后，母乳期的婴儿主要依靠母亲来所喂奶，不仅耽误了母亲参加生产劳动，而且导致孩子因母乳不及时或缺少辅食而营养不良、面黄肌瘦；[⑤]年龄稍大儿童的午饭主要依靠自带，所带大多是馒头、饼子、地瓜等干硬且不好消化的食物，有时还忘了带，以致不能做到按时吃饭，多生肠胃病。[⑥]个别社发现受托儿童饮食存在问题后会提供一定的辅助，如即墨县张式瑞农业生产合作社就给农忙托儿所辅助小米面菜汤、饼干（吃奶孩子用），还辅

---

① 沙土布袋是黄河中下游及黄河故道地区世代流传的一种育儿习俗，主要方法是把黄河冲积的细沙烫热后装在布袋里为婴儿接屎接尿。因为农家每日三餐才烧火，烧火时才有可能烫土，所以布袋沙土一般每天换三次，也有每天换二次或一次的。这种育婴方法不仅能够省去家长裁剪和换洗尿布的麻烦，而且能够利用沙土的重量防止孩子乱跑乱动。见万建中：《中国民俗通志·生养志》，山东教育出版社2005年版，第311—312页。

② 《儿童保育工作总结》，1951年，聊城市档案馆藏，0010—001—006—025。

③ 《农村妇幼卫生座谈会汇报内容》，1956年5月8日，山东省档案馆藏，A034—02—0103—023。

④ 《山东省儿童保健工作青岛现场会议决议》，《山东卫生》1958年10月30日。

⑤ 《武家花园托儿所卫生好》，《山东卫生》1959年1月1日。

⑥ 《儿童保健工作参考资料（山东省儿童保健工作青岛现场会议专辑）》，1958年10月，山东省档案馆藏，A034—02—0176—001。

助少许社内生产的苹果、西红柿。[①]对于张式瑞农业生产合作社提供辅助的做法，1956年4月29日召开的山东省专、县妇联主任扩大会议上认为："在勤俭办一切的原则下，一般社不宜推广。"[②]但在"大跃进"期间，托儿所儿童饮食供给方式发生了改变，"为了改善儿童的饮食，使孩子吃的好、吃的饱、吃的干净卫生，不少地区普遍建立了幼儿食堂，有的单独设立，有的是在公社食堂内单做"。[③]高唐县武家花园人民公社托儿所为乳婴儿用小米和黄豆创制了代乳粉；[④]栖霞县城镇公社第四耕作区托儿所给一周岁左右的孩子提供面条、面片、苞米稀饭、高粱面粥、混合炒面以及各种菜泥儿等软饭，给较大的孩子提供用各种粗粮做成的花式多样的糕、卷子等，保证每顿有干粮和稀饭。[⑤]1959年，山东省卫生厅继续推行1958年的做法，规定："有条件的地区尽可能单独建立儿童食堂或在社员食堂里单给儿童做，已设儿童食堂的地方要经常加强管理并及时总结经验推广。对七个月以上的孩子应强调加副食，做好断奶前的准备。孩子的饮食营养调配，要根据经济条件与物质条件制作适宜于孩子消化的饭菜，坚决克服嚼食喂孩子的不良习惯。"[⑥]在饮食卫生中，因之前不时发生保育员用嘴嚼东西喂孩子，导致托儿所一个孩子生病，全所孩子都被传染的事情，所以废除咀嚼喂食被重点强调。[⑦]废

① 《即墨县张式瑞农业生产合作社农忙托儿所是怎样组织起来的》，1956年，聊城市档案馆藏，0010—002—049—018。

② 《即墨县张式瑞农业生产合作社农忙托儿所是怎样组织起来的》，1956年，聊城市档案馆藏，0010—002—049—018。

③ 《山东省1958年妇幼卫生工作总结》，1959年4月，山东省档案馆藏，A034—00—0276—003。

④ 《武家花园托儿所卫生好》，《山东卫生》1959年1月1日。

⑤ 《从加强儿童保健工作着手介绍南岩子口村托儿所巩固提供的经验》，《山东卫生》1959年3月29日。

⑥ 《山东省1959年妇幼卫生工作计划（修订稿）》，1958年，山东省档案馆藏，A034—00—0276—004。

⑦ 《农忙托儿组织专题报告（初稿）》，1956年11月18日，山东省档案馆藏，

除咀嚼喂食，对保育员和炊事员均附带要求："保育员在喂食婴幼儿时要用羹匙，并做到一人一碗一勺""炊事员在洗净儿童食具后煮沸或用开水烫"①。

第四，帮助婴幼儿适应按时饮食、大小便、睡觉等规律化生活。《关于人民公社托儿所、幼儿园的若干问题的意见（草案）》对婴幼儿饮食卫生的规定和对不随地大小便卫生习惯的培养都要求按时。在饮食方面，七八个月以下的婴儿要每3—4小时吃母奶一次，8个月—1周岁的婴儿可以适当地减少喂奶次数，每日加喂2—3次辅食，一周岁以上的幼儿，每日要有三餐一点；在排泄方面，6个月以上的婴儿要按时把尿，一周岁以上的儿童要养成按时到厕所大便的习惯；在睡眠方面，儿童要养成午睡的习惯。②托儿所安排每天作息时间，不仅便于培养儿童的卫生意识，养成有规律的生活习惯，也可以保证儿童的正常发育，同时便于管理，使保育员得到适当休息。③在实践层面，儿童食堂的建立和废除沙土布袋的推广为儿童适应规律化生活提供了条件。如平度县灰埠公社吕家集托儿所对未断奶的婴儿按时用奶瓶喂米汤，略大些的孩子每日吃饭五次，具体饮食时间安排：早七点，大米或小米稀饭；十点，鸡子饼、糖饼或馒头；十三点，面条；十五点，大米或小米稀饭；十八点，糖饼或馒头。④

"大跃进"时期，农村托儿组织广泛开展的新法育儿实践有值得肯

A005—01—0059—003。

① 《儿童保健工作参考资料（山东省儿童保健工作青岛现场会议专辑）》，1958年10月，山东省档案馆藏，A034—02—0176—001。

② 《儿童保健工作参考资料（山东省儿童保健工作青岛现场会议专辑）》，1958年10月，山东省档案馆藏，A034—02—0176—001。

③ 《我社妇幼保健工作跃进情况和经验：青岛市崂山郊区金星人民公社》，《山东卫生》1958年11月2日。

④ 《决心把青春献给孩子们当一辈子教养员——平度县灰埠公社吕家集教养员吕岳臻同志发言稿》，1959年3月，山东省档案馆藏，A005—01—0101—029。

定的一面。与过去相比，新法育儿在预防制度、卫生习惯、饮食卫生和规律化生活方面均增添了许多新内容。具备科学性、卫生性的新法育儿取代不合理的传统育儿方式，体现出个体本位儿童观，也确实具有保障儿童身体健康的作用。

这一阶段农村托儿组织所采取的诸多新法育儿实践体现出明显的儿童福利性质，把国家对儿童的重视推向新的高度。人民公社化时期农村托儿所和幼儿园的任务和性质被定义为："中国共产党、人民公社直接领导下的儿童福利事业。它的任务是对7岁以下的儿童进行全面发展的共产主义教育和科学的保健，使儿童从小就养成良好的生活习惯，培养儿童热爱祖国、热爱劳动、热爱集体的思想，使他们成为诚实、勇敢、活泼健壮、身心健康的共产主义的接班人；彻底解放妇女的劳动力，使母亲积极投入工农业生产大跃进，以巩固人民公社和加速社会主义建设。"① 托儿组织所具备的培养社会主义接班人的作用和解放妇女劳动力的作用同时得到强调，甚至由二者的先后顺序推知，培养接班人先于解放妇女劳动力。

但是，作为"一平二调"②的产物，实行全部入托、寄宿制、集中托管的托儿组织是共产主义社会的试验田，注定不能长存；而且因为不符合生产力发展水平，在当时就产生了不良影响。在政策要求下，集中托管取代分散托管成为托儿组织的主要组织办法。然而，绝大多数托儿所不具备单县王小庄托儿所、崂山金星人民公社托儿所等模范托儿所的卫生条件和师资力量，它们所能做到的是在原有的不喝生水、不吃生

---

① 《农村托儿所、幼儿园工作暂行条例（草案）》，1959年3月，山东省档案馆藏，A005—01—0095。

② "一平二调"是人民公社化运动"左"倾错误的一种表现。"平"即平均主义，"调"即无偿调拨，二者构成了"共产风"的主要内容。见中共中央党史研究室第二研究部：《〈中国共产党历史〉第二卷注释集》，中共党史出版社2012年版，第117页。

食、按时吃饭的基础上，尽量采取用流动水洗手、废除沙土布袋、晨间检查等卫生措施，但基本无法达到一巾一碗一匙且每天清洗消毒的卫生要求。托儿所的卫生保健措施不能适应集中托管的形式，在一定程度上导致了1958—1959年全国麻疹大流行。[①]

四、新法育儿在民间被广泛接受

农村托儿所作为托儿组织的一种形式，在1959年春开始出现垮台，虽然试图恢复但收效甚微，并伴随秋季“大饥荒”逐渐退出历史舞台。1959年春，部分农村地区出现了粮食紧张，外加第二次郑州会议提出调整人民公社体制、权力下放问题，导致为解放妇女劳动力、保护儿童健康与安全而成立的托儿所连同1958年大放托儿卫星、赶任务或应付上级参观检查而建立的形式主义的托儿所一并垮台。据全国妇联统计：“湖北新洲、应城、麻城、宜昌、云梦、竹溪、黄岗、孝感等县多数垮了75%以上，甚至全部垮台。”[②]山东地区济宁、聊城两个专区农村托儿组织垮台特别严重。[③]针对托儿组织垮台问题，山东各级妇联尽管采取了恢复调整措施，但由于工作被动，恢复整顿非常吃力，截止到1959年6月仍然进度不快。[④]秋季“大饥荒”的到来，再次加剧了托儿组织的垮台。据1961年全国妇联的调查发现：“大部分地方的大部分托儿组

① 中国青少年研究中心主编：《百年中国儿童》，新世纪出版社2000年版，第59页。

② 《关于整顿和恢复农村托儿组织的意见》，1959年6月14日，山东省档案馆藏，A005—01—0095—001。

③ 《当前农村托儿组织工作情况报告》，1959年6月19日，山东省档案馆藏，A005—01—0102—004。

④ 《当前农村托儿组织工作情况报告》，1959年6月19日，山东省档案馆藏，A005—01—0102—004。

织已经解散。”[①]到1962年，档案资料和报纸期刊已鲜有关于农村托儿所的文字记载。

在托儿组织退出历史舞台的过程中，儿童照管也随之逐渐回归到小型的分散的组织形式或奶奶看孙子、亲邻相帮的传统模式。虽然儿童照管形式和场所回归传统，但照管理念和方法已经不同于从前。集体儿童保健所运用的新法育儿方式在民间得到一定的传播。

托儿组织对新法育儿的实践为家长运用科学常识和卫生知识养育孩子作出示范。家长通过借鉴托儿组织推行的不喝生水、不吃生食、不咀嚼喂食、饭前便后洗手等饮食卫生和清洁卫生措施，改变了传统的育儿方法。正如德县十一区孙家社黄金枝所说：“我孩子爱喝凉水，我以前直接从缸内舀出来给她喝，现在我才知道，喝生水容易使孩子生病、泻肚，以后不让她喝了。”[②]

新法育儿的许多措施要求家长与托儿组织合作完成，从而深化了家长对卫生育儿方法的认识。在诸多合作措施中，预防隔离最为典型。无论是把生病的孩子从托儿所领回家，还是把未生病的孩子暂寄在托儿所以达到和家中生病孩子隔离的目的，家长通过切实配合托儿所实行隔离制度明白了在传染病流行期间不能带孩子走亲访友，若发现孩子患传染病应及时治疗。

受到培训的保育员身兼新法育儿宣传员，把新法育儿的理念和方法传播给家长。《农忙托儿组织保育人员训练教材提纲》规定的培训内容，远远超出保育人员的工作内容范围，包含了许多母亲育儿知识，如喂奶

① 《中央转发全国妇联党组关于农村妇女劳动保护政策和农村托儿组织问题的两个报告》，1961年7月20日，聊城市档案馆藏，0004—002—207—030。

② 《德县农忙托儿组专题座谈会总结报告》，1954年8月15日，聊城市档案馆藏，0010—002—022—019。

时先洗洗奶头、喂奶后轻轻地拍拍背。① 之所以如此，是因为培训部门希望通过保育人员向群众宣传新法育儿，以提高大家的卫生常识。② 由此可知，保育员不仅被定位为新法育儿的实践者，而且被赋予宣传员的身份。保教人员培训完成后，借助家访、母亲会、托管委员会等方式把新法育儿的方法告诉母亲，如尹集、玻璃寺、刘桥等村保育员定期召开母亲会，增长群众的卫生育儿知识。③

可见，中国共产党人将现代卫生观念引入托儿组织的努力，并没有随着农村托儿组织在形式上的消失而“不见踪迹”。以“卫生保健”为主要内容的现代育儿观念，逐渐被越来越多的老百姓所接受。但因为新法育儿实践时间短暂，本身不足以对根基深厚的旧法育儿形成强烈冲击，何况育儿方式和观念的改变需要一个漫长的适应过程，使农村社会呈现出新旧育儿方法并存的状况。这一时期，农村社会主要吸纳了易于操作的新法育儿措施，如不喝生水、不吃生食的饮食卫生和洗手、洗脸的清洁卫生，至于不穿开裆裤、不咀嚼喂食、不睡沙土布袋等内容则逐渐被老百姓淡忘。尽管托儿组织只把部分新法育儿渗透民间，但在客观上有助于降低儿童患病率。

集体儿童保健的建立与完善，是解放妇女劳动力和培养社会主义接班人共同作用的结果。由于生理构造和社会性别分工，生育和养育的家庭责任主要由母亲承担。建立和完善集体儿童保健以巩固和发展托儿组织，能够为母亲们进入公领域、参加生产劳动提供条件。这是影响新中国建设的现实因素，也是直接因素。但中国共产党对国家建设道路有

① 《农忙托儿组织保育人员训练教材提纲》，1952 年 7 月，山东省档案馆藏，A005—01—0020—006。

② 《关于农忙托儿组织情况报告》，1953 年，山东省档案馆藏，A005—01—0026—003。

③ 《高唐妇幼保健工作成绩显著》，《山东卫生》1959 年 3 月 15 日。

长远规划和目标，儿童作为社会主义事业的建设者和接班人，需要从小具有健壮的体魄。所以，托儿组织的发展、集体卫生保健制度的完善关系到两代劳动力的利益，兼具妇女福利和儿童福利两种性质。随着国家建设的推进，托儿组织所具有的培养接班人的作用和儿童福利的性质逐渐增强，甚至在“跑步进入共产主义”的“大跃进”时期，反超解放妇女劳动力和妇女福利。

不仅国家推行的新法育儿措施影响民众育儿方式，起到现代性预防的效果，国家对儿童群体态度也引导农村社会和家庭重新定位儿童。托儿组织福利性质的变化和日益增加的新法育儿措施，体现出国家对儿童群体特有的关爱与重视。

小　结

为了保障社会主义建设者和接班人身体健康，国家着重推行降低新生儿破伤风的新法接生、应对儿童常见病的现代性预防与治疗、避免婴幼儿生病的新法育儿。这些措施在育儿方法与观念两个方面冲击了家族本位儿童观主导下的传统育儿模式。就育儿方法而言，国家通过改造和培训接生员、制裁巫婆、补充宣传偏方、建立医疗机构、依托托儿组织开展新法育儿等方式，把与儿童相关的生育、养育纳入国家卫生管理体系，改善了不利于儿童身体健康的生育、养育方式。就观念而言，新法接生和取缔巫术打破了“生死有命”的天命论，赋予家长呵护孩子的义务与责任；明显向儿童群体倾斜的疫苗等现代性医疗物资分配，颠覆了民间社会“长者本位”的伦理道德秩序；政策宣传对托儿组织的福利性质定位，由以妇女福利为主到妇女福利与儿童福利并存，甚至出现了儿童福利置于妇女福利之上的倒置性表述。这些有别于传统的家庭生育和养育模式的方法与观念，不仅体现出国家对儿童的重视，而且从法律、医疗等方面打破了儿童为家庭私有财产的合理性与正当性。

由于国家推行的有助于儿童身体健康的措施，与人丁兴旺、子孙延绵的传统家庭育儿目的相契合，所以，山东农村社会和民众在明确卫生与保健措施的效果后，鲜少进行对抗，而是在思想上接纳了这些具有现代性的卫生观念和育儿方法，并主要基于经济因素在实践层面与其进行调和，最终形成了新旧交织的接生方式、儿童常见病预防和治疗模式、育儿方式。

尽管国家推行的儿童卫生与保健措施主要服务于国家建设需要，民众接纳的现代卫生观念和育儿方法主要服务于人丁兴旺的家庭目的，但这些观念、方法及措施因为具有科学性，注意到儿童身体的特殊性，切实改善了儿童的身体健康状况，而附带着一定的个人本位儿童观并促进其发展。据统计，1949 年我国婴儿死亡率为 200‰，1954 年为 138.5‰，1958 年为 80.8‰，1959 年为 70‰，1960 年为 150‰。① 除去三年困难时期，婴儿死亡率持续走低。

① 中国青少年研究中心主编：《百年中国儿童》，新世纪出版社 2000 年版，第 72 页。

第三章　立足学校主阵地的农村儿童教育

国家把儿童纳入公育体系，施以符合建设需要的文化和思想教育，是实现现代化发展目标的重要保障。党的七届二中全会明确，发展生产、加强建设是巩固政权的关键所在。自此，工业现代化、农业现代化不断得到强调。若要实现现代化，国家必须培养与之相适应的建设者。1950 年 4 月召开的第一次全国少年儿童工作干部大会指出："今天的少年儿童就是明天的新民主主义社会、社会主义社会乃至共产主义社会的建设者。"[①] 在 1953 年 11 月召开的第二次全国少年儿童工作会议上，胡耀邦同志系统阐释了儿童具有文化科学知识和共产主义道德品质对于现代化建设的重要性，进一步明晰了儿童教育与现代化的联系。[②]

在基础教育尚未得到普及的新中国早期，中国共产党和教育行政部门针对农村儿童开展的教育活动分为校内和校外两部分，其中学校是教育活动开展的主阵地。学校教育由受过培训的教师承担，而且具有制度化、系统性、稳定性等特点，易于贯彻教育方针。通过研究学校教育，可以知道这一时期农村儿童的教育理念和具体措施概貌。校外教育则不同，由于校外儿童比较分散，组织管理难度大，其所开展的教育活动不仅数量有限，而且缺乏体系。因此，本章以学校教育作为研究重点。

---

① 郭沫若：《为小朋友写作——在第一次全国少年儿童工作干部大会上的讲话摘要》，《人民日报》1950 年 6 月 1 日。

② 胡耀邦：《热爱新的一代是共产主义的美德——在第二次全国少年儿童工作会议上的总结》，《大众日报》1954 年 1 月 20 日。

村民们对小学教育并不陌生。正如笔者在第一章所提到的，为了让男孩实现光宗耀祖的目的或担当起家中顶梁柱的作用，农村社会早已形成供男孩入私塾、受教育的传统。1949年前，私塾是山东农村儿童获得基础教育的主要场所。在私塾教育中，塾师采用填鸭式教学，让学生背诵儒家经典。至于幼儿园教育，多数村民对此闻所未闻。农村社会缺少幼儿教育的公共场所，家长也没有认识到对幼儿进行教育的必要性。

1949年后，农村社会奉行了上千年的传统教育模式被国家彻底改变。为了培养合格的社会主义建设者和接班人，国家把受教育群体的范围扩大、年龄下移，吸纳原本由家庭放养的幼儿进入公育场所，并极力普及小学教育。无论是幼儿园教育还是小学教育，均开始采取符合儿童认知规律的现代教育方式，注重教师讲解和与实践结合，教育内容根据国家政治经济发展的需要而设置、调整。

本章对新中国早期山东农村儿童教育的探讨以幼儿园教育和小学教育为研究对象，试图解决以下问题：在村民对幼儿公育缺乏了解、对普及教育缺乏认同感的情况下，国家如何把儿童从家庭私领域纳入学校公领域；为了培养社会主义事业的建设者和接班人，幼儿园和小学分别跟随社会变革洪流开展了哪些教育活动；家长对有悖于传统的教育持何种态度；儿童自身在教育转型中有何反应；学校教育又对儿童、家庭及农村社会产生了怎样的影响？

本章以为，由于对幼儿教育缺乏认识，家长较少干预幼儿园活动，主要对教养员素养和“食宿集体化”表现出担忧。幼儿园教育不仅使受托儿童度过了一个红色童年，而且使集体物资向儿童倾斜。这些活动传播了儿童为国家和集体所有的公有观念，提升了儿童的社会地位，并帮助家长从心智层面重新认识幼儿。小学教育，在受教育对象、教育目标和内容等方面，均不同于传统私塾式教育。对此，民众对部分内容进行了抵制，尤其在女童上学、劳动教育和高小毕业生从事农业生产三个方面。这些阻力，推动国家调整教育内容、创造简易小学和加强思想教育。在家国博弈中，女童自身也努力向家长争取受教育的权利。最终，家族本位做出更大的妥协和让步，接纳了儿童为国家公有的观念。越来越多的儿童被纳入到学校教育体系，并被置于农村劳动力结构的顶端。

第一节　山东农村幼儿园的教育之道

尽管在抗日战争和解放战争时期，托儿组织在山东农村地区已经隐蔽存在，如1947年莱阳城北沐浴村的胶东育儿所，但这类托儿组织仅面向革命后代和干部子女。①广大山东农村儿童仍然处于被放养的状态，他们或者在父母要求下拾柴、挖野菜，或者和同龄人玩耍。农村社会没有专门针对幼儿的教育组织，也没有专门针对幼儿的教师群体。

幼儿被家庭放养的状态，伴随土地改革完成和妇女进入生产劳动领域而改变。幼儿被纳入公育场所的过程，与第二章第三节所论述的托儿所的前期发展脉络基本相同。虽然幼儿园的名称②、招生年龄、教育功能已经在1951年被政务院明确提出，③但直至1956年2月中华人民

① 《胶东区儿童福利事业调查报告》，1948年9月，山东省档案馆藏，G008—01—0201—001。

② 在1951年10月1日《关于改革学制的决定》颁布施行前，“幼儿园”一直沿用1922年壬戌学制定名的“幼稚园”名称。见唐淑主编：《学前教育史》，人民教育出版社2007年版，第192页。

③ 1951年10月1日，政务院公布《关于改革学制的规定》，幼儿园成为中华人民共和国学校系统的组成部分，收三足岁到七足岁的幼儿，使他们的身心在入小学前获得健全的发育。见何东昌主编：《中华人民共和国重要教育文献（1949—1975）》，海南出版社1998年版，第105页。

共和国内务部、教育部、卫生部联合颁布《关于托儿所幼儿园几个问题的联合通知》后，幼儿园作为托儿组织的一种类型始在农村广泛出现，并与托儿所在收托对象、方针任务、师资条件、领导机构等方面相区别，逐渐发挥教育功能。“大跃进”时期，山东农村幼儿园的教育功能再度彰显，招收范围也由“无人看管者”扩展为“尽收其中”。

一、扩大招生范围：从“无人看管者”到“尽收其中”

1956年前，山东农村幼儿园和托儿所以托儿组、托儿队、托儿站等名称，把0—7岁的儿童混合在一起进行集中照管。其中，“无人照管者”是托儿组织招收的主体。1953年山东省妇联妇儿福利部明确规定：“托儿组织是为农业生产服务的”“收容的孩子要以无人照管的孩子为主要对象”。[①] 尽管这一时期的托儿组织逐渐注意到实施新法育儿的重要性，并切实推广了以不喝生水、不吃生食为内容的饮食卫生和以洗手、洗脸为内容的清洁卫生，但主要目的是缓解妇女参加生产劳动的后顾之忧。1956年高级社成立后，生产资料和劳动组织方式集体化，推动了幼儿教育集体化的发展。这一点连同进一步解放妇女劳动力的需要，使得农村幼儿园不仅依据教育功能从托儿组织中分离出来，而且扩大招收“无人照管者”。

解决社会主义建设阶段妇女劳动和儿童照管的矛盾，是幼儿园扩大招收“无人照管者”的直接原因。1955年冬-1956年春，全国范围掀起农业社会主义改造的高潮。正如前文所言，《1956年到1967年全国农业发展纲要（草案）》对农村妇女劳动提出更高要求，规定：“每一个

① 《关于农忙托儿组织情况报告》，1953年，山东省档案馆藏，A005—01—0026—003。

农村女子全劳动力每年生产劳动的时间不少于120个工作日。”① 另外，自高级社成立后，社员按入社土地和劳动两项标准参与劳动成果分配的制度被取消，代之以完全的按劳分配，即妇女只有依靠劳动才能维持生活。新的劳动政策和劳动成果分配制度，使妇女照管孩子的时间减少，农村社会出现了更多的“无人照管者”。若使母亲们摆脱孩子牵累、安心参加生产，必须把无人照管的儿童集中照管。

除了进一步解放妇女劳动力，扩大招收“无人照管者”也是培养儿童自幼具备社会主义接班人素养的需要。毕竟把分散的幼儿纳入公育场所，是根据国家意志进行儿童教育的前提条件。当“一化三改”逐渐接近尾声，按照社会主义所有制和劳动方式培养接班人的实践活动提上日程。在进入社会主义社会前夕，幼儿园教育功能被多次重申。在第二次全国少年儿童工作会议上，胡耀邦同志系统阐释了社会主义建设者必须是具有高度文化科学知识、共产主义道德品质和健壮体魄的新型人物。“在社会主义社会，生产比现在大大的进步了，高度技术基础的大工业代替了技术落后的工业和手工业，拖拉机将要代替今天的锄头和旧式犁；在社会主义社会里，一切剥削人的现象将会消灭，生产资料的私有制也将为全民和集体所有制所代替，劳动成为光荣、豪迈和英勇的事业，集体的利益将高于一切；在社会主义社会里，人民的文化生活水平也将大大地提高，人民的思想、行为和感情将要变得空前高尚。”②工业现代化和农业现代化需要新一代劳动力具有高度文化科学知识，全民所有制和集体所有制需要儿童具有共产主义道德品质。

国家对儿童自幼学习文化知识、具备共产主义道德品质的期待，在传统的放养模式下，难以得到农村家庭的支持与配合。受过去教育资

---

① 《1956年到1967年全国农业发展纲要（草案）》，《人民日报》1956年1月26日。

② 胡耀邦：《热爱新的一代是共产主义的美德——在第二次全国少年儿童工作会议上的总结》，《大众日报》1954年1月20日。

源阶级分配不均的影响，农村家庭对子女教育缺乏重视，更何况教育对象是年幼的孩子。大多数家长本身就是文盲，也不具备教授子女学习文化科学知识的能力。另外，虽然农业集体化程度不断提高，由互助组到初级社再到高级社，逐步完成农业社会主义改造，但农民群众依然有浓厚的“私念”。希望在集体劳动中获得更多的私有财产和把儿童视为私有财产，都是“私念”的体现。两种体现形式相结合，出现了儿童在家长默认甚至要求下，利用年幼的身份特点，偷盗集体农作物的情况。

除了偷盗农作物，无人照管的儿童，由于顽皮好动的身心发展特点，还经常做出损坏农作物的事情。1956年，聊城市武城县妇联召开托儿互助工作座谈会，乡妇联反映：“过去小孩常到地里破坏生产，曹口村几个小孩拔了单干户王学堂家两畦子藿草，饶阳店区黄屯村几个小孩错把高粱当甘蔗拔掉半亩。”[①]幼儿对农业生产发展的破坏，使村民感慨：“小孩子是庄稼的一大祸害。”[②]对此，妇联等部门认为需要对无人照管的儿童进行管教和规训，引导他们珍惜粮食，热爱集体。把幼儿集中看管并给予“热爱劳动、珍惜粮食”的教育，既能除掉农业生产的“祸害”，又有助于培养具有集体主义意识的新一代。

基于解放妇女劳动力和教育幼儿的共同需要，农村托儿组织在1956年开始扩大招收“无人照管者”。对于这项增加了教育任务的工作，家长由于缺乏了解，对它的认识并没有延伸到教育层面，而是继续停留在过去所关心的两个问题：一是保教人员工分由谁承担，二是孩子在幼儿园是否会受委屈。这两个问题也是传统家族本位儿童观在家长头脑中的体现，对儿童具有国家和集体公有面向的认识模糊。对此，妇联主要

① 《关于召开乡妇联主任会议座谈托儿互助工作情况向专区妇联报告》，1956年2月9日，聊城市档案馆藏，0010—002—054—030。

② 《农忙托儿组织专题报告（初稿）》，1956年11月18日，山东省档案馆藏，A005—01—0059—003。

通过宣传动员对家长进行思想教育。

虽然做了家长的工作，但具备教育功能的幼儿园在1956年扩大招收“无人照管者”时，还是遇到了困难。这一时期的幼儿园虽然初步明确了“以教为主”的原则，并在师资队伍、场所设施等方面具备了一定的条件，但教育活动未能得到科学的、有效的开展。由于缺乏看孩子的经验及相关业务指导，年轻的教养员们即便知道要开展教育活动，也不懂得国家所提倡的幼儿教育的真正内涵。山东省妇联调查发现：“幼儿园的教养员，受到训练的极少，在业务上有的是一点门也摸不着。有的教养员，整天领着孩子拾柴火，拔草，有的叫孩子拔七七菜（带刺的野草，嫩时可以吃），鼓励孩子说：‘看谁拔的多，拔的多的是好孩子。’还有的教养员，整天教孩子站队跑步，孩子站不整齐就批评。”①这些忽视儿童身心发展规律的教育方式，不仅损害了儿童的身体健康，而且导致儿童偷偷跑回家。②家长了解到孩子在幼儿园受了委屈，也随即对幼儿园和教养员产生排斥情绪。传统的幼儿教育认知和教育方式，阻碍了国家把“无人照管者”纳入幼儿园的推行。

提高教养员教学技能和职业素养，成为化解国家、家庭和受托儿童个体之间矛盾的关键。山东省农村幼儿园教学活动的规范化实践，伴随1956年冬教养员分批轮训的完成而开启。山东省教育厅于1956年10月中旬开始举办为期35天的农村幼儿园教养员讲师培训班，要求学员在训练结束后回原选送单位利用冬闲时间轮训教养员。③培训完教养员讲师后，山东省教育厅于1956年12月3日下达《关于举办农忙幼儿

① 《关于开展农忙托儿组织工作的报告》，1956年6月4日，山东省档案馆藏，A005—01—0056—002。

② 《青岛市即墨县城阳人民公社第二耕区幼儿园李新华代表的发言》，1959年3月，山东省档案馆藏，A005—01—0101—021。

③ 《关于抽调农村幼儿园教养员讲师训练班学员的通知》，1956年9月29日，山东省档案馆藏，A029—01—0418—005。

园教养员训练班的通知》和《关于举办农忙幼儿园（队）教养员训练班的意见》，要求已经举办或准备举办幼儿园的农业社选送教养员到县(市郊区）教育局（科）、妇联、卫生局（科）主办的培训班接受冬闲时间分批轮训。1956年冬至1957年春，山东省各地举办的农村教养员训练班普遍为初次开办。此后，随着幼儿园数量增多和教养员队伍壮大，举办的次数越来越多，经验也愈加丰富，甚至还编写了专门的培训教材。

1956年至1957年的教养员培训分为训练12天和训练7天两种类型，无论哪种类型，通过山东省教育厅制订的培训计划可知，农村幼儿教育开始走向科学化：

（甲）训练12天的：

1. 农忙托儿组织的重要性和怎样办幼儿园（队）（妇联负责讲一天）。

2. 幼儿教育的重要性、掌握儿童年龄特点的重要性、几种教学原则（简要的讲半天）。

3. 农忙幼儿园的一天生活，幼儿每日在园时间及作息时间，一周的每日教养工作项目实例，怎样迎接新入园的孩子，家长工作（一天半）。

4. 幼儿园教养活动项目：（一）游戏，两天；（二）体育，包括安全卫生，半天；（三）语言认识环境，一天；（四）手工图画，一天；（五）音乐，半天；（六）计算，半天。

5. 各学员练习写幼儿园各项作业计划（根据幼儿园教养活动项目每项写一个，时间一天半）。

6. 试教一天半。

7. 参观或典型经验介绍，半天（如不能参观或进行典型检验介绍时，可利用此时间写作业计划）。

8. 结业。

（乙）训练7天的：

1. 农村幼儿教育的重要性（包括一般幼儿教育的重要性及怎样办幼儿园，半天）。

2. 幼儿教养活动项目：（一）游戏，一天；（二）语言认识环境，一天；（三）音乐，半天；（四）手工图画，一天。

3. 试教，半天。

4. 学员练习写作业计划（写2—3个）半天。

5. 学习幼儿教材，半天。

6. 参观或典型经验介绍，半天（如不能参观或典型经验介绍时，可利用此时间讲家长工作和写作业计划）。

7. 结业。①

培训内容涉及幼儿游戏、绘画、音乐、语言、体育、安全卫生等方面，其制定过程借鉴了苏联的幼教理论。苏联幼儿教育专家玛努依连柯作为中华人民共和国教育部幼儿教育顾问，参与了幼儿教育建设的诸多工作，如为地方行政部门幼教干部开设讲座，指导编写《幼儿园教育工作指南（初稿）》等，② 这些活动，使苏联幼教理论和实践经验在中国颇具影响力。无论是受苏联幼教理论指导，还是迎合国情需要，培训内容不可避免地推崇集体主义，具有意识形态性。

因为培训计划和内容注意到幼儿身心发展特殊性，新中国早期的山东农村幼儿园教育在国家本位儿童观的主导下，又附带着个人主义儿童观的色彩。受训教养员能够采取符合儿童认知规律的教育方式。根据

① 《关于举办农忙幼儿园（队）教养员训练班的意见》，1956年12月，聊城市档案馆藏，0010—002—051—008。

② 李莉：《20世纪50年代幼儿园课程中国化、科学化探索的结晶——〈幼儿园教育工作指南（初稿）〉述评》，《学前教育研究》2003年第6期。

地方妇联汇报，尽管培训存在着应到人数不足、个别教养员对理论原则领会差等问题，但基本上达到了预计的目的。受训人员不仅提高了政治思想觉悟，认识到幼儿工作的重要性，而且掌握了教育幼儿的最主要的基本知识和教学方法。①

同介入传统生育模式的受训接生员、介入传统养育模式的受训保育员相似，经过培训的教养员成为国家介入幼儿教育模式和贯彻、推广国家本位儿童观的执行者。一方面，她们以家长最关心的安全问题为突破口，劝说家长送孩子入园。例如，寿光县稻田公社潭河村幼儿园成立初期，教养员夏爱美用孩子无人看管而发生伤亡事故的例子教育家长，并向他们保证一定会把孩子看好。家长见她态度诚恳，同意孩子入园。②另一方面，她们以符合儿童认知规律、适合儿童集体教育的方式方法留住孩子，如唱歌、跳舞、游戏、户外活动等。面向家长和幼儿的两种方法，有效地巩固了幼儿园。

"大跃进"时期，刘少奇对社会教育的强调，促使农村幼儿园的招收对象发生转变，由无人照管的幼儿调整为所有7岁以下、无传染病的幼儿。③1958年9月，刘少奇同志在中共江苏省委召集的党员干部会议上指示："应该强调社会教育，不应该过分强调家庭教育""托儿所、幼儿园、小学、中学要负很大的责任"。④这是对儿童进行共产主义教育的方针性指示，办好托儿所、幼儿园成为培养共产主义新生一代的重要

---

① 《农业合作社教养员训练总结报告》，1957年2月2日，聊城市档案馆藏，0010—002—080—014。

② 寿光县妇联：《一切为了孩子——保育员夏爱美的模范事迹》，《大众日报》1959年3月21日。

③ 《农村托儿所、幼儿园工作暂行条例》，1959年6月，山东省档案馆藏，A005—01—0095。

④ 《关于试办工厂办学校及加强儿童社会教育的问题》（1958年9月27日），载中共中央文献研究室刘少奇研究组、中央教育科学研究所编：《刘少奇论教育》，教育科学出版社1998年版，第237页。

政治任务。[①] 在此指示下，山东农村地区的办园数量和收托幼儿数量均迎来“大跃进”。据统计，1956 年山东省有农村幼儿园 6862 个，收托幼儿 162476 名；发展到 1958 年公社化前有幼儿园 27159 个，收托幼儿 627575 名；公社化后数字再次突飞猛进，幼儿园增至 74620 个，收托幼儿数量增至 3016275 个，还不包括菏泽、招远两县和威海市的统计。[②]

幼儿园招收范围的扩大和数量的猛增，提升了儿童为国家和集体公有的程度。对此，除却初期对教养员缺乏信任和反对“食宿集体化”，家长在多数情况下配合幼儿园扩招工作。一方面，这是解除母亲们参加农业生产后顾之忧的需要。“农村妇女由辅助劳动力成为农业生产上的主力军，凡是有劳动能力的妇女，几乎都参加了人民公社的各项劳动。”[③]生产劳动极大减少了她们照管孩子的时间。另一方面，家长们并没有意识到把孩子送至幼儿园会让渡儿童所有权，反而在把孩子仍视作私有财产的前提下，认为集体物资向儿童倾斜，自己将占有更多的公共利益。

国家不仅把越来越多的幼儿纳入集体之中，为儿童提供集体生活、集中教育的场所，而且规定集体物资向儿童倾斜。第一个典型体现，是社干为幼儿园提供了粮食资源。为了保障幼儿饮食卫生，幼儿园和托儿所一样，也建立了儿童食堂。公社根据幼儿饮食结构和习惯调整食谱，并且随着幼儿饭量增加而增大供应。范县古城幼儿园、寿张县关门口人民公社关门口营幼儿园等模范幼儿园，还根据季节制定了《幼儿园一周食谱》（见表 3—1—1）。由古城幼儿园冬季版食谱可知，每顿主食和稀饭搭配，每日早饭、中饭、晚饭不重样。这个食谱在当时高于普通农村家庭对儿童的饮食供应。虽然普通农村幼儿园提供的饭菜达不到食谱的

① 《全党动手办好托儿所、幼儿园》，《大众日报》1958 年 12 月 27 日。

② 《农村托儿组织发展情况》，1959 年，山东省档案馆藏，A005—01—0113—003。

③ 郭省娟：《大跃进时期农村妇女劳动简述》，《宁波党校学报》2007 年第 5 期。

多样化、营养化，但基本能保证儿童吃饱。济南市仲宫镇张家村村民马淑君至今还保留着1958年秋在并渡口村幼儿园吃绿豆饭的美好回忆。① 当年的教养员邢跃俊说：

> 并渡口村幼儿园食堂长期供应两种饭，一种是小米煎饼，一种是汤，绿豆汤、地瓜汤、玉米汤。有时候炒菜，有时候煮咸菜。小孩长大了，吃的粮食多了，公社供应的粮食也增加。我记得，1958年公社每月给1个教养员、3个保育员、2个炊事员、10个老人、30个幼儿、3个婴儿共49人供应150斤粮食，1959年提高到每月200斤，白菜和萝卜不包括在内。②

并渡口村幼儿园也做到了主食和稀饭搭配。除了饮食改善，1959年春天物质资源日渐紧张，公社还给予儿童特殊照顾。聊城冠县贾镇公社支委丁发广说："咱大人少吃点也得叫孩子们吃。"③ 在以生产为中心的社会体制下，以粮食为代表的主要生活资料向不具备参加农业生产劳动能力的幼儿倾斜，引领整个农村社会重新认识幼儿的社会属性和社会地位。

表3—1—1：范县古城幼儿园一周食谱（冬季用）

	星期一	星期二	星期三	星期四	星期五	星期六	星期天
早饭	小米绿豆饭 地瓜 窝头 炒萝卜条	菜粥 米面馍	绿豆小米饭 枣豆包	枣糕稀饭 炒萝卜条	八宝粥 地瓜	小米稀饭 枣豆包	地瓜玉米粥 米面馍

① 根据笔者于2017年5月22日在济南市仲宫镇张家村对马淑君的访谈录音整理。

② 根据笔者于2018年8月27日在济南市仲宫镇镇政府家属院对邢跃俊的访谈录音整理。

③ 《贾镇公社赵田村托儿所幼儿园是怎样由解散到恢复起来的》，1959年5月，聊城市档案馆藏，0010—001—058—010。

续表

	星期一	星期二	星期三	星期四	星期五	星期六	星期天
午饭	菠菜米面丸子汤	菜包（玉米面） 米汤	白菜鸡子汤 米面馍	地瓜丸子 白菜汤	菜包 米汤	绿豆丸子 白菜肉丝汤	油炸地瓜片 菠菜汤
晚饭	小米粥 枣豆包	绿豆面棋 米面馍	玉米地瓜粥窝头 炒咸菜	菜豆面叶 米面糕炒地瓜条	绿豆面条 枣窝头	米粥米面馍 萝卜条	绿豆面棋

资料来源：《范县人民公社各管理区工读幼儿师范学校教学计划》，1958 年 10 月 30 日，山东省档案馆藏，A029—02—0487—037。

集体物资向儿童倾斜的第二个典型体现，是社干运用社内公益金为幼儿园购置玩具、教具等用品。滑滑梯、跷跷板等儿童玩具并非仅存在于模范幼儿园，而是成为幼儿园开办的必备物资。教养员邢跃俊回忆："当时大队为办幼儿园，弄了很多玩意儿，小玩具没怎么有，大的不少，小车、小床、滑梯……和现在幼儿园的东西差不多。"[①]村干为幼儿园购置用品，体现出他们对发展幼儿园和幼儿群体的重视态度。尽管个别社干的态度和行为，在一定程度上带有跟风和彰显政绩的色彩，如定陶县胜利生产队托儿所在 1956 年发生男性社干把玩具抛置窗外、把托儿所变成大队仓库的事情，[②]但即便是"表面功夫"，也具有和提供公粮相似的引领效果。

国家以公共物资照顾少数儿童不足为奇，但向广大儿童倾斜却是史无前例。在传统家族本位儿童观主导儿童生活的情况下，儿童衣食住行由家庭承担，官方慈幼机构主要面向失去双亲和生活保障的孤幼。新

① 根据笔者于 2018 年 8 月 27 日在济南市仲宫镇镇政府家属院对邢跃俊的访谈录音整理。

② 孟非：《托儿所变成了仓库》，《大众日报》1956 年 9 月 6 日。

中国早期的山东农村幼儿园则不然，它面向所有满足入园条件并且愿意入园的儿童。也即，入园儿童均能享有集体物资。这一点成为把儿童由家庭私领域吸引至社会公育场所的重要因素。正如邢跃俊所说："当时许多父母把孩子送到幼儿园，是为了让孩子免费吃到绿豆饭。"①

由于当时的农村社会对儿童的公私归属认识模糊，集体物资向儿童倾斜"有人欢喜有人忧"。这类事情因为侵占了无孩子家庭和社员的利益而引起部分村民的不满。禹城县第五区丁寺乡孙堂村合作社社员就因社委会用公益金支付保教人员工分的做法怨声载道，如贺志常说："小孩的工分还是由他娘负担合理，孩子长大了是疼他娘，不疼别人。"②这种不满，源于孩子是家庭私有财产、而非国家公民的传统认知。正是在村民对幼儿园占用公共资源不满和幼儿园却持续发展的矛盾中，儿童是社会主义建设者和接班人的国家本位儿童观渗透民间，使得民众对儿童的公有属性认识日渐清晰。

集体物资向儿童倾斜在人民公社化时期"生活集体化"的号召下，发展出"食宿集体化"的寄托方式。这一时期，幼儿园不仅是社会主义接班人的培养机构，而且和公共食堂一起成为国家跑步进入共产主义的试验田。1958 年初，毛泽东同志开始构想未来中国的理想蓝图，希望摸索出一条比苏联更快进入共产主义理想社会的具体途径。③按照列宁对共产主义的发展设想，国家必须把琐碎的家庭事务交给公共食堂、托儿所和幼儿园等共产主义的幼芽机构。④与广泛实行的整日制甚至半日

---

① 根据笔者于 2018 年 8 月 27 日在济南市仲宫镇镇政府家属院对邢跃俊的访谈录音整理。

② 《禹城县第五区丁寺乡孙堂村农忙托儿组织是怎样垮台的》，1956 年 1 月 30 日，聊城市档案馆藏，0010—001—043—004。

③ 参见沈志华主编：《中苏关系史纲：1917 ～ 1991 年中苏关系若干问题再探讨》，社会科学文献出版社 2011 年版，第 209—210 页。

④ 列宁认为："公共食堂、托儿所和幼儿园是共产主义幼芽的标本，是没有什么了

制幼儿园相比，国家认为寄宿制幼儿园不仅能更好地解放妇女劳动力、促进工农业生产“大跃进”，而且能够淡化家庭观念、培养儿童共产主义大协作的精神。①

虽然托儿所、幼儿园均被提倡“食宿集体化”，但因为托儿所收托对象年龄较小，所以在山东地区未能得到有效的开展。幼儿园则不同，在刘少奇发表的“儿童教育应以社会教育为主”的指示下，山东省农村幼儿园于1958年10月开启成立农村寄宿制幼儿园的尝试。聊城范县龙王庄生产大队按照县委“对小学学生、幼儿实行食宿集体制”的规定，把原有的12个幼儿班合并为4个幼儿园，进行集体食宿。②山东省教育厅在11月12日召开的肥城现场会议上再次明确：“适应入园的儿童全部入幼儿园并改变季节性的幼儿园成为常年的幼儿园，逐步做到食宿集体化。”③

“食宿集体化”寄托方式，直接明了地挑战了孩子是家庭私有财产、归父母所有的传统认知，进而引起家长们的担忧和抵制。与预期不同，在实行按劳分配、“不劳动者不得食”原则的人民公社化时期，母亲们宁愿放弃生产劳动和食物，也不肯把孩子送进幼儿园。她们一方面担心孩子年龄太小，吃不饱、穿不暖、冬天受冷；④另一方面则顾虑孩子入

不起的、平凡的、普通的东西，这些东西实际能够解放妇女，减少和消除她们在社会生产和社会生活上同男子的不平等。”参见列宁：《伟大的创举》，《列宁全集》第29卷，人民出版社1956年版，第391页。

① 《范县古城管区古城生产大队小学幼儿是怎样实行食宿集体制的》，1958年11月4日，山东省档案馆藏，A029—02—0487—034。

② 《龙王庄战营小学学生、幼儿全部实行食宿集体制的情况介绍及今后意见》，1958年，山东省档案馆藏，A029—02—0487—035。

③ 《二十个教育工作辩论提纲》，1958年，山东省档案馆藏，A029—02—0487—015。

④ 《龙王庄战营小学学生、幼儿全部实行食宿集体制的情况介绍及今后意见》，1958年，山东省档案馆藏，A029—02—0487—035。

了幼儿园就成了国家的人，自己再也见不到孩子。①

由于遭到家长反对且脱离农村生产力发展水平，幼儿园“食宿集体化”的实践情况并不理想。即便是在“大跃进”时期，因为“成绩”突出而成为全国各地学习榜样的聊城市寿张县②，寄宿制幼儿园也仅占总数的10%左右（见表3—1—2），且进行半年后便难以为继。

同山东农村托儿所的发展脉络相似，由于前期大放卫星、公社体制调整、三年严重经济困难时期等原因，幼儿园于1961年逐渐退出了历史舞台，受托幼儿从社会公育场所回归到家庭之中。但国家把越来越多的原本被家庭放养的幼儿纳入公育场所并给予集体物资倾斜的实践，已经促使农村社会及家长改变了把儿童视为父母隶属物的观念，并认识到国家对儿童的重视。

表3—1—2:1958年寿张县幼儿园基本情况统计表

填报单位：寿张县文教局　填表时间：1958年

园名	全部食宿的						整日制未寄宿的					
	班数	幼儿园		教养员	保育员	职员	班数	幼儿园		教养员	保育员	职员
		男	女					男	女			
全县	198	3566	3754	260	158	73	1093	17353	18696	1348	518	73

资料来源：《寿张县幼儿园基本情况统计表》，1958年，聊城市档案馆藏，0072—001—013—023。

① 《茌平县城关公社三里大队托儿站办得好给公社树立了红旗》，1960年5月16日，聊城市档案馆藏，0010—002—123—023。

② 聊城市寿张县由于“大跃进”时期成绩突出，成为山东省各县市，乃至全国许多地区学习的榜样。中央、省、地各级领导频频光顾寿张“指导工作”，全国各地有数万人前来“参观学习”，有些地方还开展了“学寿张，赶寿张；学台前，超台前”的运动。见中共山东省委党史研究室编：《山东“大跃进”运动》，日照报业印刷有限公司2002年版，第455页。

二、播撒红色种子：幼儿园的教育内容及方式

幼儿园的教育功能虽然在1951年已经被政务院提出，但直至1956年才在农村地区普遍实现。1956年前，幼儿园的教育功能没有得到培训单位的重视，教育活动仅存在于少数模范托儿所。山东省卫生厅和妇联于1952年7月合编的《农忙托儿组织保育人员训练教材提纲》包含思想品德教育，要求保教人员按照新幼儿教育目的和方针来培养儿童，使他们从幼小时就具备爱祖国、爱领袖、爱劳动、爱科学、爱护公共财物的优良品质。①然而，县卫生科和妇联开展的培训活动，所授课程基本忽略了这一部分内容。正如第二章第三节提及的莘县"农村托儿所幼稚园保姆训练班"，培训由保育人员的思想动员和新法育儿知识两部分内容构成。②在具体实践方面，仅有模范托儿所能够按照《教材提纲》要求，开展思想政治教育活动。如莱阳望岚口农忙托儿所每星期由教员给4—7岁的幼儿上一次教育课，内容有毛泽东及其他领袖和模范人物的故事、优良品质人物介绍、学做好学生等。③截止到1953年6月，模范托儿所占托儿组织总数的3.96%，其活动内容不具备代表性。④

基于解放妇女劳动力和培养社会主义接班人的需要，1956年成为农村幼儿园教育功能普遍确立的起点。幼儿园从托儿组织中分离出来，明确了以教育功能为主，逐渐开展了德育、智育、体育、卫生四方面教

① 《农忙托儿组织保育人员训练教材提纲》，1952年7月，山东省档案馆藏，A005—01—0020—006。

② 《莘县农村托儿所幼稚园保姆训练班总结》，1952年，聊城市档案馆藏，0010—002—003—018。

③ 《关于农忙托儿组织情况报告》，1953年，山东省档案馆藏，A005—01—0026—003。

④ 王平：《纪念"六一"国际儿童节大力开展农忙托儿组织》，《山东妇女》1953年6月号。

育活动。“大跃进”时期，社会教育功能的强化，把农村幼儿园的教育实践推向高潮。教育活动的内容和方式，既与农村地域社会、特定的政治主题紧密结合，又在一定程度上注意到儿童心智发展的特殊性。

表 3—1—3: 农村幼儿园作业、游戏安排表

<table>
<tr><td colspan="2">时间</td><td colspan="3">上午</td><td rowspan="3">下午</td><td rowspan="3">备注</td></tr>
<tr><td colspan="2">活动</td><td colspan="2">作业</td><td rowspan="2">活动</td></tr>
<tr><td colspan="2">内容
星期</td><td>第一个作业</td><td>第二个作业</td></tr>
<tr><td rowspan="2">一</td><td>作业名称</td><td>语言</td><td>美工</td><td rowspan="2">带儿童到社里的公共食堂去参观</td><td rowspan="2">拔草积肥、安静的游戏“猜领袖”、拍手游戏等</td><td rowspan="2"></td></tr>
<tr><td>作业内容</td><td>教儿童朗读“毛主席”、复习儿歌“当！当！当！”</td><td>画落叶树</td></tr>
<tr><td rowspan="2">二</td><td>作业名称</td><td>语言</td><td>音乐</td><td rowspan="2">到树林散步。给儿童讲一个熟悉的故事。教儿童用玉米皮做玩具</td><td rowspan="2">帮助成人洗菜、剥玉米</td><td rowspan="2">晚上访问×××儿童的家长</td></tr>
<tr><td>作业内容</td><td>认识猪——（第一次）带儿童到附近猪圈去参观</td><td>复习“人民公社生产好”、音乐游戏“拔萝卜”、听唱歌“天气渐渐冷了”</td></tr>
<tr><td rowspan="2">三</td><td>作业名称</td><td>计算</td><td>美工</td><td rowspan="2">给猪找食、喂猪，到菜园里拔萝卜</td><td rowspan="2">散步、观察成人劳动——修水库</td><td rowspan="2">准备计算教具：红、绿、黄三色杏核、细竹棍</td></tr>
<tr><td>作业内容</td><td>知道五的序数、学会从许多东西中拿出五个来</td><td>做泥工——捏篮子</td></tr>
<tr><td rowspan="2">四</td><td>作业名称</td><td>语言</td><td>音乐</td><td rowspan="2">创造性游戏：启发儿童玩“修水库”的游戏</td><td rowspan="2">娱乐活动：复习学过的歌、舞</td><td rowspan="2"></td></tr>
<tr><td>作业内容</td><td>认识几种农具——用教学游戏复习</td><td>新教“天气渐渐冷了”、复习音乐游戏</td></tr>
</table>

续表

时间		上午			下午	备注
活动		作业		活动		
内容 星期		第一个作业	第二个作业			
五	作业名称	美工	体操	创造性游戏：与星期四同，并巩固玩“公共食堂”的游戏	到地里拾地瓜、安静的游戏	
	作业内容	意愿画	新教活动性游戏“猫捉老鼠”			
六	作业名称	语言	美工	出去散步、玩“飞标”、做游戏——“看丰产田”、复习歌曲“人民公社生产好”	打扫院子及室内卫生	
	作业内容	讲故事“小猪找朋友”	制玩具：折“飞标”（折纸）			
日	农忙时星期日不休息，可以复习学过的东西					

资料来源：山东省教育厅、济南市教育局、济南幼儿师范学校合编：《幼儿园教养员学习材料》，山东人民出版社 1960 年版，第 162—163 页。

幼儿园的思想教育活动最能体现教育方针的指导作用。1957年2月，毛泽东同志在《关于正确处理人民内部矛盾的问题》的报告中提出了社会主义教育方针：“应该使受教育者在德育、智育、体育几方面都得到发展，成为有社会主义觉悟的有文化的劳动者。”① 1958 年 9 月，中共中央、国务院提出：“党的教育工作方针，是教育为无产阶级的政治服务，教育与生产劳动相结合。”②这两条教育方针在幼儿园教育中主要体现为对德育和劳动的强调。

思想教育活动是山东农村幼儿园重要的教育内容。“大跃进”时期，

① 毛泽东：《关于正确处理人民内部矛盾的问题（之三）》，《人民日报》1957 年 6 月 19 日。

② 《中共中央国务院关于教育工作的指示》，《人民日报》1958 年 9 月 20 日。

由山东省教育厅主编的《幼儿园教养员学习材料》所列《农村幼儿园作业、游戏安排表》（见表3—1—3）是各地幼儿园活动安排的模板。包括了“毛主席”文本朗读、“人民公社生产好”音乐、“猜领袖”游戏、拔草积肥劳动、参观公共食堂等诸项活动内容。

各地教养员在教育方针指导下，依据所受培训、参考教材，通过具体的日常教育活动对儿童进行思想教育。

首先，培养幼儿热爱校园、大公无私、团结友爱、协作互助的集体主义精神。弘扬集体主义精神，不仅是社会主义接班人应具备的品质，而且是幼儿适应集体生活的需要。由于幼儿习惯了散漫的生活，突然被集中在一起很不适应，乱哭乱闹，互打互骂，有时甚至偷偷跑回家。①为维持秩序，这一阶段教养员有意识地培养幼儿集体观念，借助儿歌、童谣、口号改变他们的思想认识。比如用“为了千斤粮，我们不想娘；为了千斤瓜，我们不想家；为了将来的幸福，我们不哭”②告诉他们上幼儿园是农业生产和国家建设的需要；用“幼儿园里朋友多，唱歌跳舞真快乐”③“幼儿园是乐园，咱们玩的比蜜甜”④教育他们集体生活比个体生活有乐趣；用“阿姨待我亲如娘，教唱歌，学舞蹈”⑤淡化他们对父母的思念和对亲情的依赖。吸引幼儿入园后，教养员通过讲团结友爱、协作互助的故事和组织他们进行集体游戏，克服幼儿把玩具据为己有、争抢座位等私有观念。文登县宋村人民公社第五管理区幼儿园林乐

---

① 《青岛市即墨县城阳人民公社第二耕区幼儿园李新华代表的发言》，1959年3月1日，山东省档案馆藏，A005—01—0101—021；《茁壮成长永不褪色——介绍幼儿园的一个幸福乐园》，1960年5月15日，聊城市档案馆藏，0010—001—064—010。。

② 孙静莹：《人人称赞的幼儿园》，《山东卫生》1959年8月27日。

③ 代彬：《幼儿园里的孩子们》，《大众日报》1958年12月27日。

④ 孙静莹：《人人称赞的幼儿园》，《山东卫生》1959年8月27日。

⑤ 《跃进的花朵孩子的乐园——冠县柳林公社柳林幼稚园社会主义教育教学改革成绩显著》，1960年，聊城市档案馆藏，0010—001—065—022。

惠给儿童讲《三只羊》的故事，使他们明白“团结力量大”的道理。[①]故事传递给儿童的是间接经验，集体游戏则能增强他们对团结协作的切身体会，如“丢手绢”“猫爪老鼠”“老鹰抓小鸡”。在“教育为无产阶级政治服务”的教育方针下，游戏不仅有培养团队协作和发展个人动作敏捷、灵活、机智的作用，而且被赋予特殊教育意义，比如教育部门希望通过“猫捉老鼠”的游戏配合爱国卫生运动，培养儿童爱护猫、痛恨老鼠的思想。[②]

其次，培养儿童爱祖国、爱领袖、爱社会主义的爱国主义思想。由于儿童长期生活在家庭私领域，且被父母视作私有财产，所以深受大家庭、家族观念及父权家长制影响。党和政府把幼儿园作为国家意识形态宣传阵地，进行爱国爱党教育增加公民意识。爱国主义首先表现在爱祖国。新中国面临着恶劣的国际环境，遭到以美国为首的资本主义国家的政治孤立、经济封锁和军事威胁。于是，教养员经常设计一些打倒美帝、保卫祖国、解放台湾的军事游戏。如范县古云公社徐庄幼儿园教养员王玉兰教给幼儿制造木刀、木枪等玩具，并要求他们拿着一面小红旗和用秸秆做的小枪进行赛跑，说明：“我们要解放台湾，开始进攻赛跑，谁先把红旗插到高山上，谁就得胜。”[③]教养员还教给儿童热爱共产党、热爱祖国、打倒美国的童谣，如“共产党是亲娘，好心把我来培养，等我长大成了人，去打美国狼”[④]“秋风吹，天气凉，工人叔叔炼铁忙，炼

① 《文登县教养员代表林乐惠同志在儿童福利积代会上的发言》，1959 年 3 月 1 日，山东省档案馆藏，A005—01—0101—018。

② 《幼儿园教养员训练班教材附件》，1958 年 11 月，山东省档案馆藏，A029—02—0490—002。

③ 《范县代表王玉兰同志在儿童福利积代会上的发言》，1959 年 3 月 1 日，山东省档案馆藏，A005—01—0101—017。

④ 《范县代表王玉兰同志在儿童福利积代会上的发言》，1959 年 3 月 1 日，山东省档案馆藏，A005—01—0101—017。

出钢铁造枪炮，赶走美国野心狼”。[①] 由童谣可知，“狼”在当时具有特殊的政治含义，是美国的代称。这在儿童故事、儿童表演游戏中也有体现。取材自《伊索寓言》的“小羊和狼”[②]，是山东农村最流行的表演游戏。为了加深孩子们的痛恨美帝的情感，教养员要求扮演大灰狼的孩子必须做出凶恶的表情，甚至号召其他孩子对“大灰狼”假装围攻。[③] 幼儿园爱国主义教育活动，还大力宣传国家领袖，号召儿童做毛主席的好宝宝。“毛主席恩如山，叫咱娃娃把书念，毛主席真正好，领导娃娃穿花袄”[④]“毛主席我爱你，我们的幸福你给的，我们要好好的劳动，等我长大一定去看你”[⑤] 等歌颂毛主席、感恩毛主席的歌谣，在儿童幼小的心中种下一颗“热爱毛主席”的种子。经过培训，教养员认识到儿童是社会主义事业接班人和未来建设者，并学会采取谈话和组织参观等方式培养儿童的共产主义信念。《人民公社好》《加油干》等歌曲成为儿童感受社会主义优越性的媒介，“公共食堂”“托儿所”“供销店”“人民公社”“共产主义”在歌词中反复出现。教养员还努力引导受托儿童树立与社会主义建设相符合的“当工人造机器，当农民开拖拉机，当解放军打美国狼”的职业理想。[⑥]

---

① 《幼儿园教养员训练班教材附件》，1958 年 11 月，山东省档案馆藏，A029—02—0490—002。

② 《小羊和狼》多次被《人民日报》推荐为优秀儿童读物，参见黄碧云：《给孩子看什么书》，《人民日报》1958 年 1 月 21 日；《“小羊和狼”及其他》，《人民日报》1958 年 5 月 29 日。

③ 山东省教育厅、济南市教育局、济南幼儿师范学校合编：《幼儿园教养员学习材料》，山东人民出版社 1960 年版，第 61—62 页。

④ 《邢台县农忙托儿互助是怎样发展和巩固的》，1956 年，聊城市档案馆藏，0010—002—036—016。

⑤ 《跃进的花朵孩子的乐园——冠县柳林公社柳林幼稚园社会主义教育教学改革成绩显著》，1960 年，聊城市档案馆藏，0010—001—065—022。

⑥ 《茁壮成长永不褪色——介绍幼儿园的一个幸福乐园》，1960 年 5 月 15 日，聊城市档案馆藏，0010—001—064—010。

再次，通过劳动动员、劳动观察、劳动游戏和劳动实践，培养儿童热爱劳动的观念。因为教育的目标落脚在“劳动者”，所以，劳动在幼儿园教育活动中占有举足轻重的位置。教养员通过朗朗上口的儿歌、童谣鼓励儿童的劳动热情，宣扬全民劳动的社会风气。“我是小农民，读书又种地，农忙时候去劳动，有了空闲就学习，人不学习不进步，人不劳动没出息”① 说明劳动和学习的重要性；“你拿锄头我拿铲，大家一起把地翻；播下种子千千万，打得麦子堆成山”② 既能帮助儿童认识锄头、铲子等农具，又能教育儿童如何劳动。教养员还时常带领孩子们去参观社员劳动。劳动观察，为儿童开展生产劳动游戏打下基础。生产劳动游戏即模仿成人以参加农业生产为主的游戏。1958 年 11 月中旬，文登县宋村人民公社社员在修筑河堤时，教养员林乐惠为了培养孩子们爱劳动的习惯，就领着孩子们到工地学着打夯。在一块砖上拴六根小绳，由六个孩子拉着，一上一下，敲打地面，轮班打夯。③ 劳动游戏是劳动实践的准备。因为幼儿年龄小、劳动能力有限，并且山东省妇联在 1956 年 4 月召开的“专、县妇联主任扩大会议”已批评了教养员带领儿童过度劳动的情况，④ 所以，幼儿园开展的劳动实践种类较少，主要包括制作玩具和以拾庄稼为主的生产劳动。1956 年 4 月，党中央和国务院下达了《关于勤俭办社的联合指示》，各合作社开始减少社内非生产开支，实行“勤俭办园”，幼儿园内年龄较大的孩子成为玩具制作者。

---

① 《范县代表王玉兰同志在儿童福利积代会上的发言》，1959 年 3 月 1 日，山东省档案馆藏，A005—01—0101—017。

② 《幼儿园教养员训练班教材附件》，1958 年 11 月，山东省档案馆藏，A029—02—0490—002。

③ 《文登县教养员代表林乐惠同志在儿童福利积代会上的发言》，1959 年 3 月 1 日，山东省档案馆藏，A005—01—0101—018。

④ 《关于召开专、县妇联主任扩大会议情况报告》，1956 年 6 月 4 日，山东省档案馆藏，A005—01—0056—001。

教养员把孩子们捏的小鸡、小鸭、小人、小猪等物件放炉里烧，使其成为孩子们非常喜欢的玩具。[①] 生产劳动是幼儿劳动实践一项重要内容，本研究将在第四章第二节进行详细论述。

智育和体育也是培养社会主义接班人的基本要求，文化教育活动和体育教育活动成为次于思想教育活动的幼儿园教育活动内容，文化教育活动包括认识环境与发展语言、教学游戏、拼音与识字等，体育教育活动包括户外活动、体操、舞蹈等。受教育方针影响，这部分内容也具备政治化特征，尤其是文化教育。

认识环境与发展语言是幼儿园最重要的文化教育活动，主要包括观察、图片、谈话、儿歌和故事五种途径。这一项作业要求儿童了解掌握周围自然和社会事务及现象的相关内容，具备对待事物的正确态度，并发展说话的能力。[②] 所谓正确态度即符合国家意识形态的认识。因为前文提及的谈话、儿歌和故事已经包含了对环境的认识，如歌颂毛泽东、歌唱共产党的歌曲属于社会环境认知，所以，此处暂以观察进行探讨。得益于农村丰富的自然和社会环境，教养员经常组织儿童进行田野活动、观察并认识事物，并加以态度引导。比如教养员王玉兰带领儿童到田间认识庄稼，并借机让他们区分哪些是害虫，哪些是益虫。经过引导，孩子们会说："花大姐是益虫，它吃蚜虫；蚯蚓也是益虫，它只松地不咬庄稼。"[③] 在农业以粮为纲的年代，教养员以粮食和农业生产为参照，对自然界进行益与害的性质分类。

教学游戏要求利用游戏的方法，使孩子有兴趣学习新的知识或复

---

① 《幼儿教育参考资料》，1958 年 6 月，山东省档案馆藏，A029—02—0490—003。

② 山东省教育厅、济南市教育局、济南幼儿师范学校合编：《幼儿园教养员学习材料》，山东人民出版社 1960 年版，第 80 页。

③ 《范县代表王玉兰同志在儿童福利积代会上的发言》（1959 年 3 月 1 日），山东省档案馆藏，A005—01—0101—017。

习巩固已经学过的知识。[1] 教学游戏受到“教育为无产阶级政治服务”的方针指导，以巩固数字的投骰子教学游戏为例，二人游戏“解放台湾”、三人游戏“夺红旗”和四人游戏“看谁先跑到天安门”均具有政治含义。“解放台湾”始终是新中国早期的一个响亮口号；“夺红旗”代表着革命和胜利；天安门是新中国的象征。这些游戏让儿童在娱乐中了解中国共产党的革命成果、革命精神和尚未完成的统一任务。

在当时的教育形势下，山东省部分农村幼儿园在 1959 春开始进行汉语拼音、识字及算术教育改革试验。幼儿园文化教育小学化的倾向，追求的是儿童的“早慧”，违背了幼儿身心发展规律。改革教学试验最初引起了教养员的不满，教养员认为孩子年龄小，没法教拼音、识字和算术。[2] 经过大鸣、大放、大辩论，教育改革试验还是在部分幼儿园开展起来。材料显示，教养员所教汉字不是按照笔画多少、难易程度，而是依据使用频率，如寿张县夹河公社姚邵大队幼儿园儿童所学汉字为“大跃进”“人民公社”“毛主席”“共产党万岁”。[3]

体育教育活动的政治化色彩略淡薄，偶尔在教养员编排的舞蹈中体现。临邑县城关人民公社朱家胡同村，教养员朱逢荣发现有些孩子吃饭时经常撒粮食，便领着孩子们到村西挖河工地参观，回来后又和其他教养员编排了“打夯舞”，一边教孩子们跳舞，一边教育孩子们说：“粮食是用劳动换来的，从种、收、磨、蒸，不知费了多大力气，好儿童吃饭不掉干粮！”[4]

---

① 山东省教育厅、济南市教育局、济南幼儿师范学校合编：《幼儿园教养员学习材料》，山东人民出版社 1960 年版，第 62—63 页。

② 《跃进的花朵孩子的乐园——冠县柳林公社柳林幼稚园社会主义教育教学改革成绩显著》，1960 年，聊城市档案馆藏，0010—001—065—022。

③ 《我爱上了幼儿园寿张县夹河公社姚邵大队》，1960 年，聊城市档案馆藏，0010—001—065—007。

④ 《园丁》，《大众日报》1959 年 5 月 18 日。

除了舞蹈和体操，儿童还会进行户外活动。他们或者在室外玩滑滑梯、跷跷板、骑竹车，或者三五个玩伴自行游戏，或者由教养员带领到田间野外观看农业社集体劳动的情况。[①] 户外活动不仅能够发挥体育的作用，让儿童接受日光浴和空气浴，以增强适应气候变化的抵抗力，而且是吸引儿童入园、帮助他们逐步适应集体生活的重要方式。农村幼儿园所开展的德育、智育和体育活动紧密相关，许多活动并没有严格的界限。比如德育活动中“老鹰捉小鸡”“猫捉老鼠”等培养儿童团结协作的活动性游戏也是体育教育的内容。户外活动使孩子们有机会到村头田间看庄稼生长、农民种田等场景，可以促进他们认识环境和发展语言，进而为开展创造性游戏和养成珍惜粮食、热爱劳动、团结互助等品质提供帮助。另外，这三类活动有特征明显。培养儿童集体主义精神、热爱共产党、热爱毛泽东、热爱社会主义情怀的德育教育无须多言，文化教育中对事物的态度、教辅工具也都遵循政治话语和时代主题，体育教育活动尽力与劳动教育挂钩。

虽然教育是幼儿园的主要功能，但保障儿童安全和身体健康也很重要，新中国需要培养身体和精神上都健康发展的建设者和接班人。[②]1956 年后，幼儿园结合爱国卫生运动开展了许多集体儿童保健活动，如培养卫生习惯、建立健全预防制度、饮食调配制度、规律作息等。[③] 其中，不乏与托儿所有相似之处的方面。除了相近措施，幼儿园的卫生活动还有“教育”的特点。考虑到写作主旨，本节仅对具有教育作用的卫生活动展开论述。

---

① 《幼儿教育参考资料》，1958 年 6 月，山东省档案馆藏，A029—02—0490—003。

② 《全国妇联书记处书记曹孟君向儿童福利积代会致词》，1959 年 3 月 1 日，山东省档案馆藏，A005—01—0101—010。

③ 《大普及大提高大办儿童保健事业——庆祝“六一”国际儿童节》，《山东卫生》1960 年 6 月 2 日。

幼儿园在培养幼儿卫生习惯的基础上，还培养他们讲卫生、爱清洁的卫生意识，使他们树立“以讲卫生为光荣，不讲卫生为耻辱”的卫生观念。对幼儿卫生习惯和观念的培养，教养员主要采取谈话、儿歌和创造性游戏的方式。比如农村儿童常常用袖子擦鼻涕，不习惯使用手帕。为此，教养员教他们唱卫生儿歌，增强他们用手帕擦鼻涕的卫生意识，如“小手巾白又白，咱们两个离不开，你爱我，我爱你，你爱我天天洗，我爱你擦鼻涕”[①]。教养员还运用创造性游戏，一方面鼓励儿童改掉用袖子擦鼻涕的坏习惯，另一方面对他们进行卫生文化教育。海阳县埠后公社幼儿园教养员陈瑞芝主导孩子们玩“供销社”的游戏，让常挂着两条大鼻涕的张建国小朋友扮演售货员，自己扮演“小顾客”去买手帕：“同志，有手帕吗？老师叫俺来买一条擦鼻涕，因为流鼻涕不讲卫生，爸爸妈妈不喜欢。”建国听完这些话，把鼻子擦得干干净净。[②]

另外，教养员引导幼儿积极参加“爱清洁、爱劳动”和“除四害、讲卫生”等集体卫生活动。幼儿园作为社会教育的场所，其卫生活动的目的不仅在培养个人卫生习惯和意识，而且要培养关心集体、关心社会的理念，使幼儿通过力所能及的卫生劳动，为改善校园环境和社会卫生状况做贡献。校园卫生活动即清洁校园，如昌潍专区平度县三提人民公社吕家集村幼儿园让幼儿轮流做值日生；[③]聊城专区阳谷县关门口幼儿园在大扫除时，让4周岁以上的儿童擦小椅子、桌子。[④]社会卫生劳动主要是“除四害”。1958年2月12日，中共中央、国务院发出《关

① 《孙巷公社关于幼儿园教养员模范事迹总结》，1959年1月27日，聊城市档案馆藏，0010—002—110—009。

② 《海阳县教养员代表陈瑞芝同志在儿童福利积代会上的发言》，1959年3月1日，山东省档案馆藏，A005—01—0101—019。

③ 《昌潍专区平度县三提人民公社吕家集村托儿所所长潘玉芝发言》，1960年，聊城市档案馆藏，0010—002—106—074。

④ 《关门口幼儿园情况介绍》，1958年，聊城市档案馆藏，0020—007—276—031。

于除四害讲卫生的指示》后，幼儿参与到这项全民运动中。1959年春，峨嵋新村幼儿园的孩子们敲起小锣鼓，投入到围剿麻雀的运动中；在扑灭蚊蝇时，他们一面扑打苍蝇，一面唱歌：

苍蝇，苍蝇，
你这个坏东西，
一天到晚嗡嗡。
飞到西，飞到东，
厕所里逛逛，
厨房里登登，
飞到食物上，
撒下小毒虫，
我们吃下去，
就会生疾病。
我们要扑你，要灭你，叫你断子绝孙。①

幼儿以唱歌、敲锣的形式参与“除四害”，能够为爱国卫生运动贡献一份力量。但幼儿因为心智不成熟，在支持“除四害”的行为背后，未必理解“除四害”的真正内涵，而是将其作为娱乐的方式。

幼儿园教学活动从1956年冬开启规范化实践到1961年结束，仅有五年时间。在这五年塑造幼儿成为社会主义建设者和接班人的时间里，教学活动构建了新中国第一套较完整的从德、智、体、卫各方面培养社会主义接班人的幼儿教育体系。幼儿园教学活动使受托儿童生命安全和身体健康得到保障的同时，度过了一个前人所不曾拥有的红色童年。在唱歌跳舞、娱乐游戏中，他们的思想被打上政治烙印。

---

① 《讲卫生增健康——峨嵋新村幼儿园做好了卫生教育工作》，《山东卫生》1959年6月4日。

由于家长对幼儿本身和幼儿教育缺乏了解，他们习惯把幼儿园作为照看孩子的场所，而不是教育场所，所以对于幼儿园淡化个人、强化集体，淡化家庭、强化国家的思想教育内容以及政治化、成人化、口号化的教育方式并没有产生忧虑，反而因为孩子能唱会跳、学会知识而欣喜。不仅如此，幼儿园的教育活动和教育成绩也促使家人逐渐认识到儿童并不是年幼无知、事无所成的群体，只要给予重视、栽培和引导，他们也可以体现价值。可以说，正是新中国早期农村幼儿园所开展的教育活动，促使农村社会和家长开始广泛关注幼儿的身心发展特殊性。

第二节　农村小学的教育活动变迁

山东农村地区拥有以私塾教育为主要形式的小学教育传统。1949年前尽管科举考试制度早已废除，但读书和做官联系在一起，成为根深蒂固的观念。老百姓希望男孩子通过读书实现社会阶层上升和光宗耀祖的目的。即便不能实现打破阶层固化、进入上层社会的目的，少数家长也希望他们略通文墨，看清社会发展，以担当起家中顶梁柱的作用。①经历教育制度改革的私塾，是农村儿童获得蒙养教育的主要机构。维护传统伦理道德秩序的儒家经典，是农村儿童所受蒙养教育的主要内容。在教学方法方面，先生采用填鸭式，让学生先背诵、后讲解。在农村，入私塾、受教育只是富裕家庭儿童的特权，大部分贫苦农民子女因为私塾的组织形式和费用被拒之门外。1949年前农村社会尚未开女童广泛

① 春旭口述：《风雨人师路》，载胡艳等编著：《泥土上的脚印——新中国第二代乡村教师口述史》，广西教育出版社2018年版，第81页。

入学之风气，在有限的受教育农村儿童中，女童所占比例极低。因此，私塾教育具有明显的阶级和性别差异。

新中国成立后，党和教育行政等部门力求改变1949年前的农村教育状况，实现由私到公的转变，把学龄期的家庭之子培养成为社会主义建设者和接班人。这种培养无性别之分、无阶级之别，国家极力推行普及教育。不仅教育对象有别于传统，教育目标和教育内容也是如此。农村地区教育目标设立为培养“新式农民”，教育内容主要经历了以文化教育为主、文化教育向劳动教育转型、以劳动教育为主、文化教育与阶级教育并行四个阶段。

国家提倡的小学教育模式与农村社会盛行的传统小学教育模式大相径庭。普及虽然能够使更多的男孩子接受教育，迎合家长希冀男孩子上学求知、光宗耀祖的家庭需要，但也有诸多矛盾与冲突，尤其在女童入学、劳动教育、高小毕业生从事农业生产三个方面。在作为儒家文化重镇的山东地区，“重男轻女”色彩浓厚，家长对于女童入学的态度冷淡。这也是山东与其他地区相比，小学教育的特殊性体现。也正因为如此，新中国早期山东农村小学教育的发展状况，为个人本位儿童观提供了独特场域，女孩子努力向家长争取受教育的权利。至于过多过量的劳动教育，遭到了家长的反对，成为普及教育的阻力。培养“新式农民”的教育目标始终未被民众广泛接纳。

家庭、教师和个人对劳动教育的抗议，促使劳动教育向文化教育转向；对于家庭阻碍女孩子上学，国家则采取党员带头、教师家访、创办简易小学等各种方式极力克服。在三者博弈与妥协的实践中，山东农村小学教育活动的发展经历前进与曲折，但终究使越来越多的学龄儿童步入学校、接受教育。

一、普及小学教育，打破阶级与性别

把儿童纳入教育场所，是国家依据教学目标培养儿童成为社会主义建设者和接班人的前提。幼儿园教育如此，小学教育亦是如此，所以，党和政府极力开展普及小学教育的工作。受传统教育模式影响，普及教育需要打破阶级与性别的限制，同时又需要以文化教育这一符合传统家族本位儿童观需要的内容为衔接点。新中国早期山东农村地区普及教育之路，经历了两段小插曲，虽未能真正实现普及，但也切实增加了儿童的受教育机会。

有助于普及教育的政策法规首先被制定、出台。《中国人民政治协商会议共同纲领》规定："中华人民共和国的文化教育为新民主主义的，即民族的、科学的、大众的文化教育""有计划有步骤地实行普及教育"。1949年12月，教育部召开的第一次全国教育工作会议重申并阐释了《共同纲领》对于新民主主义教育方针的规定，并强调："新中国教育的发展方针是普及与提高的正确结合，即在普及的基础上提高，在提高的指导下普及。"[①]大众化和普及教育的重点吸收对象是所有工农子女，这就打破了富裕家庭儿童和男童享有受教育机会的特权。

由于农村地区小学教育基础薄弱，已有学校难以满足大众化和普及教育的需要，党和政府主张采取"两条腿走路"和实行多种形式办学的方针。但无论是公办小学还是民办小学，都受到政府的领导和管理。在群众办学的政策鼓励下，山东省民办小学的数量迅速增加。1949年山东省有民办小学550所，发展到1951年有1.2万余所，占小学总校

① 钱俊瑞：《在第一次全国教育工作会议上的总结报告要点》（1949年12月30日），载何东昌：《中华人民共和国重要教育文献（1949—1975）》，海南出版社1998年版，第8页。

数的 26.4%。[①] 民办小学的迅速发展，虽然能在一定程度上满足农民子女上学的需要，但也面临着经费、师资等办学条件困难、教学质量无法保证等问题。于是，政府在 1952 年采取控制收缩的方针，将 90%的民办小学转为公办，对未接办的民办小学则采取严格的控制办法。由于政策上的限制，1952 年底山东省民办小学仅余 194 所，学生 37752 人。[②] 政府把民办转为公办及对民办的控制足见对小学教育的管控。1952 年教育部颁布的《小学暂行规程（草案）》规定："小学不论公办或私立的，都由市、县人民政府教育行政部门统一领导。机关、团体、学校、公营企业所办小学的人事、经营等日常行政事项，由设立者领导。"[③]

与日渐增加的公办小学和民办小学形成鲜明对比，山东农村传统的教育场所——私塾，在新中国早期进一步式微，并于 1952 年基本退出了历史舞台。这就意味着对儿童的教育不再完全由家庭决定和安排，而是逐渐变成了政府的公共职能。对于私塾这一旧教育形式的处理，山东省人民政府文教厅制定了《对于私塾之处理方针指示》，实行"允许存在、逐步改造"的方针，在 1952 年把尚存的 1922 所私塾分别转为民办小学和公办小学。[④] 除了政府的改造，在新的教育政策下，私塾也在经历自我解构。比如江苏省扬州市人民政府文教科 1950 年 1 月调查发现，私塾所用教材新旧混杂，既有传统的四书五经，也有《算术》等新课本及苏北行署编的教科书。[⑤]

私塾，尽管从晚清时期开始接受政府改良，但在 1949 年前的农村地区始终处于未能禁绝的状态，甚至依然占据着教育机构的主体。私塾

① 孟庆旭、王玉华主编：《山东教育史》(4)，山东教育出版社 2015 年版，第 23 页。

② 孟庆旭、王玉华主编：《山东教育史》(4)，山东教育出版社 2015 年版，第 23 页。

③ 《中国教育年鉴》编辑部：《中国教育年鉴（1949—1981)》，中国大百科全书出版社 1984 年版，第 727 页。

④ 孟庆旭、王玉华主编：《山东教育史》(4)，山东教育出版社 2015 年版，第 7 页。

⑤ 蒋纯焦：《中国私塾史》，山西教育出版社 2017 年版，第 257 页。

的发展与传统社会小农经济和家庭式生产方式、以血缘宗法为纽带的社会关系、乡绅社会的社会结构紧密相连。1949年后，中国共产党基层政权的普遍建立和日益强大，把农村社会纳入集体化中，打破了原有的生产方式、社会关系和社会结构，也瓦解了私塾教育的根基。具有阶级和性别区隔的私塾教育的消失，成为农村儿童受教育境况与过去相比，发生本质变化的重要体现。

私塾的消失和国家主导的现代教育的普遍建立，带来教育目的、教育内容、教育方式、收费标准等诸多方面的变化。就收费标准而言，政府提倡实行“普遍轻收、少数减免”，这是吸引乡村儿童入学的最重要措施。1951年，教育部在第一次全国初等教育与师范教育会议上明确规定：“各地小学均得按照‘普遍轻收、少数减免’的原则酌收杂费。”①1952年，在山东省仲宫镇张家村五帝庙小学读初小一年级的李保禄回忆：“学费是一年两毛。”②约同一时间，在湖南省阳南塘乡叶家祠堂读小学的叶登稳则回忆，学校不收费，并感慨恰恰是不收费使自己拥有了受教育的机会。“新中国刚成立不久，读书是不要钱的。不像过去读私塾还要拜老师、送银子，这时候的学校还反倒动员我们去读书，贫下中农的子女都可以上学了。要不是这种情形呢，我也读不起书。”③

然而，即使减免了学费，由于儿童入校学习耽误家庭生产，许多家长对孩子上学的态度仍然不积极。为了平衡学生学习和参加生产的关系，政府依据解放区已有经验制定出符合农村劳动习惯的放假时间表。解放区已有经验表明：每年农忙季节，都是儿童辍学高峰期。如麦收后

① 韦悫：《巩固和发展新中国的初等教育和师范教育——在第一次全国初等教育与师范教育会议上的报告》（1951年8月27日），载何东昌主编：《中华人民共和国重要教育文献（1949—1975）》，海南出版社1998年版，第110页。

② 根据笔者于2017年6月1日在济南市仲宫镇张家村对李保禄的访谈录音整理。

③ 叶登稳口述：《我的民办教师生涯》，载郑新蓉等编著：《开拓者的足迹——新中国第一代乡村教师口述史》，广西教育出版社2018年版，第205页。

这一段，冀鲁豫行署各专属小学的人数大大减少：六专署统计高小的人数比麦前减少 15.3%，初小则减少 48.3% ；八专署统计高小人数减少 38.6%，初小则减少 29%，其他各专区半多类此。[①] 山东省教育厅规定：农村小学以放寒、麦、秋假为宜。[②] 放假时期不包括酷热难耐的暑假，而是主要以家庭劳动需要依据，顾及了儿童是家庭劳动者的传统身份定位和认知。

放宽儿童入学年龄，是另一条国家与社会互动下普及教育的重要措施。《小学暂行规程（草案）》采取了《关于改革学制的规定》中以七足岁为标准的入学年龄。[③] 然而，家长没有按照规定年龄送孩子入学，学校也没有按照规定年龄招收，儿童入学年龄普遍偏大，尤其在农村。1951 年秋，山东省菏泽市郓城县高花园村 12 岁的春旭始上学，他回忆："小孩上学特别晚，特别是女生更晚，当时班里还有 20 多岁的学生。"[④] 山东的状况和全国基本一致。教育部于 1953 年和 1954 年的统计："两年来小学一年级共招生 24138850 人，七足岁的（包括一部分不满七足岁的）只占 28.65%，八足岁和八足岁以上的共占 71.35%。七足岁入学的绝大部分是城市儿童，农村多数是九足岁入学。"[⑤] 对此，官方决定采用群众已经逐渐习惯的"尽先招收大的"的办法，把入学年龄放宽为"城市小学不收不满七足岁的儿童，尽先收八足岁的儿童，有空额再收七足

---

① 《本年秋后的小学教育工作》，1948 年，聊城市档案馆藏，0014—027—070—001。

② 《关于印发"山东省小学教育暂行实施办法草案""山东省小学教师服务暂行规程草案""山东省小学教师学习方案草案"的通知》，1950 年 1 月，山东省档案馆藏，A029—01—0379—001。

③ 《小学暂行规程（草案）》（1952 年 3 月 18 日），载北京师范大学教育科学研究室：《中小学教育政策法令选编（1949—1966）》，北京师范大学出版社 1979 年版，第 47 页。

④ 春旭口述：《风雨人师路》，载胡艳等编著：《泥土上的脚印——新中国第二代乡村教师口述史》，广西教育出版社 2018 年版，第 81 页。

⑤ 《关于儿童入学年龄提高由内部掌握的通知》，1955 年 7 月 21 日，山东省档案馆藏，A029—02—0430—019。

岁的；农村仍收八足岁以上十二足岁以下的学生”。①

另外，为吸纳学龄儿童入学，政府还采取了一种与介入新生儿生育、婴幼儿养育、幼儿教育相似的措施，即培训小学教师。经过培训的教师，不仅是国家教育方针的执行者，而且担任起宣传员，广泛动员儿童入学。这种普及教育的方式，使得国家权力能够更有效地进入到千家万户。1950年在柳埠镇突泉村上初小一年级的刘登玉提到自己和同龄人被王老师动员入学的场景：

> 1950年，我9岁，准备上一年级了。我记得，离开学还挺长时间，王老师就上俺家动员，说女孩子也得让她上学，上了学长出息，现在政策变了，国家不要钱……其实，俺父亲有文化，本身挺重视子女教育，打算让我上学，俺大哥、二哥都上过学，再加上我是俺家最小的孩子。那时候老师真不容易，既得负责上课，教好几门、好几个年级，还得挨家挨户宣传动员，统计有多少学生能上学。动员完还怕家长说话不算数，刚开学那阵儿天天去人家家里领学生，有的学生不愿意来，家长也不管，老师就把学生连背带抱、连拖带拽地弄学校里。②

教师家访和动员学龄儿童入学的方式，在农村社会长期存在。当刘登玉1959年初中毕业后成为柳埠镇突泉村小学教师，乃至1961年嫁到仲宫镇张家村做小学老师、小学校长时，她都会在每年的招生季、开学季，甚至学生面临辍学的中途给家长做工作，向家长宣传国家的教育方针政策，劝说家长“知识改变命运”，极力吸引学生入学。③

在普及教育的过程中，女童的教育问题受到党和政府额外关注。

---

① 《关于儿童入学年龄提高由内部掌握的通知》，1955年7月21日，山东省档案馆藏，A029—02—0430—019。

② 根据笔者于2017年5月30日在济南市仲宫镇张家村对刘登玉的访谈录音整理。

③ 根据笔者于2017年5月30日在济南市仲宫镇张家村对刘登玉的访谈录音整理。

在“男主外、女主内”传统性别文化和重男轻女思想规训下，尽管女子学校教育从清末开始起步，但只有少数女子获得接受初等教育的权利和机会，1909 年初等教育学生在校比为 7.915%，发展到 1930 年为 15.1%，农村社会拥此权利的女童更是少之又少。[①] 新中国初年，这种情况依然广泛存在。1949 年 11 月平原省教育科聊城专署统计第三学段学生在校情况显示：初小共有学生 158861 人，其中女生 41049 人，约占总体的 25.84%；高小共有学生 617 人，其中女生 9 人，仅占总体的 1.46%。

女童和男童同为未来社会主义建设者和接班人，需要具备知识和文化。为了改变这种状况，《共同纲领》第六条和 1954 年《中华人民共和国宪法》第九十六条均以法律的形式保障女童与男童拥有平等的受教育权。“中华人民共和国妇女在政治的、经济的、文化的、社会的和家庭的生活各方面享有同男子平等的权利。”另外，政府还通过宣传动员、教师家访、党员干部带头相结合的方式，鼓励女童入学。由于母亲是妇女委员，自己才有机会读书的刘荣文就是一个很好的例子：

> 俺娘是妇女委员。人家说干部带头，俺娘就让我去上学了。其实，当时上（学）的真不少，末了[②] 都下来了。俺娘看人家都下来了，也想让我下来。我是个赖皮，她让我在家看孩子，我就背着孩子去上学；她让我干营啥[③]，我就干完再回学校。去考高小的时候，俺娘不让我考，我都给俺娘跪下了，我说：“让我考考试一试，考上了我也不去。”我心里知道，如果我真考上了，他们不好意思不让我去。末了俺娘还没应，俺父亲软了心，给了我两毛钱。我

① 谷峪：《中日近现代女子学校教育比较研究》，吉林教育出版社 2002 年版，第 257、265 页。

② 末了，方言，最后的意思。

③ 营啥，方言，家务的意思。

就是个死赖皮，赖完高小赖初中，硬赖下来了。[①]

刘荣文能够拥有上学求知的机会，受益于党员干部发挥模范带头作用的号召。[②]但身为妇女委员的母亲给予她踏入校门的机会，也成为她求学路上最大的阻碍，要求她辍学做家务，禁止她参加升学考试。母亲前后矛盾的行为与大多数农村家长的做法相似。上千年的封建传统观念不是依靠法律、宣传和榜样就能够轻易改变的。正所谓上有政策，下有对策，“有不少人是村长去做动员了，他就把他家的女娃送过去，村长一走他又把女娃领回去让她下地干活”[③]。所以，新中国早期的农村小学普遍呈现出入学人数尚可，但过不了多久就出现断崖式下降的现象，尤其是女学生。

新旧交替之际，女童受教育更容易得到男性家长的支持。关键时刻，父亲帮助刘荣文解围。1952年，在河北省青龙县读小学的高秀珍，也因此对父亲和哥哥充满感激。[④]在撬动传统性别秩序方面，母亲之所

---

① 根据笔者于2019年4月28日在东营市垦利区胜兴花园对刘荣文的访谈录音整理。

② 党员带头在其他地区也同样适用。河北省青龙县杨素云的求学缘起与刘荣文相似，她的哥哥是教育委员：每次到别人家做工作，人家就会问：“你妹妹出去读书了吗？”于是，哥哥让她读书，并带她作宣传。见杨素云口述：《我是青龙的女校长》，载郑新蓉等编著：《开拓者的足迹——新中国第一代乡村教师口述史》，广西教育出版社2018年版，第189页。

③ 高秀珍口述：《我是新中国第一代乡村女教师》，载郑新蓉等编著：《开拓者的足迹——新中国第一代乡村教师口述史》，广西教育出版社2018年版，第41页。

④ 高秀珍回忆，哥哥念书时，她跟爹娘说也想上学，结果被娘照头杵了一拳说：“丫头片子念啥书，将来早晚是个嫁，念来念去都是别人家的。”见娘不同意，她又去求爹，爹当时也没有说话。后来，哥哥一回来，她就缠着哥哥教；哥哥走了，她就自己在家学。后来爹被打动了，和娘合计了好几宿，最后答应让她念书。小学念完后，她还想念，但娘说啥也不答应，要给她说亲。关键时刻，是哥哥劝服了爹娘。哥哥说不管男女，念书识字懂道理将来总是有用的。高秀珍口述：《我是新中国第一代乡村女教师》，载郑新蓉等编著：《开拓者的足迹——新中国第一代乡村教师口述史》，广西教育出版社2018年版，第36页。

以成为传统性别秩序的捍卫者，主要基于她们在传统性别文化生活下的生命体认；而以父亲和兄长为代表的男性家长，则基于对社会形势的了解和掌握，成为传统性别秩序的破坏者。在女童上学这种介于公私领域之间的事情上，男性拥有最终话语权。男女两性之间不均等的家庭资源分配和生活模式，演绎出男性解放女性的逻辑。

增加农村小学数量、减免学费、根据农业生产需要制定假期、放宽儿童入学年龄、教师挨家挨户动员、鼓励女童广泛入学等措施，是新中国早期普及教育的几个重要方面。另外，1953 年前国家尤其注重和强调文化教育。以智育为主的教学活动，未全然脱离传统的家庭本位儿童观，符合家长对子女通过学习光宗耀祖的期待。这一点有助于在农村社会对普及教育缺乏认同感的前提下，最大限度吸引儿童入学。

根据解放区的教育事业几十年的实践经验，智育是吸引工农子女入学的关键。中国共产党曾借助儿童团、姊妹团等儿童组织强制学龄儿童入学的办法，但效果不如关注文化学习、减少社会活动，后者更易于得到部分家长的支持。① 另外，智育是改革旧教育、建设新教育的最佳衔接点。工作会议规定，旧教育改革需要遵循有计划、有步骤和谨慎进行的方针，并注意防止急躁、粗暴与拖延不改的两种偏向。② 无论是乡村社会流行的儒家私塾教育，还是国民党统治区倡导的公立党化教育，这两种旧教育形式皆依托于文化知识。

在第一次全国教育工作会议精神指导下，各级各地教育行政部门

---

① 《本年秋后的小学教育工作》，1948 年，聊城市档案馆藏，0014—027—070—001。

② 《马叙伦部长在第一次全国教育工作会议上的开幕词》（1949 年 12 月 23 日），载何东昌主编：《中华人民共和国重要教育文献（1949—1975）》，海南出版社 1998 年版，第 6 页。

随后制定的相关小学规章制度，亦把文化知识放在首位。山东省教育厅于1950年初颁布的《山东省小学教育暂行实施办法》规定："小学教育是新民主主义国家公民的基础教育，应以发展儿童知（智）慧，增进儿童健康，培养儿童爱护人民国家之思想为宗旨。"①《小学暂行规程（草案）》也是明确规定："小学教育的宗旨是根据新民主主义的教育方针和理论与实际一致的教育方法，给儿童以全面的基础教育，使他们成为新民主主义社会热爱祖国和人民的、自觉的、积极的成员。小学实施智育、德育、体育、美育全面发展的教育。"②

新中国初年教育行政部门创造的便于儿童入学的条件，及对文化知识的关注，激发了农村家长送子女入学的愿望，使普及教育取得成效。尽管在重男轻女传统性别文化作用下，女孩入学仍然困难重重，但因为政策宣传、模范带头等原因，教育资源性别分配不均的情况也开始缓解。据教育部不完全统计，1951年上半年，全国共有小学438711所，学生35872667名，教师104万人。入学儿童已占全国学龄儿童的50%以上，超过了过去最高水平1946年的45%左右；③到1953年11月，小学生人数已达五千五百余万，较1946年增加了135%。④

1953年国家开始有计划的经济建设，教育也被纳入有计划建设的轨道。山东省制定了教育事业发展的第一个五年计划——《1953—1957

① 《山东省小学教育暂行实施办法》，1950年，山东省档案馆藏，A029—01—0379—001。

② 《小学暂行规程（草案）》（1952年3月18日），载北京师范大学教育科学研究所：《中小学教育政策法令选编（1949—1966）》（上册），北京师范大学出版社1979年版，第46页。

③ 韦悫：《巩固和发展新中国的初等教育和师范教育——在第一次全国初等教育与师范教育会议上的报告》（1951年8月27日），载何东昌主编：《中华人民共和国重要教育文献（1949—1975）》，海南出版社1998年版，第109页。

④ 《政务院关于整顿和改进小学教育的指示》（1953年11月26日），载何东昌主编：《中华人民共和国重要教育文献（1949—1975）》，海南出版社1998年版，第236页。

年教育事业计划纲要（草案）》。在有计划的管理中，普及教育逐步推进。据统计，1956年山东省共有小学5.23万所，在校学生501.57万人，比1949年分别增长90.34%和1.6倍，平均每两个自然村便有一所小学，儿童入学率由1949年的20%提高到57.1%。①增长的数字呈现出整体向好的趋势，然而这一时期由于文化教育向劳动教育转向，偏离了光宗耀祖的家庭期待和学习知识的个人意愿，使得普及教育遭遇挫折。

促使文化教育向劳动教育转型的直接原因是高小毕业生升学和中学资源紧张的矛盾。小学毕业生升学和中学资源紧张的矛盾，在1952年不仅被教育部门发现，而且陆续得到各地小学毕业生、学生家长和其他读者的反映。在1952年8月召开的中小学教育行政会议上，时任教育部部长马叙伦明确，发展中等学校，特别是发展普通中学，是今后几年教育建设中的关键。②马叙伦的讲话指明了发展中等教育的方向，但教育资源增加需要依托经济恢复和发展，在百废待兴的时代，短期内难以实现。1952年9月16日，《人民日报》刊文《用革命精神和革命办法解决小学毕业生升学问题》，提供了两种解决途径：一是大量推行中学二部制（包括夜间班），二是鼓励学生投考初级师范、初级技术学校及各种训练班。③然而这两种途径同样不能从根本上解决矛盾。教师和家长对学生的期待是升入正规中学，如1953年山东省蓬莱县潮水乡一百七十五个高小毕业生，百分之百要求升学。④

在无法有效解决小学毕业生升学这一社会问题的情况下，教育部

---

①　孟庆旭、王玉华主编：《山东教育史》(4)，山东教育出版社2015年版，第23页。

②　张树军主编：《图文共和国年轮(1949—1959)》(1)，河北人民出版社2009年版，第188页。

③　《用革命精神和革命办法解决小学毕业生升学问题》，《人民日报》1952年9月16日。

④　田牧：《关于山东蓬莱县潮水乡高小毕业生参加农业的情况调查》，《人民日报》1953年12月3日。

开始提倡组织高小毕业生参加农业生产。然而，宣传和提倡，非但没能改变家长对子女通过学习文化知识实现阶级流动和光耀门庭的期待，反而出现了1955年全国各地在校学生不同程度的退学休学现象。在大部分高小毕业生参加农事生产的社会潮流中和“劳动光荣”的宣传语境下，部分学生和家长认为“参加农业生产不需要文化”“晚光荣不如早光荣”。[①]1955年，农村又恰逢农业合作化运动高潮前夕，加入农业生产合作社的农民日渐增多，家长认为让孩子在学校参加义务劳动远不如参加家庭劳动、增加家庭收入，尤其对家庭缺乏劳动力、超龄生和学习成绩差的学生而言。据教育部1955年初步统计，全国学校中途辍学的小学生达510万人，上半年一般中小学学生退学休学人数都在10%以上。[②]山东省的小学生退学休学趋势和教育部统计相当，如聊城专署寿张县学生退学率为9.7%，巨野县十区学生退学率达21%。[③]

在家长要求下，学生以退学休学的方式表达着对劳动教育的不满和对升学深造的渴望。这成为新中国早期国家普及教育过程中一个小插曲。这种情况的出现源于国家、家庭、个人三者之间在儿童受教育目的上的冲突。国家依据建设需要调整教育内容，当中学资源无法满足高小毕业生升学和农业现代化发展时，劳动教育被提上日程。而在老百姓的传统认知中，学校是学习知识的场所，知识是认清社会发展形势、打破阶层固化、实现光宗耀祖的敲门砖。儿童自身也希望接受文化教育，而不是过多的劳动教育。

---

① 《注意小学学生退学现象，大力做好巩固小学学生工作》，1955年，聊城市档案馆藏，0020—006—037—022。

② 《目前国民教育方面的情况和问题教育部长张奚若在第一届全国人民代表大会第三次会议上的发言》（1956年6月20日），载何东昌主编：《中华人民共和国重要教育文献（1949—1975）》，海南出版社1998年版，第640页。

③ 《注意小学学生退学现象，大力做好巩固小学学生工作》，1955年，聊城市档案馆藏，0020—006—037—022。

来自农村社会的“抗议”，促使国家尽力采取补救措施，制止小学生流动现象并降低其负面效应。但这些措施主要包括思想教育和宣传动员，没有重视和强调文化教育，所以无法从根本上解决问题。退学休学的趋势在1956年不仅没有好转，反而持续扩大。根据河北、辽宁、吉林、黑龙江、山东、江苏等12省的报告，中小学生大批辍学，绝大部分辍学的是农村的学生，以中、贫农成分的学生占多数。①

1956年，随着三大改造的基本完成，我国完成了生产资料所有制的社会主义改造，开始进入社会主义建设的新时期。在建设过程中，政治、经济的不断发展对教育提出了新的要求。1956年1月25日，最高国务会议通过的《1956—1967年全国农业发展纲要（草案）》中规定：“从1956年开始，按照各地情况，分别在七年或者十二年内普及小学义务教育。”②山东省教育厅根据《1956—1967年全国农业发展纲要(草案)》制定了《山东省教育工作十二年规划要点（初稿）》，提出了山东教育未来12年目标，其中与小学教育相关的内容为：10年内，即1965年底在全省范围内完成普及小学教育。③

在教育根基不牢、教育设施不足且老百姓对普及教育尤其是女童教育缺乏认同感的广大农村地区，实现12年普及全国小学教育，10年普及山东省小学教育的目标绝非易事。何况由文化教育向劳动教育的转型，已经引起家长和儿童自身的不满。普及教育的难度，因为“大跃进”时期教育政策的调整，进一步增加。

一方面，政府于1956年制定的普及教育的规划，在“大跃进”时

① 《关于克服当前中小学辍学现象的通知》，1956年9月17日，聊城市档案馆藏，0014—002—061—010。

② 《中国教育年鉴》编辑部：《中国教育年鉴（1949—1981）》，中国大百科全书出版社1984年版，第123页。

③ 吕可英、尹钧荣主编：《山东教育四十年》，山东教育出版社1989年版，第90页。

期被打乱，目标实现时间被大大提前。1958年3月21日，山东省暨济南市宣传文教工作“大跃进”誓师大会召开，大会提出“全线出击，展开竞赛，奋战百日，赶上形势”的口号。22日，山东省委宣传部公布了《全省宣传文教工作大跃进“百日奋战”计划要点》，规定了百日内教育大跃进的具体内容和要求，包括：一年内普及小学教育，将354万未入学的学龄儿童全部组织入学，应届77万初小毕业生和12岁以下的往届初小毕业生全部升入高小，达到社社办小学，在50个以上的县（市、区）实现普及小学教育。① 这就把10年的普及时间压缩为3年。

另一方面，在跑步进入共产主义和全民大生产的社会形势下，随着教育方针的改变，劳动教育成为学校教育的主要内容。虽然在文化教育向劳动教育转型的过程中，劳动教育日渐得到重视，但文化教育依然是教学活动的主要内容。在培养社会主义接班人的各种表述中，智育始终在德育、体育、美育之前。如《人民教育》1955年1月号社论《积极地稳步地提高教育质量是今后普通教育的中心任务》指出：“必须遵照全面发展的方针，贯彻智育、德育、综合技术教育、体育和美育，使学生获得全面发展。”②1957年后则不然，在“使受教育者在德育、智育、体育几方面都得到发展，成为有社会主义觉悟的有文化的劳动者”教育方针指导下，劳动教育得到更多的强调，并在1958年伴随“教育为无产阶级的政治服务，教育与生产劳动结合”教育方针的确立进一步强化。

“大跃进”时期，普及教育的一条重要措施是，采取“两条腿走路”的办学方针，鼓励群众办学。《关于教育工作的指示》明确：“教育是人民群众的事业”“采取从群众中来、到群众中去的群众路线的方法，贯

① 孟庆旭、王玉华主编：《山东教育史》(4)，山东教育出版社2015年版，第62页。

② 《积极地稳步地提高教育质量是今后普及教育的中心任务》，《人民教育》1955年第1期。

彻全党全民办学”。[①] 群众办学，作为普及教育的重要方式被着重提出。半工半读学校、各种业余学校将和全日制学校成为新中国的三种学校类型。在此办学方针指导下，1958 年 11 月，山东省教育厅在肥城召开的教育会议，规定：“综合全县各公社的情况，可贯彻一个元帅，两条腿，三种形式，四条线。”[②]肥城教育会议推动了山东农村地区掀起人民公社办学的热潮。在“插红旗、拔白旗”教育“大跃进”的形势下，群众办学成为公社一项政治任务。据山东省聊城专署文教局于 1960 年 1 月 7 日在冠县、范县等四个地区调查，范县濮城人民公社社办小学达到 73 班，学生 2448 人，占学生总数（8808 人）的 28%。[③] 群众办学在一定程度上辅助普及小学教育，但其稳定性有待考量。

经过教育“大跃进”，山东地区在普及教育方面取得了辉煌的“成绩”。截止到 1958 年 9 月，全省新建小学 3.14 万所，总数达到 8.88 万；新增学生 236 万人，总数达到 726.9 万人，比年初增长 48%；已有 106 个县市学龄儿童入学率达到 90%以上，其中 86 个县市达到 95%以上。1958 年 10 月 17 日，山东省向教育部报捷：山东全省普及了小学教育。[④]

若仅从数字上看，普及教育似乎已经达到指标、基本完成，然而真实情况远非如此，普及教育的措施缺乏持续性。史料表明，这些数字绝大多数是浮夸、虚报，有的县几天突击学完课程，不经考试就报捷，有的县则把报名数当成毕业数。[⑤] 在普及教育的诸多措施中，群众办学、

① 《中共中央国务院关于教育工作的指示》，《人民日报》1958 年 9 月 20 日。

② 一个元帅即所有各级各类学校均由公社党委统一领导，两条腿即国家办和公社办，三种形式即全日制、半工半读和业余学习，四条线是幼儿教育、小学教育、中等教育、红专学校教育。参见《中共肥城县委关于当前教育工作几个问题的意见》，1958 年 11 月 6 日，山东省档案馆藏，A029—02—0487—004。

③ 《范县濮城人民公社巩固提高社办小学的几点经验》，1960 年 1 月 15 日，聊城市档案馆藏，0020—006—106—009。

④ 孟庆旭、王玉华主编：《山东教育史》(4)，山东教育出版社 2015 年版，第 64 页。

⑤ 孟庆旭、王玉华主编：《山东教育史》(4)，山东教育出版社 2015 年版，第 64 页。

强制入学、缩短学制等均没有取得预期的效果。

1962年，教学内容由劳动教育转向以“教学为主”，这不仅是国家现代化建设需要，也是国家本位儿童观向家族本位儿童观和个人本位儿童观调整的结果。新中国初年，国家吸引工农子女入学的实践已经证明，国家重视文化教育，符合家长对儿童受教育的目的期许，也符合个人渴望学习的愿望。

尽管国家调整了教育内容，再度回归到文化教育中，但“大跃进”给普及教育带来了重创。1963年，山东农村儿童的入学状况依然持续下降。按照1963年10月7日教育部下达的《委托部分省、市教育厅（局）对农村教育进行调查研究的通知》,[①] 山东省教育厅农村教育工作队和部分地区文教局于1963年冬和1964年进行了农村教育调查。调查发现，自1959年开始的学龄儿童入学率下降状况始终没有得到缓解。

学龄儿童入学率持续降低，一方面反映出经济困难对教育的持续性影响。在经济困难时期，子女上学对广大农村家庭而言是一件高投资的奢侈品。在1963年，初年级学生人均需10余元，六年级学生人均需20余元。[②] 尽管与传统社会的私塾相比，费用已经降低，但经过三年困难时期，学费成为一项不容低估的家庭开支。宁阳县葛石公社鹿家崖生产大队队员鹿宪说:“谁都知道识几个字好，就是家里困难上不起。”[③] 教师做家访、劝说家长 :“眼前利益服从长远利益。”家长说：“还是先顾吃

① 《委托部分省、市教育局（厅）对农村教育进行调查研究的通知》，1963年10月7日，山东省档案馆藏，A029—001—0162—001。

② 《农村小学教育问题（宁阳县农村教育调查材料）》，1964年1月，山东省档案馆藏，A029—001—0162—008。

③ 《宁阳县葛石公社古村口大队小学教育情况的调查》，1963年12月15日，山东省档案馆藏，A029—001—0162—014。

穿吧。”结果教师没说服家长，反而被家长说服。①

入学率持续降低，还反映出劳动教育和毕业生从事农业生产，对家长支持子女入学积极性的持续性打击。自1953年开始，农村高小毕业生从事农业生产得到国家提倡，劳动教育也逐渐付诸实践。在此影响下，子女上学这件“奢侈品”不能为农民带来高收益，也不符合传统教育目的认知。看到下放教师和回乡劳动的毕业生，农民普遍认为，既然上学也得劳动，还不如不上学早参加劳动、早挣工分。如宁阳县葛石公社古村口大队社员鹿九儒，得知大孩子去年初中毕业后回家生产，就把正在上小学的两个妹妹和自己的一个小孩都叫下来了，并说：“再不指望上学吃饭了。”②

与受教育“高投资、低回报”的性质相比，在集体劳动、按劳分配的原则下，儿童参加劳动能够给家庭带来即时收益。首先，子女在家里从事拾柴、看弟妹等活动，母亲可以参加生产劳动、挣工分。其次，年龄稍大的儿童去队里干活，能够直接挣工分。也正是基于这种实际状况，学龄儿童入学率降低、流动率提高。同时，集体劳动环境和分配原则也促使家长对儿童的身份进行重新定位，“劳动者”这一身份逐渐凸显，甚至影响到家庭劳动秩序的重构。

在“重男轻女”思想浓厚的山东地区，女童入学率不理想。对于这一阶段的许多女孩子而言，“大跃进”时期普及教育的激进措施，使她们获得了人生唯一一段学校教育经历。家庭教育资源性别分配不均的情况，在山东省农村教育调查中也有体现。社员普遍认为，女孩子将来嫁人，供她们上学太亏。宁阳县葛石公社鹿家崖生产大队社员鹿庆桂

① 《宁阳县葛石公社古村口大队小学教育情况的调查》，1963年12月15日，山东省档案馆藏，A029—001—0162—014。

② 《宁阳县葛石公社古村口大队小学教育情况的调查》，1963年12月15日，山东省档案馆藏，A029—001—0162—014。

说："女孩子上学，白花钱沾不着利，将来叫小男孩上。"惠民专署彭集公社赵家、籍家、庄科李三个大队校外182名学龄儿童中，女童有128人，占校外学龄儿童总数的70.5%。①

明确了经济困难、家庭劳动需要和家庭教育资源性别分配不均，是导致入学率持续下降的重要原因后，国家采取针对性措施。其中，最具代表性的是从1964年开始广泛设立的简易小学。简易小学打破了教育的"高投入"性质。惠民彭集公社籍家大队简易小学教师吴爱荣的工分报酬由大队支付，房子和案板由大队负责安排，晚班的灯油费由公益金承担，学生自带小座位，除书费和文具费以外，不需另外花钱。②为了照顾家庭对子女劳动的需要，简易小学形式多种多样、制度灵活。籍家大队简小实行闲时上、忙时放，雨雪天就加班，③宁阳县潘辛庄简小分午班和晚班。④无论是哪种形式，都尽量不耽误儿童做家务。

简易小学，能缓解家庭阻碍子女上学和国家吸引儿童入学的直接冲突，为工农子女入学打开方便之门，扭转了1959年以来学龄儿童入学率持续下降的状况。据统计，1964年山东省学龄儿童总数是956.4万人，小学在校学生共有748.1万人（内有公办全日制小学411.2万人，民办全日制小学200.8万人，工读小学136.1万人），其中学龄儿童647.7万人，学龄儿童的入学率为67.7%。⑤

---

① 《山东省惠民专员公署文教局农村教育重点调查报告》，1964年1月2日，山东省档案馆藏，A029—001—0162—005。

② 《山东省惠民专员公署文教局农村教育重点调查报告》，1964年1月2日，山东省档案馆藏，A029—001—0162—005。

③ 《山东省惠民专员公署文教局农村教育重点调查报告》，1964年1月2日，山东省档案馆藏，A029—001—0162—005。

④ 《农村小学教育问题（宁阳县农村教育调查材料）》，1964年1月，山东省档案馆藏，A029—001—0162—008。

⑤ 《山东省各专署、市、县学龄儿童入学率情况》，1964年11月15日，山东省档案馆藏，A029—001—0539—007。

刘少奇对两种劳动制度和两种教育制度的强调，不仅促使“简易小学”改名为“耕读小学”，而且推动这种办学形式的进一步发展。1964年5月中旬，在听取关于“三五”计划初步设想的汇报时，刘少奇指出：“从长远考虑，我们这个国家怎么普及教育？按照现在的办法，农民负担不起，国家也负担不起，在目前的制度办法下，谈普及教育是行不通”，“现在看只有一种制度不行，必须有两种劳动制度，两种教育制度，两种学校制度”。① 此后，刘少奇在中央工作会议上进一步提出实行两种教育制度和两种劳动制度的建议，得到会议肯定。在此指示下，从1964年下半年开始，一大批半工半读和半农半读的学校陆续建立。

尽管国家提倡的简易小学和耕读小学在办学形式、收费标准、上课时间等诸方面都考虑了家庭因素，也切实取得了成绩，但在吸纳女童入学方面还是遇到了麻烦。1964年4月，聊城茌平县何庄工读小学教育委员在登记学生时，遇到许多家长不让登记的情况。村民何东伦说：“你们千万别登记俺的妮子，需要她在家看孩子，我这户算作废吧！”一连碰到十余户，都是如此。② 家长担心女孩子上学会耽误做家务。为了换取家长的支持，学校允许女孩子边做家务边上学。于是，何庄工读小学出现了略带戏剧性的场景：

> 起初，十七名学生和十四个小孩都挤在教室里。一上课，你哭我叫，不是打就是闹。撕学生的书，捂学生的眼，拽学生的辫子，抹学生的字，屋子里乱作一团。特别是小孩一会儿拉了，一会儿尿了，这一来就更不好办了。教室里不成样子，课上不成，

① 《刘少奇在听取国家计委领导小组汇报时的谈话记录》（1964年5月14日），转引自金冲及主编：《刘少奇传》（下），中央文献出版社1998年版，第988页。

② 《我是怎样组织带孩子的儿童坚持学习的——茌平县何庄工读小学教师杨宝珠》，1965年9月5日，聊城市档案馆藏，0008—002—077—018。

孩子也看不好。

……

杨桂勤的母亲叫桂勤在家喂小鸡，她就把鸡笼带到学校里喂；还有的需要学生做线穗子等，她就把纺车搬到学校里纺；马玉玲、马桂新姊妹俩需要择菜，她们就把菜篮挎到学校，同学们课间也会帮她们择。[①]

山东农村地区的女孩，争取受教育权的过程，较许多地区多出几分艰辛。女孩子抱着弟弟妹妹、提着鸡笼、搬着纺车、挎着菜篮走进学校，可见一斑。当同时期湘北塘村的女孩享有和男孩相同的接受学校教育的机会和权利时，[②]山东农村的许多女孩还在学校大门之外。19位在1949—1966年处于学龄期的女性受访者，仅有11位接受了学校教育。其中，王工兰、缪生花、高秀云三人受教育机会得益于“大跃进”时期的相关政策，王桂芳和张菊花两人受教育机会得益于耕读小学，党秋莲读完小学二年级被迫辍学，刘荣文和牟月辰两人则以与家长抗争的方式读完初中，只有刘登玉、王爱英、马淑君三人得到家长的支持。男性受访者对家中姊妹受教育情况的回答，也能从侧面反映出女孩上学的艰辛，如李保禄说：“我们家三个男孩，哪能轮到女孩上学？”[③]

山东农村地区家庭教育资源分配深受性别因素的影响，提供了认识三种儿童观博弈与妥协的独特场域。除却“大跃进”时期，女童的实际受教育机会主要由家长掌握，但在整个过程中，父权家长制被国家和儿童不断挑战，进而逐渐式微。国家通过法律保障、宣传教育、教师家

---

① 《我是怎样组织带孩子的儿童坚持学习的——茌平县何庄工读小学教师杨宝珠》，1965年9月5日，聊城市档案馆藏，0008—002—077—018。

② 李斌：《村庄视野中的阶级、性别与家庭结构：以1950年代湘北塘村为中心的考察》，湖南人民出版社2013年版，第132—133页。

③ 根据笔者于2017年6月1日在济南市仲宫镇张家村对李保禄的访谈录音整理。

访等方式告知老百姓女孩应该受教育，并由干部带头，使用多种办学形式把女孩争取到学校教育中。与1949年前农村社会尚未开女童广泛入学之风气相比，女童受教育的环境有了很大改善，父母的态度也或多或少发生转变。另外，在国家和家庭抗衡中，女童自身也极力为自己争取受教育权，刘荣文背着妹妹去上学、为了拿到2角钱考试费给父母下跪，[①] 牟月辰捡起被父亲撕烂的课本、背起妹妹倔强地奔向学校，[②] 党秋莲和高秀云则哭闹了好些日子。[③] 女童自身的行为和自主的选择，对于国家把她们由家庭私领域吸纳至学校公领域至关重要，也刷新了家长对女孩受教育的认识。

吸纳女童入学，是农村地区普及小学教育工作的重点，也是一大难题。这个难题虽然未能得到彻底的解决，但在国家介入下逐渐化解，成为新中国早期普及教育的成果之一。与打破性别限制的效果相比，普及教育的措施在打破阶级限制方面的效果更加明显，越来越多的贫、下中农子女被纳入到政府管理的学校教育中，接受国家意识形态教育。普及教育取得了可观的成效，山东地区学龄儿童入学率由1949年的20%增长到1964年的67.7%，体现出家族本位儿童观的衰微。

二、培养以“新式农民”为主的建设者

“新式农民”的培养目标，尽管不符合家庭对儿童通过学习实现阶层流动的期待，但在农业现代化的发展方向下，把儿童置于劳动力结构的顶端。这一点成为提高儿童社会地位和家庭地位的关键。

---

① 根据笔者于2019年4月28日在垦利区胜兴花园对刘荣文的访谈录音整理。

② 根据笔者于2019年5月10日在聊城市阳谷县城对牟月辰的访谈录音整理。

③ 根据笔者于2019年5月2日在东营市垦利镇惠丰社区对党秋莲的访谈录音整理；根据笔者于2019年5月1日在东营市垦利区建设银行家属院对高秀云的访谈录音整理。

新中国成立后，中国共产党再造“儿童”的社会身份。新中国早期的儿童定位有多种表述，如“新中国的小主人”“社会主义新人”“毛主席的好孩子”。其中，“建设者”和“接班人”的运用最广泛。1949年10月1日至1966年5月31日中国共产党中央委员会机关报《人民日报》显示，以“建设者”为初次检索词、“儿童”为二次检索词检索全文，共有224条记录；以“接班人”为初次检索词、“儿童”为二次检索词检索全文，共有197条记录。另外，“建设者”比“接班人”更早确立。“建设者”的定位首次出现在1950年4月23日—27日召开的第一次全国少年儿童工作干部大会上，“今天的少年儿童就是明天的新民主主义社会、社会主义社会乃至共产主义社会的建设者”[①]。“接班人”的定位首次出现在1954年9月15日—28日召开的第一届全国人民代表大会第一次会议上，“少年儿童是我们国家最宝贵的财富，是我们社会主义事业的接班人”[②]。这两个身份定位代表着“小主人”身份的明晰。

“建设者”身份的确立，源于党的工作重心的转变。1949年3月召开的七届二中全会指出，解放战争即将取得全国胜利，巩固这个胜利，需要很久的时间和花费很大的气力，而巩固胜利的关键在于迅速恢复和发展生产，使中国稳步地由农业国转变为工业国，由新民主主义国家转变为社会主义国家。这表明党的工作重心开始由革命战争向建设倾斜。1949年6月1日，毛泽东等人复电民主同盟主席张澜，强调：“今后工作重心在于建设。”[③]1950年6月在北京召开的七届三中全会，正式把党的工作重心由革命战争转到经济建设。步步推进的工作重心的转变，带

---

① 郭沫若：《为小朋友写作——在第一次全国少年儿童工作干部大会上的讲话摘要》，《人民日报》1950年6月1日。

② 《在第一届全国人民代表大会第一次会议上代表们关于宪法草案和报告的发言（之七）》，《人民日报》1954年9月19日。

③ 《毛主席等复电张澜欢迎来平》（1949年6月1日），中央文献研究室、新华通讯社编：《毛泽东新闻作品集》，新华出版社2014年版，第485页。

动了人的社会身份的转变。虽然在重心转变完成后，人人都要成为新中国的建设者，但因为工业化、现代化的长期建设目标非一日之功，需要建设者具备与之相适应的素养及能力。作为未来劳动力的儿童，成为培养的重点。

1953 年国家经济建设进入新阶段，儿童是“建设者”的身份定位在农村地区的小学教育中也随之开始具备特定内涵。1953 年开启的“一五”计划，反映出建设社会主义工业国的强烈愿望。9 月 25 日，《人民日报》正式公布了毛泽东提出的党在过渡时期总路线：“在一个相当长的时期内逐步实现国家的社会主义工业化，逐步实现国家对农业、手工业和对私营工商业的社会主义改造。”①“实现国家社会主义工业化，一定要相应地发展农业，不发展农业生产，粮食和工业原料就没有保证。”②所以，为了支援工业化建设，农业不仅要进行生产资料所有制和劳动组织方式的改造，走向集体化；而且要进行生产方式的改革，走向现代化。农业现代化的实现离不开有文化、懂技术的农民，而新中国初年的农民多为文盲，无法满足发展需要。这就促使国家在大力开展扫盲运动的同时，借助学校教育培养新中国第一代“新式农民”。

这一时期“新式农民”的概念尚未被提出，但在 1953 年 12 月 3 日《人民日报》对山东省蓬莱县潮水乡的高小毕业生参加农业生产的宣传事迹中，已经有所表露。所以，国家号召高小毕业生从事农业生产、开启由文化教育到劳动教育的转型，不仅是为了缓解小学毕业生升学和中学资源紧张的矛盾，还有农业现代化的发展需要。潮水乡高小毕业生参加农业生产后，发挥了很大作用：说服家长参加互助组；向老农宣传新的耕

① 《中国人民政治协商会议全国委员会庆祝中华人民共和国成立四周年的口号》，《人民日报》1953 年 9 月 25 日。

② 《中共中央宣传部关于高小和初中毕业生从事劳动生产宣传提纲》，《人民日报》1954 年 5 月 29 日。

作方法，如张淑梅动员母亲使用化学肥料，谷子长得好，玉米多收近一百斤。① 响应社会主义改造的号召、推动生产互助合作运动、宣传并使用新的农业生产方式、改良农业生产，都是“新式农民”的体现。

高小毕业生参加农业劳动与实现农业现代化的关系不断被政府强调。1954 年 3 月，山东掖县召开高小毕业生代表大会，以表扬典型的方式动员高小毕业生参加农业生产，并把参加农业生产与爱国主义觉悟相结合。② 宣传部于 1954 年 5 月 22 日发布《关于高小和初中毕业生从事劳动生产的宣传提纲》，指出：“普及教育的目的就是为了提高广大劳动人民的文化水平，使今后的工人、农民及其他劳动者，都有一定的政治觉悟和文化教养，在建设伟大的社会主义事业中，能有更好的劳动态度，能够更好的掌握技术，成为工业、农业中的生产能手。”③

山东省教育厅调查发现，经过 1954 年上半年宣传教育，教师在教学中宣传和鼓励学生升学、当专家的教育方法基本上停止了，但“万般皆下品，唯有读书高”“升学总比体力劳动好”的思想，在不少教师中并没有得到彻底的清除。因此，教师对劳动教育抱着任务观点。有的教师说：“高小毕业生参加生产，我口头上通了，思想上不通。”有的教师说：“轻视劳动是几千年的历史造成的，教育不管用，越教育越出问题。”还有少数教师消极应付劳动教育。④ 家长的工作更为薄弱，对升学难的现实状况抱怨：“工业化，化得自己的孩子没学上。”⑤ 教师和家长

① 田牧：《关于山东蓬莱县潮水乡高小毕业生参加农业的情况调查》，《人民日报》1953 年 12 月 3 日。

② 《山东掖县召开高小毕业生代表会议动员和组织高小毕业生参加农业生产》，《人民日报》1954 年 4 月 4 日。

③ 《中共中央宣传部关于高小和初中毕业生从事劳动生产宣传提纲》，《人民日报》1954 年 5 月 29 日。

④ 《半年来对小学学生进行劳动教育的初步总结（初稿）》，1954 年，山东省档案馆藏，A029—02—0415—006。

⑤ 《半年来对小学学生进行劳动教育的初步总结（初稿）》，1954 年，山东省档案

的态度影响学生的态度，学生也希望自己通过教育升入中学，而不是做“新式农民”。

为了解决国家和家庭在儿童受教育目的方面的冲突，党和政府试图采用宣传动员的方式、从农业经济发展的角度，劝说学生家长和村干、社干支持孩子读书，但始终没有说服家长。1956 年 9 月 17 日，由山东省人民委员会转发给各地的《关于克服当前中、小学生辍学现象的通知》，要求宣传人员向老百姓讲道理：“社会主义建设事业，必须有大量的具有必要文化技术水平的人。因为要提高农业生产，除了实现合作化之外，还必须进行一系列的技术改革，如推广新农具、使用化学肥料、改良土壤、兴修水利，往后还要实行农业机械化，这就要有必要的文化、技术水平，否则，是不可能实现大量增产的。”①然而，这些说辞并不能改变家长希望子女实现阶层流动、光宗耀祖的目的，儿童退学休学的趋势在 1956 年持续扩大。

在社会主义改造和社会主义建设高潮的基础上，国家对农业现代化提出更高要求。《1956 年到 1967 年全国农业发展纲要（草案）》，涉及多项与农业现代化相关的内容，如改进耕作方法、推广优良品种、改进施肥方法、推广新式农具、实行农业机械化等增产措施，学习先进技术、参加农业展览会、阅读丰产典型事迹等推广先进经验的办法，各级农业部门为农业生产合作社训练初级的和中级的技术干部 500 万到 600 万人等农业人力方案。②农业现代化发展规划，对“新式农民”的需求量增加。这也是面对来自家长、教师、学生多重阻力，国家执意倡导高小毕业生参加农业生产、宣传“劳动光荣”的根本原因所在。

馆藏，A029—02—0415—006。

① 《关于克服当前中小学辍学现象的通知》，1956 年 9 月 17 日，聊城市档案馆藏，0014—002—061—010。

② 《1956 年到 1967 年全国农业发展纲要（草案）》，《人民日报》1956 年 1 月 26 日。

随着社会主义教育方针的确立，“新式农民”的概念在1957年被正式提出。1957年2月27日，毛泽东同志在《关于正确处理人民内部矛盾的问题》的讲话中指出：“我们的教育方针，应该使受教育者在德育、智育、体育几方面都得到发展，成为有社会主义觉悟的有文化的劳动者。”①有文化的劳动者对应着参加农业生产的高小毕业生，在农村地区体现为“新式农民”。3月19日，时任教育部部长的张奚若在政协第二届全国委员会第三次全体会议上作《关于中小学毕业生升学、就业和学龄儿童入学问题》的发言，指出从事农业生产的中小学毕业生将会成为中国第一代有文化的新式农民。②

是否受过教育、是否拥有文化，成为区分“新式农民”与“旧式农民”的重要标识。这个区分，在农业现代化的发展方向下，把儿童置于劳动力结构的顶端。在传统的农业生产模式下，生产工具简单，人们生产劳动主要依据代代相传的经验，因此，掌握生产经验的老年群体受到敬重；现代农业则不然，虽然仍主张年轻人学习和继承丰富的生产经验，但更注重科技文化知识。1957年7月，北京师范大学校长陈垣在第一届全国人民代表大会第四次会议上把缺少文化的农民与中小学毕业生进行对比，并称赞后者：缺少文化的农民深感自己在社会主义建设中的不足，中小学毕业生则能建设自己的田园之乐，实现农业的机械化、电气化、科学化，把广大农村变成真正富裕、真正幸福的农村。③

张奚若在提出“新式农民”的同时，建议“凡是家在农村的中小学毕业生，如果不能升学，就应当毅然决然愉快地回到农村去参加农业

① 毛泽东：《关于正确处理人民内部矛盾的问题（之三）》，《人民日报》1957年6月19日。

② 《在政协第二届全国委员会第三次全体会议上的发言关于中小学毕业生升学、就业和学龄儿童入学问题张奚若的发言》，《人民日报》1957年3月19日。

③ 《在第一届全国人民代表大会第四次会议上的发言我谈两个问题陈垣的发言》，《人民日报》1957年7月14日。

生产”[①]。在此建议下，高小毕业生只有两个选择，一是升学，二是参加农业生产，何况即使升入初中也有可能回归农村、继续农业生产。总之，曾经被农村传统社会视作实现阶层上升的求学，在“新式农民”的教育目标下，实现阶层流动的可能性被压缩。这也是农村社会对国家推广的现代教育不积极的原因所在。

拥有文化是成长为“新式农民”的前提条件，也是与“旧式农民”的重要区别，但在“大跃进”时期，由于教学秩序被劳动打乱，教学质量严重下降，对儿童的培养偏离了“新式农民”的方向。据济南市历城区东郊人民公社整社工作组文教小组 1959 年春调查，东郊公社几个班级中，语文和算术不及格的学生占全班总人数的 15%到 30%；老师给四年级学生听写已经学过的 40 个汉字，学生最少的错了 13 字，占 1/3，最多的错了 26 个字，占 2/3。[②]

学校教学活动由劳动教育转向以教学为主，既是普及教育的需要，也是农业现代化建设的需要。中共八届十中全会再一次阐明了农业发展的根本路线：第一步实现农业集体化，第二步在农业集体化的基础上实现农业的机械化和电气化。[③]儿童作为社会主义事业的建设者和接班人，“如果不从小打下基础，将来就不能掌握现代的文化科学技术，也就不能很好的接共产主义的班”[④]。而要儿童掌握现代文化科学技术，必须以教学为主。“大跃进”时期国家对劳动教育的过分重视、对文化教育的

① 《在政协第二届全国委员会第三次全体会议上的发言关于中小学毕业生升学、就业和学龄儿童入学问题张奚若的发言》，《人民日报》1957 年 3 月 19 日。

② 《关于提高小学教育质量的问题和意见——历城县东郊人民公社小学教育调查报告》，1959 年 6 月 10 日，聊城市档案馆藏，0004—015—111—012。

③ 《中共中央关于进一步巩固人民公社集体经济、发展农业生产的决定》（1962 年 9 月 27 日），载于建嵘主编：《中国农民问题研究资料汇编》，中国农业出版社 2007 年版，第 1537 页。

④ 《李琦涛同志在第五次全国少先队工作会议上的总结》，1962 年 12 月 8 日，山东省档案馆藏，A004—02—0299—003。

忽视，已经为此敲响警钟。

1962年农村小学教学活动转向文化教育后，依然把培养“新式农民”作为教育第一要务。共青团中央书记处书记李琦涛在1962年召开的第五次全国少先队工作会议上强调，为实现农业生产的机械化和电气化，少年儿童要立志做一个新式农民，建设社会主义新农村。①1964年，山东省宁阳县规定：小学教育主要是为社会主义建设培养劳动后备力量，特别是要面向农业为农业建设培养有社会主义觉悟的有文化的新式农民。②

“新式农民”作为新中国早期农村小学的教育目标，虽然能够帮助儿童在农村社会由传统到现代的转型中认清社会发展形势，但阻碍了阶层流动，也即绝大多数农民子女经过学校教育后依然是农民。因此，教师、家长和儿童自身对劳动教育和高小毕业生从事农业生产存有心理上的抵触，认为“没出息”“太屈才”，甚至采取了退学休学的抵抗行为。这种来自农村社会的抵触和抵抗，虽然促使国家调整了教育内容，但教育目标却没有改变。“新式农民”的教育目标自1953年确立以来，不断明晰、巩固。

三、根据国家需要调整教学内容

教学内容，主要围绕教学目标展开。在1957年社会主义教育方针和“新式农民”的概念提出以前，小学教学内容以文化为主。1957年至1961年，劳动教育超过文化教育成为最重要的教学活动，政治思想

① 《李琦涛同志在第五次全国少先队工作会议上的总结》，1962年12月8日，山东省档案馆藏，A004—02—0299—003。

② 《宁阳县1964—1970年普及小学教育规划》，1964年1月，山东省档案馆藏，A029—001—0162—008。

教育也日渐得到重视。1962年后文化教育虽然再度成为主要教学活动，但以阶级教育为主要内容的政治思想教育活动也不断推进，或者说二者并行。国家本位儿童观主导下的教学活动与个人本位、家庭本位并非完全冲突，循序渐进式知识教育和符合儿童认知规律的教学方法，因为具有一定的科学性而附带着个人本位儿童观，文化教育迎合了家族本位儿童观。但过多过量的劳动教育引起家长不满，也在一定程度上损害了儿童的身体健康。另外，政治思想教育淡化了家庭对儿童的影响，增加了儿童对国家本位的认同感。

尽管小学教育自1953年开始由文化教育向劳动教育转向，但在1949—1956年间，始终以文化教育为主。文化教育可以通过教学计划、课程设置、教材内容等方面有所体现。这几年，教育部颁布的教学计划五度调整①，课程设置和教材也跟随变化。无论如何调整，课程设置的主干和教材编写的基调，在初期已经确立。新中国早期农村地区小学教育内容朝向现代教育发展，与私塾教育大不相同。

首先，课程内容丰富、形式多样。由于课程不断调整，且主干已经在初期确立，本研究暂以1950年山东省小学各年级课程为例。初小一、二年级包括5门课程：国语②、算术、常识、唱游、美术；初小三、四年级包括8门课程：国语、算术、常识、珠算、体育、音乐、劳作、

① 教育部颁布的五个教学计划分别为：1952年2月5日《“四·二”学制小学暂行教学计划》、1952年3月18日《小学教学计划》、1953年9月22日《试行小学（四二制）教学计划（草案）》、1954年2月15日《小学（四二制）教学计划（修订草案）》、1955年9月2日《关于执行〈小学教育计划〉的指示》。

② “国语”即“语文”课程，虽然1949年华北人民政府教科书编审委员会选用中小学课本时已使用“语文”一词，但直至1950年教育部拟定的《小学语文课程暂行标准（草案）》，以课程法规形式，将“语文”课确定下来。“国语”改为“语文”，不仅仅是名称的变化，而且标志着教学思想的转变，体现了听说读写综合训练与发展的语文教学思想，纠正了传统教学重文轻语的错误。见林治金主编：《中国小学语文教学史》，山东教育出版社1996年版，第416—417页。

美术；高小包括 11 门课程：国语、算术、政治常识、历史、地理、自然、珠算、体育、音乐、劳作、美术。[①] 由于公办和民办小学均由政府管理，这些课程在农村小学得到普遍开展。刘登玉称赞自己的老师为“全科教师”，既能教语文、算术，又能教唱歌、画画。[②]

其次，教材由浅入深、由简到繁，注重采取符合儿童认知和接受能力的编写方式。由于教材较多，本研究暂以易于与私塾教育形成鲜明对比的初小一年级语文课本为例。1950 年教育部制定的《小学国语课程暂行标准初稿》[③] 规定，国语教学的内容要依据各年级儿童的生活经验、接受能力和语言文字发展的规律，文字要力求适合儿童的口吻；插图要主题明显，等等。由于教材采取先借用、后修订的办法，山东地区在 1952 年前使用了山东省教育厅编审室编的《国语》（1949 年 8 月渤海版），其中初小一年级上册第一单元的内容为：

第一课羊（图）

第二课大羊小羊大羊大小羊小

第三课大羊跑小羊跑大羊小羊山上跑

第四课大羊小羊山上跑跑上跑下吃青草

第五课小狗咬小羊小羊跑小狗追小羊小羊叫

第六课小羊小羊不用跑小狗咬你你用角抵

第七课小羊用角抵小狗抵抵抵小狗跌一跤小羊笑[④]

教材不仅配有插图，而且以儿童文学的形式帮助儿童识字、阅读、

① 山东省地方史志编纂委员会：《山东省志 · 教育志》，山东人民出版社 2003 年版，第 115 页。

② 根据笔者于 2017 年 5 月 30 日在济南市仲宫镇张家村对刘登玉的访谈录音整理。

③ 1950 年《小学国语课程暂行标准初稿》是新中国成立以来制定的第一个小学语文课程标准，虽然并未实施，但却为新的小学语文教学大纲的编制，提供了借鉴材料。参见林治金主编：《中国小学语文教学史》，山东教育出版社 1996 年版，第 415 页。

④ 林治金主编：《中国小学语文教学史》，山东教育出版社 1996 年版，第 429 页。

说话和写作。国家提倡的符合儿童认知规律的教材和丰富的课程内容具有科学性。同时，这一时期教学活动注重文化，符合父母对子女入学学习知识以实现光宗耀祖的目的期待。也正是基于此，尽管新中国早期的小学教育内容主要基于国家建设需要设置，但并不是与个人本位、家族本位完全冲突。

文化具有意识形态性，随着社会主义建设的推进，小学教育的思想性不断增强。"大跃进"前课程和教材基本能够做到文道合一，"大跃进"期间则扬道抑文。1951 年 7 月，宋云彬、蒋仲仁等人编辑的语文课本《编辑大意》中强调："无论哪一门功课，都有完成思想政治教育的任务。"在此指导下，1956 年的语文课本已经十分注意思想教育，如选入的《国庆》《开国大典》《东方红》《吃水不忘开井人》等文章，其目的正是教导儿童热爱祖国、热爱共产党。①"大跃进"期间，文化教育刮起了浮夸风，类似于《人有多大胆、地有多大产》《红领巾钢厂一片红》等内容比比皆是，各学科课本纷纷变成政治课本。

文化教育不断增强的思想性、政治性，又使其具有与传统家族本位儿童观和个人本位儿童观博弈的一面。文化教育宣扬国家和集体的公观念，淡化家庭和个体的私观念；塑造爱党爱国的公共道德，弱化"父为子纲"家庭伦理秩序，政治化、口号化也压制了学龄儿童的天性。三种儿童观真正的冲突与博弈不在文化教育，而在劳动教育和政治思想教育。

劳动教育虽然在 1955 年走向实践，但主要以课外活动的方式进行，对课堂教学影响很小。1955 年 9 月 2 日，教育部颁发的《小学教育计划》和《关于小学课外活动的规定》对劳动实践的定量要求："课外集体活动，在一般的小学、中心小学和高级小学原则上每天都应该进行，例如

① 林治金主编：《中国小学语文教学史》，山东教育出版社 1996 年版，第 464 页。

每周进行六次，每次40分钟，共计240分钟。二部制和初小复式班或条件确有困难的学校，可酌量减少；但是每周最少也得进行三次（间日一次），共120分钟。”[①]这就为小学开展劳动实践活动提供了条件。其中，少先队“小五年计划”[②]活动较为典型。在上级要求下，山东茌平县、肥城县、夏津县等多地农村小学结合生产条件，开展了“小五年计划”劳动实践。

1957年后，伴随教育方针的改变及“大跃进”的到来，劳动教育成为主要教学活动。其中，勤工俭学的劳动形式首先得到提倡。1957年6月5日《人民日报》刊文《一面劳动，一面读书》，肯定和推广勤工俭学。“勤工俭学”在开展初期具有三方面的特征。第一，“勤工俭学”主要在中学进行，较少在小学开展。这说明，年龄依然是劳动教育内容的重要区别界点。第二，“勤工俭学”以不影响学习为原则。“课余劳动必须是在课余或假期进行，要严格遵守不影响学生的学习质量的原则。”[③]第三，在农村地区，“勤工俭学”以参加农业生产为主要活动内容。《一面劳动，一面读书》明确：“离乡村较近的学校应该组织学生参加农业生产，并且为了比较容易解决膳、宿和农具等问题，尽量动员学生回

① 《教育部颁发关于小学课外活动的规定的通知》（1955年9月2日），载何东昌主编：《中华人民共和国重要教育文献(1949—1975)》，海南出版社1998年版，第510页。

② “小五年计划”由北京市、江苏省宜兴县、辽宁省复县松树区的少年儿童首先倡议实行。1955年11月27日，青年团中央和教育部发出《关于支持全国少年儿童开展“小五年计划”活动的联合指示》，号召全国9周岁以上的小朋友都参加这项活动。把少年儿童为祖国做有益的事情的活动，定名为“小五年计划”，是因为它反映了少年儿童帮助第一个五年计划的美好愿望，使少年儿童的公益劳动和第一个五年计划更紧密地联系起来，对少年儿童有更大的号召和鼓励的力量；同时通过“小五年计划”的制定，也可以使少年儿童学习订简单的计划和执行计划。参见《中国新民主主义青年团中央委员会中华人民共和国教育部关于支持全国少年儿童开展“小五年计划”活动的联合指示》，《江苏教育》1955年第23期。

③ 《一面劳动，一面读书》，《人民日报》1957年6月5日。

本乡帮助劳动。”①

“勤工俭学”初期具备的这三方面特征随着劳动教育的深化而改变。参加生产劳动的学生群体年龄不断下移，先由中学下降到高小，又由高小下降到初小。1958 年 12 月 1 日，《中共中央转发教育部党组关于教育问题的几个建议》规定：“全日制小学的学生从 9 岁开始，参加一些力所能及的劳动，一般每周的劳动时间规定为 4 小时，最多不得超过 6 小时，每次劳动不得超过 2 小时。”② 农村儿童上学晚，入学年龄普遍达到规定的劳动年龄。据 1958 年寿张县文教局调查，截止到 11 月 30 日，寿张县小学生 100%参与到勤工俭学过程中（见表 3—2—1）。频繁的勤工俭学活动，影响到学校正常教学活动。在全国“大跃进”运动迅猛发展的形势下，全国范围掀起大炼钢铁的群众运动和争取农业高额丰产的斗争。师生夜以继日的劳动，教学时间被大量压缩，教育工作基本停顿。除了大炼钢铁，学生还被安排参加“深挖沟”、修路、开河、采煤等活动，活动内容已经远远超过农业生产的范围。

表 3—2—1: 寿张县小学勤工俭学调查表（截至 1958 年 11 月 30 日）

填报单位：寿张县文教局　1958 年 12 月 1 日填

<table>
<tr><th rowspan="3">参加工业生产劳动的人数</th><th rowspan="3">参加工业生产劳动人数占学员总数的百分比</th><th colspan="10">工业</th></tr>
<tr><th rowspan="2">参加的人数</th><th rowspan="2">工厂数</th><th colspan="2">炼钢铁</th><th colspan="2">木工</th><th colspan="2">颗粒肥</th><th colspan="2">其他</th></tr>
<tr><th>工厂数</th><th>产量（吨）</th><th>工厂数</th><th>生产价值（元）</th><th>工厂数</th><th>生产量（斤）</th><th>工厂数</th><th>生产价值（元）</th></tr>
<tr><td>41877</td><td>100%</td><td>5520</td><td>517</td><td>7</td><td>9</td><td>94</td><td>800</td><td>79</td><td>900</td><td>337</td><td>2507</td></tr>
</table>

① 《一面劳动，一面读书》，《人民日报》1957 年 6 月 5 日。

② 《中共中央关于人民公社若干问题的决议（节录）》（1958 年 12 月 10 日），载何东昌主编：《中华人民共和国重要教育文献（1949—1975）》，海南出版社 1998 年版，第 866 页。

续表

<table>
<tr><th colspan="8">农业</th><th colspan="2">副业及手工业（含加工）</th><th colspan="2" rowspan="2">参加人民公社劳动</th></tr>
<tr><th rowspan="2">参加人数</th><th rowspan="2">土地数（亩）</th><th colspan="2">产量（单位：斤）</th><th colspan="4">饲养（单位：头／只）</th><th rowspan="2">参加人数</th><th rowspan="2">收益</th></tr>
<tr><th>粮食亩</th><th>蔬菜</th><th>猪</th><th>羊</th><th>家兔</th><th>鸡</th><th>人数</th><th>折合劳动日</th></tr>
<tr><td>31357</td><td>428</td><td>26494</td><td>3150</td><td>137</td><td>799</td><td>177</td><td>47</td><td>5000</td><td>500</td><td>31000</td><td>25813</td></tr>
</table>

资料来源：《小学勤工俭学调查表（表二）》，1958年12月1日，聊城市档案馆藏，0072—001—013—015。

在劳动教育不断深化的同时，由于国家要培养“有社会主义觉悟的有文化的劳动者”，政治思想教育也日渐得到重视。小学政治思想教育活动从1958年开始主要以少年先锋队的名义集中开展，并跟随政治中心任务的变化而变化，比如1958年正式开始的“红领巾月”、1959年开始的“三面红旗万万岁”。其中，“三面红旗万万岁”是新中国早期持续时间最长、宣传力度最大的少年儿童政治思想教育活动。在1960年春“反右倾”运动基本结束时，“三面红旗万万岁”活动还在继续。直到1962年11月26日至12月8日共青团中央召开的第五次全国少年先锋队工作会议上，“三面红旗万万岁”依然被提及。

受中共八届十中全会作出的阶级教育指示，1962年11月26日至12月8日召开的第五次全国少先队工作会议，正式发出对少年儿童进行阶级教育的号召。

雷锋的出现成为阶级教育的一个重要抓手。1963年2月15日，共青团中央要求团的组织引导青少年向雷锋学习。接到上级通知，共青团山东省委于次日发出《共青团山东省委关于在全省青少年中广泛开展“学习雷锋”的教育活动的通知》。“学习雷锋”活动在农村小学广泛开展，主要有三个步骤：第一步，采用报告会、队会、班会、周会、政治课等形式，让少年儿童普遍了解雷锋生平事迹，包括在旧社会的困难遭遇和生前英雄事迹。第二步，采取“忆苦思甜”“今夕对比”的方式，让少年儿童明白雷锋为什么具有爱憎分明的无产阶级立场和高尚的共产主义思想品德。第三步，培养少年儿童的阶级情感和共产主义思想品德。由于培养共产主义思想品德具有较强的现实可操作性，少先队可开展的活动较多。昌邑韦子公社各中队举行“与雷锋叔叔比童年”“比比雷锋叔叔，回头看看自己”等主题队会，进行座谈讨论，使少年儿童进一步了解，在旧社会受压迫受剥削的不只是雷锋，而是广大的劳动人民，正是党和毛主席把雷锋和广大劳动人民从死亡中拯救出来。①除了主题班会，冠县定远寨小学还组织二年级以上的学生写了向雷锋学习的计划，向雷锋学习的作文和周记。②

“学习雷锋”活动的效果与活动设立的目的有偏差，号召少年儿童学习雷锋做好事的活动明显多于阶级教育的活动。根据各地少先队的反馈，活动成果更多地表现为儿童效仿雷锋做好事。如密城完小少先队队员效仿雷锋拾粪，捡碎铁片、破钉子、废纸等物品。③至于经过“学习雷锋”活动后的阶级教育效果，少年儿童知道了地主的坏形象，但主要停留在谭老三的个人形象上，即他们对地主的理解有旧社会的时间性和湖南的地域性。经历“学习雷锋”活动的受访者也如此认为：“学雷锋就是做好事。”④

阶级教育的目的之一是淡化家庭对儿童的影响，增强他们对国家本位的认同感。这项教育活动自 1962 年成为学校最重要的政治教育内容。

① 《团省委学少部转发昌邑韦子公社和济南市纬一路小学开展“学习雷锋”活动的经验》，1963 年 4 月 8 日，山东省档案馆藏，A004—01—0163—002。

② 《我校是这样开展向雷锋同志学习的》，1963 年 4 月，聊城市档案馆藏，0020—001—005—006。

③ 《团省委学少部转发昌邑韦子公社和济南市纬一路小学开展“学习雷锋”活动的经验》，1963 年 4 月 8 日，山东省档案馆藏，A004—01—0163—002。

④ 根据笔者于 2019 年 4 月 28 日在垦利区胜兴花园对刘荣文的访谈录音整理。

通过新中国早期山东农村小学教育内容可知，文化教育、劳动教育和政治思想教育三者的主次关系变化及具体活动，均以国家需要为依据，包含了大量与传统家族本位儿童观不同的内容。文化教育虽然符合家长对子女学习知识的期待，但也传播了淡化私有观念、抛弃儒家伦理道德秩序的思想。劳动教育和宣扬爱党爱国的政治思想教育，与传统教育差别很大。在实施过程中，家长的行为促使劳动教育内容调整，也给阶级教育降了温，但教育由政府主导的大方向没有变。

小　结

农村幼儿园与托儿所的前期发展脉络相同，伴随农村社会主义改造基本完成和社会主义制度确立，在1956年逐渐具备教育功能。幼儿教育在新中国农村地区属于新生事物，家长对幼儿公育缺乏了解。因此，教养员以家长最关心的安全问题而非教育问题劝说他们送子女入园。随着集体化程度的推进，幼儿园招生范围实现了从“无人照管者”到“尽收其中”的变化。不断扩大的招生范围和逐渐向幼儿倾斜的集体物资，传递了儿童为国家和集体所有的观念。公有观念和公育措施，冲击了儿童为家庭私有财产的传统观念和养育方式，有助于提高儿童的社会地位，也促使家长更加珍视子女。

至于幼儿园教育活动，家长甚少干涉，主要由政府主导。在社会主义教育方针指导下，幼儿园教育具有政治化特征，尤其是思想和文化教育活动，培养爱国主义、集体主义、热爱劳动的情怀，从而为长在红旗下的农村幼儿打下红色烙印。这些教学活动体现出国家本位儿童观，虽然忽视了儿童天性和对父母、家庭的情感，但又因为采取了符合儿童身心发展特点的唱歌、跳舞、游戏等科学教学方式而具备了一定的个人本位儿童观。幼儿园教育促使家长从心智层面重新认识幼儿，了解他们的可塑潜力，改变了过去把儿童视作“小大人”的认知。

农村社会奉行上千年的私塾式小学教育模式在新中国早期被政府提倡的现代教育所取代，二者在受教育对象、教育目标、教育内容等方面均具有本质差异。就受教育对象而言，国家采取减免学费、宣传动员等措施极力普及教育，打破阶层和性别的限制，吸纳所有儿童入学。由于山东地区“重男轻女”思想浓厚，吸纳女童入学成为一大难题。女童自身也努力向家庭争取受教育的权利，体现出意识觉醒与自主性。就教育目的而言，国家培养的是符合农业现代化发展要求的“新式农民”，而不是升官发财、光耀门楣的家族工具。对此，部分家长要求学生以退学休学的方式表示不满和抵抗，但并没有促成教学目标改变。最终，家长接纳了儿童是国家未来建设者的社会身份和被置于农村劳动力结构顶端的趋势，但对“新式农民”的培养目标并不完全认同。劳动力结构调整，促进了儿童社会地位提升。就教育内容而言，国家根据需要设置，主要包括文化教育、劳动教育和政治思想教育三项。其中，文化教育采取了适合学龄儿童认知的现代教育方式，也符合家长送子女入学的初衷，成为普及教育的最有效措施。过多过量的劳动教育在一定程度上损害了儿童身体健康、破坏了教学秩序，遭到部分家长抵抗。政治思想教育淡化了儿童对家庭的依赖，增强了他们对国家的认同感。

第四章　劳动：儿童日常生活变化的重要场域

本章将详细探讨新中国早期儿童培养方针政策及措施，对农村儿童日常生活境况产生重要影响的场域——劳动。

农村儿童不乏劳动实践。在农村社会传统观念中，10岁以上的儿童就成为家庭劳动者。这种儿童劳动传统与小农经济密切相关。小农经济在清朝末年因为帝国主义入侵和资本主义工业兴起而逐渐走向没落，但依然是中国农业生产的基本组织单位。黄宗智对清初至20世纪40年代华北地区的考察发现，不仅农业没有出现资本主义萌芽，而且家庭式农场较经营式农场占据压倒性优势。① 以家庭为基本单位的小农经济采取“男主外，女主内”的性别角色分工，性别差异反映在儿童身上即男童跟随着父亲参加生产劳动，女童跟随着母亲参加家务劳动。儿童劳动目的明确，为家庭赚取经济收益或维持家庭日常运转。

新中国早期由于集体经济逐步取代个体经济、集体劳动取代个体单干、工分制实施、社会性别模式重塑等因素，由性别主导的家庭劳动秩序有所改变。儿童劳动的目的也增加了为集体利益和国家利益而劳动的选项。儿童是社会主义建设者和接班人，儿童不单是家庭劳动者，而且是国家劳动者。国家劳动者包括未来劳动者和实际劳动者两个方面，即儿童既要建设将来，又要建设现在。以学校为单位进行的劳动实践，在劳动目的、时间、场所等方面，均与儿童家庭劳动相互区别。

---

① 参见黄宗智：《华北的小农经济与社会变迁》，中华书局1986年版。

本章将对体现集体利益的学校劳动和体现家庭利益的家庭劳动分别进行探讨，力求解决以下问题：在以教学为主要任务的学校，学生为何进行劳动，又对这些劳动如何认知，学校劳动主要包括哪些内容，家长对此态度如何，学校劳动对家庭劳动产生了怎样的影响；家庭中儿童传统劳动秩序在社会变革中经历了哪些调整，这些调整对儿童产生了何种作用？

本章以为，在校儿童所进行的辅助教师生活、维持学校运转、支援国家建设的集体劳动，虽然能增强儿童劳动概念，锻炼动手能力，但在一定程度上减少了家庭劳动时间，甚至侵占了家庭利益。对此，多数家庭做出一定退让，家长允许子女为国家和集体劳动，但在直接让渡家庭利益的问题上表现出不满。面对家庭利益和集体利益的冲突，儿童倾向于以集体为重。在农村社会变革中，由性别主导的传统家庭劳动秩序，逐渐演变为年龄、性别、行第交织的新秩序。贯穿童年的家庭劳动，使“劳动者”取代“传宗接代者”成为农村儿童的首要身份。跨性别劳动内容，使女童可以参加生产劳动。年长多劳的行第分工，使行第靠后的儿童劳动量减少、入学机会增加。家庭劳动新秩序有助于打破女孩是“赔钱货”的传统认知，彰显孩子之于家庭的现实价值，提高他们的家庭地位。

第一节　教师生活、学校运转、国家建设目的共存的集体劳动

培养国家的未来劳动者是学校教育的首要任务。党和政府把儿童定位为社会主义事业的建设者和接班人，通过学校教育把他们培养成为

符合国家建设需要的新一代，进而实现国家现代化的建设目标。在人力资源规划中，农村儿童即使将来成长为农民，也要争取做“新式农民”。正是基于儿童是未来劳动力的认识，国家采取诸多措施极力普及教育。普及教育，减少了家庭劳动力，与传统的儿童家庭劳动和教育资源分配具有一定的冲突性。二者相互妥协，教育行政部门依据家庭劳动生产需要制定学校假期时间表，创设适合家庭劳动需要的简易小学、耕读小学等学校形式；家庭也配合释放出更多的儿童劳动力。

除了作为未来劳动者，这一时期的农村儿童还具有实际劳动者的身份，他们以学校为单位参加了一系列集体劳动实践。在物质资源匮乏、教师资源紧张、学校经费不足的新中国早期农村地区，学校若要实现培养未来劳动力的功能，需要学生充当实际劳动力。课余时间，学生普遍参加了以辅助教师生活和维持学校运转为目的的劳动。另外，在以劳动教育为主的阶段（1957—1961 年），劳动直接取代课堂教学成为主要学校教育内容，校内儿童参加了大量的以支援国家建设为主要目的的劳动。辅助教师生活、维持学校运转、支援国家建设成为这一时期农村儿童集体劳动的主要目的。

以学校为单位参加集体劳动，是一项有别于传统的儿童劳动新形式。集体劳动与儿童以“孩子”身份参加的家庭劳动，不仅在劳动目的方面相区别，而且劳动时间相冲突，劳动内容也有差异。由于教师授教和学校运转符合子女通过学习知识实现光耀门楣的家庭期待，所以对于辅助教师生活类和维持学校运转类劳动，家长一般能够给予理解和支持。但对于部分与家庭利益直接冲突的建设国家类劳动，家长时常表达出不满。这类劳动不仅显示出家族本位与国家本位的冲突，而且因为过量劳动损害了儿童身体健康，包含着国家本位与个人本位的冲突。兼具学生和孩子双重身份的儿童，在具有冲突性的集体劳动和家庭劳动之间一般会做出倾向于前者的选择。

一、为辅助教师生活而劳动

为教师生活提供一定的辅助，是1949年后山东农村学生课外劳动的重要组成部分。学生主动地、自愿地进行了拾柴、看孩子等力所能及的劳动。这些劳动与儿童惯做的家庭劳动在内容上相似，但不是为了家长，而是为了教师，不是在家中进行，而是在学校进行，不是以孩子的身份，而是以学生的身份。

拾柴是学生在放学后经常为教师做的一项劳动。据1963年在广东省江门市天乡村大亨小学任职的民办教师谭惠欢回忆："每天一放学，（学生）就跑去帮我捡干草树枝，他们连自己吃饭都顾不上，却经常来帮我的忙。"[①]大多数成长于这一年代的山东受访者，也有放学后为教师拾柴的回忆，如刘登玉、王华兴。学生拾柴行为之所以如此频繁，是因为在农村地区，柴草属于家庭生活必需品。对于这个必需品的获得，多由孩子和大人共同完成。由于教师工作时间长，除了教学，还要兼顾招生、扫盲等任务，通常是开学前挨家挨户做招生动员，开学后白天上课、晚上扫盲，所以，无暇顾及拾柴。这意味着教师家庭失去了一个拾柴劳力。为满足教师家庭烧柴需要，大队有时会给予一定补助，日常则由学生帮忙。

利用课间或放学后帮助女教师照看孩子，也是学生经常做的一项劳动。在新旧性别观念和文化交织的时代，女教师承担着来自工作和家庭的双重负担。其中，最重的家庭负担莫过于照看孩子。虽然农村托儿组织于1949年已经出现，但在时间上不具备恒常性，经过了"三起三落"的发展历程[②]，在地域上也不是遍布每一个村庄。托儿组织发展的

---

① 谭惠欢口述：《苦尽甘来的为师之路》，载胡艳等编著：《泥土上的脚印——新中国第二代乡村教师口述史》，广西教育出版社2018年版，第191页。

② 纵观山东省农村托儿组织的发展历程，经历了"三起三落"：1949年因为青壮

不足使母亲和姐姐依然担当着照管孩子的主力，女教师同样如此。在孩子无他人照管的情况下，女教师只能带着孩子去学校。①另外，即使女教师任教的村子有托儿组织，其生活作息时间表未必与小学一致。1959年河北省青龙县三道河村幼儿班比小学提前一小时放学，小学教师高秀珍只好把孩子接到小学。②面对女教师遭遇的看孩子负担，许多学生充当起“小助手”，每当下课，他们就跑过去帮老师看孩子。③

除了拾柴、看孩子等经常性劳动，学生还会偶尔帮助老师获取食材，如挖野菜、捕鱼等。这类劳动比较少，多是在教师不知情的情况下，学生分送给教师。由于教师薪资待遇较低，特别是民办女教师，偶尔源于学生的食材供应也能为他们提供生活帮助。在新中国初年，公办教师的薪资待遇实行薪给制，即按其承担职务为评定标准，以粮食发放工资。④1951年在河南省镇平县李庄完小任教的闫旭生回忆：“最低的

年妇女在土地改革完成后参加农业生产的需要，农村托儿组织开始成立，并在1952年迎来第一个高峰，但1953年因为没有从生产入手和群众需要出发，在山东省教育界贯彻中央《关于反对官僚主义、反对命令注意和反对违法乱纪的指示》后普遍面临垮台和整顿；1954年在过渡时期总路线的发展形势下，农村托儿组织重新建立，并在1956年春迎来第二个高峰，但在贯彻“勤俭办社、勤俭办园”的方针后，因为保教人员工分失去保障，农村托儿组织再次大规模垮台；1958年因为“大跃进”，农村托儿组合迎来发展新契机，并在1958年秋迎来第三个高峰，但1959年秋伴随“大饥荒”的到来和整社运动，为培养社会主义接班人、解放妇女劳动力而成立的农村托儿组织连同放卫星成立的托儿组织一同退出历史舞台。

① 张学芝回忆，20世纪60年代初，一位民办女教师背着孩子去上学，结果孩子拉肚子，在教室拉了一裤子，女教师哭得鼻子一把泪一把。见张学芝口述：《苦乐参半的教师之路》，载郑新蓉等编著：《开拓者的足迹——新中国第一代乡村教师口述史》，广西教育出版社2018年版，第249页。

② 高秀珍口述：《我是新中国第一代乡村女教师》，载郑新蓉等编著：《开拓者的足迹——新中国第一代乡村教师口述史》，广西教育出版社2018年版，第46页。

③ 郑书廷口述：《坚守在乡村教育的前线》，载胡艳等编著：《泥土上的脚印——新中国第二代乡村教师口述史》，广西教育出版社2018年版，第255页。

④ 彭泽平、姚琳：《新中国基础教育改革与发展：历程·经验·展望》，人民出版社2018年版，第315页。

小学教师工资是一月 140 斤麦子，教三、四年级是一月 145 斤麦子，教五、六年级是 150 斤到 155 斤麦子，校长加 5 斤，就是 160 斤麦子是没脱壳的原粮，加工成面粉才能吃。”[①]从 1952 年开始，公办教师工资不断改革，到 1956 年全国小学教师的月平均工资为 40.13 元。[②]民办教师与公办教师相比，不仅薪资少，而且存在性别差异。民办教师工资普遍实行工分制，据 1960 年在河北省青龙县娄子石乡小学任教的民办教师张学芝回忆：“我们不像人家公办的，都是队里给点工分，而且我们女老师给的更少，一天就给你六七个，最多的给我 8 个工分，男老师(民办)给 10 分，一年 3650 分，每个工分 3 分 7，这样一算一年也就是 130 多块钱。我们女老师更别提了，辛辛苦苦干一年连 100 块钱都没的拿。”[③]由此可见，民办教师的生活并不宽裕。

农村儿童为教师生活提供的经常性和偶尔性辅助劳动，均具有主动、自愿的特点，而非学校和教师强制要求。面对农村教师资源紧缺、

---

① 闫旭生口述：《痴心未泯园丁志，几度梦中上讲坛》，载郑新蓉等编著：《开拓者的足迹——新中国第一代乡村教师口述史》，广西教育出版社 2018 年版，第 161—162 页。教师所得因为地域不同，发放的粮食品种和数量也不同。1951 年在贵州省关岭县花江小学任教的黄宝环回忆：“我们不发工资，都是发大米，一学期一发，发多少斤是学生代表和家长代表来评（定）的，（一般标准是）老师是 180 斤，教导主任是 210 斤，校长是 220 斤，但是要让学生和家长来评，评你教得好不好，如果 180 还达不到的就给你 170 斤米。发了的大米，老师们拿去吃或者拿去卖换粮。除了得粮食，我们还得高寒补贴。”见黄宝珠口述：《布依族儿女的守望者》，载郑新蓉等编著：《开拓者的足迹——新中国第一代乡村教师口述史》，广西教育出版社 2018 年版，第 281 页。1950 年在云南省南涧县新民小学任教的徐丕铭回忆：“每月给发 45 斤大米，还要扣掉 5 斤的学习费用，实际到手的就是 40 斤。”见徐丕铭口述：《在基础教育战线上默默奉献》，载郑新蓉等编著：《开拓者的足迹——新中国第一代乡村教师口述史》，广西教育出版社 2018 年版，第 128 页。

② 中华人民共和国教育部计划财务司编：《中华人民共和国教育大事记（1949—1982)》，教育科学出版社 1983 年版，第 160 页。

③ 张学芝口述：《苦乐参半的教师之路》，载郑新蓉等编著：《开拓者的足迹——新中国第一代乡村教师口述史》，广西教育出版社 2018 年版，第 247 页。

流动性大，“老师在，学生有书读，老师不在，学生无书读”的状况，学生希望能够为教师做些事情，在情感上挽留他们。教师资源紧缺，是新中国教育发展面临的一大问题。就全国状况而言，1950 年至 1960 年小学师生比始终在 1∶30 以上，1958 年是最高年份，达到 1∶36.9；1959 年后由于适龄儿童入学率下降，师生比开始缩小，在 1961 年至 1966 年师生比控制在 1∶30 以内。在紧缺的教师资源中，受家庭教育资源分配性别不平等的影响，女教师所占比例低。据调查，1951 年至 1964 年间，女教师占教师总数的比例平均不足 1/4。[①] 由于新中国早期城乡教育发展不平衡，农村地区教育基础薄弱，农村儿童数量又占全国儿童总数的绝大多数，所以在普及教育的政策下，农村教师缺口大。农村教师资源短缺不仅导致了几个村联合办学的办学方式和复式教学的教学方式，而且常常出现学校因为教师流动而难以维系的状况。正如 1955 年开始在垦利镇下镇乡十四村读小学的鲁振亮所言：

> 我 8 岁开始在十四村跟着张四督老师学习，上完二年级就下来了。为啥就上了两年呢？一是家里想叫我下来干活，叫俺兄弟上一年级；另一个原因是十三村教三、四年级的郭老师走了，她找了个男的是外村的。村里没老师了，想上学只能上下镇乡上去。那时候穿都没啥穿，光着脚丫子，咋上乡里上学？也就算了。不光我自己，俺那一帮十来个小孩，就俩去了。过了一年，村里又找了个民办老师，咱都下来了，没法上了，俺兄弟人家就把四年初小上完，还考了高小。[②]

鲁振亮提到的教师外嫁，是导致女教师流动的一种方式。除了上

① 中华人民共和国教育部计划财务司编：《中国教育成就统计资料（1949—1983）》，教育科学出版社 1985 年版，第 223 页。

② 根据笔者于 2019 年 4 月 29 日在东营市垦利镇惠丰社区对鲁振亮的访谈录音整理。

级要求工作调动、参加培训等个人不可抗的因素，其他导致教师流动的主观因素还有不满薪资待遇低等。因为工资低，在国家百废待兴、各部分需要文化人的社会形势下，许多教师想跳槽到其他单位。[①]对于这些主观因素，学生尽力在情感上弥补，降低教师的离职意愿。“我们那群学生都想维敬[②]老师，跟老师处好关系，让老师重视、认真教自己。”[③]王工兰回忆上学时，每到下课她和几个同学就轮着给李老师按摩头、捶肩膀。[④]特殊的受教育环境，使这一代人产生了浓厚的尊师重教情怀。

辅助教师生活类劳动，体现出农村儿童对于学生身份的认同和努力维系。这类劳动与农村儿童惯做的家庭劳动具有一定的时间冲突。农村儿童具有劳动的传统，每一位农村孩子都是家庭劳动者。即使上学，他们也要在放学后承担割草、拾柴、放牛等家务。学生为教师拾柴、看孩子、挖野菜，意味着耽误了家庭劳动，甚至有可能影响到家庭生活。在家庭和学校之间、在家长和教师之间，儿童最终因为学生身份做出先学校后家庭、先教师后家长的劳动取舍与排序。

尽管国家规定农村小学以培养“新式农民”为教育目标，但家长依然希望教师能够重视和教育自己的孩子，以帮助他们走出农村、光耀门楣，所以普遍给予这类劳动以理解支持。不仅如此，家长有时候也会进行辅助教师生活的劳动。身为父亲的范兴仲回忆，由于1957年至1958年间女儿在十四村小学读书，他对张四督老师格外敬重，张老师家修房顶、垒屋门，他总会赶过去帮忙。[⑤]

---

① 闫旭生口述：《痴心未泯园丁志，几度梦中上讲坛》，载郑新蓉等编著：《开拓者的足迹——新中国第一代乡村教师口述史》，广西教育出版社2018年版，第162页。

② 维敬：讨好。

③ 郑书廷口述：《坚守在乡村教育的前线》，载胡艳等编著：《泥土上的脚印——新中国第二代乡村教师口述史》，广西教育出版社2018年版，第255页。

④ 根据笔者于2017年5月31日在济南市仲宫镇张家村对王工兰的访谈录音整理。

⑤ 根据笔者于2017年5月20日在东营市垦利镇惠丰社区对范兴仲的访谈录音整理。

二、为协助学校运转而劳动

新中国早期农村地区，不仅教师资源紧缺、生活拮据，而且学校普遍面临着硬件设施破旧、经费不足问题。正是在这种境况下，学生被动员为维持学校发展贡献力量，利用课余时间进行建立和修缮校舍、采集中药材以实现创收等劳动。学生劳动强度有一定地域性，如果学校所在村庄富裕、村干重视，则硬件设施较好，学生劳动少；反之，学生劳动就多。另外，学生劳动也受到“勤俭办社”“勤工俭学”“学雷锋”等方针政策及活动的影响。

由于校舍数量和质量无法满足农村教育事业发展需要，前几届学生或多或少地参与到校舍修缮和建设过程中。1949 年前学校不仅数量少，而且分布很不平衡，“当时中学大多设在县城以上的城市，农村地区很少，有些县无中学，许多区乡无小学”①。在教育向工农子女开门的方针指导下，发展农村小学成为新中国教育事业的重中之重，校舍作为重要的校园硬件设施成为亟待解决的问题。农村小学的校舍主要有四个来源：一是继承旧有校舍，二是利用没收的地主家房子，三是利用祠堂和庙宇，四是新建。由于中国共产党在接管国民党统治区各级学校时贯彻了保护措施，所以旧有校舍经过简单修缮后普遍可以投入使用。地主家房子在功能上与旧有校舍相比，略有不足。鲁中山区高而乡汤家小学由地主周方龙的二层楼房改建而来，在这读书的前几届学生利用课余时间进行拾石子、推土的劳动以垫操场。祠堂和庙宇又普遍比地主家房子条件差些。鲁中山区的仲宫镇张家小学就设在五帝庙内西屋，只有一个年级，20 多个学生。据曾经在此读书的李保禄回忆：“庙里没有电，光线很不好。”1951 年，他和同学还参与了拆运神像泥胎的劳动。张家村

① 卓晴君、李仲汉：《中小学教育史》，海南出版社 2000 年版，第 18 页。

村长 BLQ 把神像推翻后，让学生两人一组，用编筐把神像泥胎运到十米外的坝沿。[①] 如果村庄既没有旧校舍，又没有地主家房子或祠堂、庙宁可用，则只能新建。迁民而成的垦利区大多数农村小学就是如此：

> 利津洼[②]是迁民过来的，之前这都是大荒子。解放了，上头叫成立小学。俺村没有现成的学校可以用，就借用了村民的房子。后来村干部就发动群众建，我们几个小学生也跟着干。那时候的房子是土屋子，用泥混上黄背草。大的活咱干不了，推个土，割个黄背草，这样的活咱能干。下午放了学，老师一说推土去，学生就推土去，推不动就一个推一个拉；一说割黄背草去，学生就割去。那时候学生都很积极，老师号召干啥就干啥，也没报酬。[③]

在新建校舍过程中，学生成为劳动者，参与推土、割黄背草等工作。这项劳动与儿童惯做的家庭劳动不同，具有非农业劳动的性质。是否需要新建学校受到地域因素的影响大，由于多数村庄都有可以将就的教学场所，所以在经济不宽裕的农村，新建学校的情况并不多见，儿童的劳动也便少有。

与修缮和建立校舍的劳动仅存在于部分年级的情况不同，小学生为增加学校经费而进行的创收劳动具有普遍性，特别是在“勤工俭学”政策实施后。这项劳动之所以普遍，是因为乡村公办小学和民办小学均面临经费不足的问题。1951 年召开的第一次全国初等教育与师范教育会议明确提出，发展小学教育必须采取政府统筹与发动群众办学相结合的方式。这也就确定了农村地区公立小学和民办小学并存的局面。公办

---

① 根据笔者于 2017 年 6 月 1 日在济南市仲宫镇张家村对李保禄的访谈录音整理。此处为尊重推翻神像的村长隐私，隐去其真实姓名。

② 利津洼是当地人对垦利区的别称。迁民而来的垦利区原属于利津县荒凉的乡村。

③ 根据笔者于 2019 年 5 月 1 日在东营市垦利镇惠丰社区对鲁振亮的访谈录音整理。

学校依靠政府财政办学，主要来源于地方附加公粮；民办学校则主要是社会捐资、集资助学。[①] 经费不足影响学校巩固，为此，学校通过多种方法解决，除了适当提高学杂费，还号召学生为学校劳动。学校对学生通过劳动增加经费的认识随着“小五年计划”、勤工俭学等劳动教育实践的开展而深入。

在勤俭办社和劳动教育的方针下，幼儿同小学生一起参与到为学校创收的生产劳动中。由于年龄小，受托幼儿的劳动方式以拾为主。许多教养员在 1959 年 3 月召开的山东省儿童福利工作积极分子代表会议上，汇报了幼儿参加生产劳动的成绩。如临沂莒南县东升人民公社夏庄生产管理区 713 名幼儿 1958 年共拾花生 500 多斤，拾草 3000 多斤，拾黄豆 50 多斤，拾杂粮 550 多斤，晒地瓜干 8000 多斤。[②] 与前文提及的制作玩具的劳动实践相比，这些生产劳动实践成果进一步量化了幼儿劳动的潜力，进而有助于改变家长对幼儿的认识和态度。毕竟按照传统儿童观念，4—7 岁的儿童尚不属于家庭劳动力。

小学生为学校创收的劳动内容比受托幼儿丰富许多，并且具有因地制宜、因时制宜的特点。鲁中山区汤家庄小学组织学生晚上到山上逮蝎子，然后卖给药材收购站；[③] 鲁西平原莲花池小学组织学生利用课余时间割草喂兔子；[④] 黄河入海口附近的杜家屋子小学则鼓励学生放学后挖茵陈。1962 年在杜家屋子上学的王春生回忆：

我们从小学一年级就开始给大队干活、给学校干活。记得每

---

① 彭泽平、姚琳：《新中国基础教育改革与发展：历程·经验·展望》，人民出版社 2018 年版，第 131 页。

② 《会议代表情况统计表》，1959 年 3 月，山东省档案馆藏，A005—01—0101—005。

③ 根据笔者于 2017 年 6 月 1 日在济南市仲宫镇张家村对李保禄的访谈录音整理。

④ 根据笔者于 2019 年 5 月 11 日在聊城市阳谷县莲花池村对闫海泉的访谈录音整理。

年阴历三月份，放了学，我们就扛着筐去坡里挖茵陈，就是我们平常说的蒿子苗，一种中药材。我们挖回来放家里晒，晒干后交给学校，学校再卖给药材收购站。学校不分配任务，我们挖茵陈完全凭自觉，那时候学生思想觉悟高，都想着尽量多弄点。这样能给学校创收。家长也支持我们给学校干点活。①

1963年开展的学雷锋活动，把学校劳动向前推进一步。与过去增加学校行政经费开支的目的不同，在“学雷锋”号召下的学校劳动主要内容是校园修缮。如冠县定远寨完小二年级学生刘文明从自己家里拿钉子修理课桌、四年级同学利用课余时间加固即将被雨淋倒的厕所墙壁。②这些活动虽然不能够直接为学校增加收益，但可以从侧面为学校节省经费开支。

在成果分配方面，为学校创收的劳动，持“取之学生、用之学生”的原则。一部分小学生劳动所得用于购买粉笔、黑板涂漆等公共用品，一部分则用于购买本子、铅笔等学生物品，以奖励成绩优异的学生，偶尔也会帮扶家庭经济困难的学生。幼时贫穷的鲁振亮，对两年读书生涯所得的铅笔资助念念不忘。③幼儿劳动所得的分配同样如此，一部分转化为园所经费，用于购买暖瓶、脸盆、毛巾等公共物品，一部分用于给幼儿购买糖果和衣服。分配原则及物质化奖励机制进一步调动了学生为学校创收而劳动的积极性，并增加了他们对学生身份的认同感。

维持学校运转的劳动和辅助教师生活的劳动具有三个共同的特点。第一，由于新中国早期农村地区物质资源匮乏，两类劳动基本贯穿于在

① 根据笔者于2019年5月1日在东营市垦利区双桥公园对王春生的访谈录音整理。

② 《我校是这样开展向雷锋同志学习运动的》，1963年4月，聊城市档案馆藏，0020—001—005—006。

③ 根据笔者于2019年4月29日在东营市垦利镇惠丰社区对鲁振亮的访谈录音整理。

校儿童生活的始终，仅在“大跃进”时期，因为公共食堂的兴建和国家建设劳动，而得以短暂的中断。第二，两类劳动基本遵循着不影响教学的原则，主要在课间或放学后进行，不占用课堂教学时间。第三，学生所参加的具有实际劳动价值的劳动，与培养未来劳动力并不冲突，而且能够为其提供一定的物质保障。

因为维持学校运转类活动以不影响教学为原则，并且巩固了子女学习的场所，家长一般能够给予支持。但这种支持的态度有时也会受到劳动内容的影响，比如莲花池小学组织学生割草喂兔子，闫海泉的姑姑就多次询问他：“在学校养兔子是不是耽误了学习？什么时候割草？什么时候喂兔？”为了照顾家长的情绪，这项学校劳动维持了一学期后便停止了。[①]

家长出于家庭利益需要支持子女为辅助教师生活和维持学校运转而劳动，承认了儿童具有国家劳动者的身份。因为家庭教育资源存在着性别分配不均的问题，所以这种承认基于性别因素，男孩优先女孩成为国家劳动者。家长对于儿童身份的再认识，影响了家庭劳动秩序的调整。

三、为支援国家建设而劳动

为支援国家建设而劳动，可泛指儿童在建设新中国号召下，以学生身份参加的一切社会劳动，内容跟随农村社会生产任务的变化而变化。支持国家建设的劳动，在 1955 年“小五年计划”活动中始被正式提出。在此之前只是零星存在，在此之后伴随劳动教育的开展集中

① 根据笔者于 2019 年 5 月 11 日在聊城市阳谷县莲花池村对闫海泉的访谈录音整理。

出现。

为了缓解中学教育资源无法满足高小毕业生升学需要的矛盾和满足农业现代化的发展需要，共青团协助教育行政部门不仅在学生群体中开展了以“小五年计划”为首的一系列劳动教育实践活动，而且把“红领巾月”“三面红旗万万岁”等政治思想教育活动的落脚点也设置成劳动教育。这些支持国家建设的社会活动，尽管时间不同、主题不同，但具体劳动内容具有相似之处，集中体现为增产农业、支援工业、扫盲和宣传等。学生所参加的活动内容立足于农村自然环境和社会环境，又与传统的农业社会劳动有很大差异。

农村儿童参加的农业增产活动内容丰富，包括拣粮、看坡、护麦、捉虫、割草、积肥等。这些内容与儿童所从事的家庭生产劳动相似，但承载着不同的目的，不再是为了个体和家庭，而是为了集体和国家。

与农作物收割相关的拣粮活动是农村学生参加的最为常见的农业增产活动，共青团莘县委员会将其命名为“颗粒还家”①。在以劳动教育为主的阶段，几乎所有的在校儿童都参与到了这项活动中。幼儿在教养员组织下进行拣粮，劳动成果归学校所有，由学校支配，具有为学校劳动的性质。小学生的组织者和劳动成果分配与幼儿园不同，小学生一般是在合作社或生产队的组织下，拣粮所得归合作社或生产队所有。孙仲春回忆：

> 一到麦假、秋假，合作社就组织俺这些学生去拾粮食，麦假拾麦，秋假拾豆子和花生，拾回来就交给社里。学校不怎么管，一个学校收周围好几个村的学生。如果老师在这个社，有时候也

---

① 《青年团莘县委员会关于1956年少年儿童工作初步规划》，1956年2月，聊城市档案馆藏，0009—001—037—022。

跟着去，老师跟着去学生听话。①

除了拣粮，儿童参加的另一项具有典型性的农业增产活动是积肥。“庄稼一枝花，全靠肥当家”是千百年来农民生产实践的经验总结。伴随国家在1956年对粮食亩产量提出更高要求，② 集体农业生产对肥料的需求量也增加。《1956年到1967年全国农业发展纲要(草案)》规定：“从1956年开始，在十二年内，大部分地区90%以上的肥料，一部分地区100%的肥料，由地方和农业生产合作社自己解决。”但这一时期，由于在把社员私有耕畜一律作价归集体所有的过程中，出现了对耕牛和驴作价偏低，进而导致耕牛和驴存养量下降的现象，所以粪肥供应量减少。并且因为缺乏集体喂养经验、饲草不足、“大跃进”时期部分地区把猪也纳入集体所有等原因，牲畜的存养量和产肥量均持续降低。为缓解肥料需求量持续增加和肥料供应量持续降低的矛盾，儿童被发动到积肥队伍中。他们不仅被组织用农作物秸秆沤肥，而且常常背着粪筐去上学。肥料的供需矛盾直到1963年牲畜量回升才得到缓解，但儿童在矛盾缓解后依然保持积肥的做法。1963年在梁山县银山公社任小学教师的春旭回忆：“学生也要支援农业生产，这边背着书包，那边背着算盘，后面还背着粪筐，上学路上拾了粪给学校，放学再将粪筐背走。”③ 学生把粪肥交给学校并非归学校所有，而是学校收集后统一交

① 根据笔者于2019年5月2日在东营市垦利区对孙仲春的访谈录音整理。

② 1956年1月23日中共中央政治局提出的《全国农业发展纲要（草案）》第六条规定：从1956年开始，在十二年内，粮食每亩平均年产量，在黄河、秦岭、白龙江、黄河（青海境内）以北地区，由1955年的150多斤增加到400斤；黄河以南、淮河以北地区，由1955年的208斤增加到500斤；黄河、秦岭、白龙江以南地区，由1955年的400斤增加到800斤；粮食每亩平均年产量(皮棉)，按照各地情况，由1955年的35斤(全国平均数）分别增加到60斤、80斤到100斤。见《1956年到1967年全国农业发展纲要(草案)》，《江苏教育》1956年第3期。

③ 春旭口述：《风雨人师路》，载胡艳等编著：《泥土上的脚印：新中国第二代乡村教师口述史》，广西教育出版社2018年版，第91页。

给生产队。

拣粮、积肥等活动属于儿童支援种植业发展的劳动范围，伴随1956年畜牧业所有制和养殖方式的改变，割草这项支持畜牧业的劳动也得到提倡。自农户的马、骡、牛、驴耕畜作为生产资料，由个体所有转为集体所有后，许多合作社面临饲草缺乏问题。为此，儿童被发动参加割草挖菜劳动中。1956年在河北省聂门子小学教小学一、二、三年级的高秀珍老师回忆：

> 我们学校后面有一片山，一大堆的地，我就带着学生天天割草，割完了还得捆好扎好，交给公社，公社就派人来称。老师们都带着学生下地，低年级的学生干不了，就得老师自己多干。除了割草，我们还打芦柴，社里也跟学校要，老师们都带着学生去山上打，高年级的学生干得快，省力点，我带的低年级学生年纪太小了，我不太敢用，怕割伤了他们。学校里规定一个人要打40斤，哪儿能凑齐啊，我没办法，只能天天带学生去打，一下课就上山了。①

农村儿童不仅被发动到与家庭劳动生产内容相似的农业增产领域，而且还被号召参加种植油料作物、植树造林、大炼钢铁等支援工业的劳动。由于这一部分劳动与农村儿童传统劳动认知相脱节，但对于支援工业现代化建设具有重要作用，所以共青团和教育行政部门屡次发文强调。在政策要求下，农村儿童成为种植油料作物和植树造林的力量。

自“小五年计划”开始，山东农村儿童被动员种植向日葵和蓖麻两种油料作物。向日葵第一次榨出的油可供食用，第二次榨出的油可作

---

① 高秀珍口述：《我是新中国第一代乡村女教师》，载郑新蓉等编著：《开拓者的足迹——新中国第一代乡村教师口述史》，广西教育出版社2018年版，第38页。

蜡烛和肥皂的原料；[①] 蓖麻[②] 榨出的油主要供医药和工业。[③] 由葵花籽油和蓖麻油的应用可知，儿童种植油料作物具有服务工业生产的作用。这是与政务院在1953年12月25日和1954年9月19日分别发布的关于增加油料作物生产的指示所不同的一个重要体现。两则指示侧重增加可供食用的植物油料种植。这种差异随着经济建设的推进日渐明显，1957年5月农业部、粮食部、教育部等7个部门联合发出的《关于社会力量充分利用闲地大量种植油料作物的通知》和1958年2月共青团中央制定的《关于在全国少年儿童中开展种植、除四害、讲普通话三项活动的决定》，及1960年2月农业部、教育部、共青团等6个部门联合发出的《关于发动群众利用空闲地种植油料作物的通知》《关于发动群众种好管好蓖麻向日葵等油料作物的通知》等文件均强调种植蓖麻和向日葵油料作物，尤其是发动青少年群体。

在儿童种植向日葵和蓖麻油料作物的过程中，有些地区作出定量要求。如1956年，高唐县团委要求每个学生在两周内突击种植2500至3000棵树、向日葵、蓖麻，并把种植数量的多少视作评价学生好坏的标准。这不仅影响了学生的学习任务和身体健康，而且引起部分家长不满。[④] 为此，儿童种植任务在1957年进行调整，这也成为山东省蓖麻种植面积总量较1956年减少1000余亩的一个原因。

这一时期，国家农业部、共青团、教育部等部门号召儿童进行“三

---

① 《我们要利用空地栽种向日葵》，《江苏教育》1954年第7期。

② 蓖麻按照品种类型可分为无刺蓖麻和有刺蓖麻。无刺蓖麻炒熟后榨油可食用，麻叶肉厚可饲养蓖麻蚕；有刺蓖麻出油率高，为工业用油。考虑到出油率，国家提倡种植的主要是有刺蓖麻，即具有工业用途的蓖麻。见山东省地方史志编纂委员会编：《山东省志·农业志》，山东人民出版社2000年版，第450页。

③ 山东省地方史志编纂委员会编：《山东省志·农业志》，山东人民出版社2000年版，第442页。

④ 《关于当前小学教育工作中存在的问题及今后意见的报告》，1956年5月28日，聊城市档案馆藏，0004—002—043—007。

种”，除了种植油料作物蓖麻和向日葵，还有木本植物——树。植树造林得到提倡，虽然与国家领导人对保护环境的认识有关，“绿化祖国”是宣传和动员的口号，但最直接原因应该是工业现代化的建设需要。木材是工业生产的重要原材料和人民生活的主要燃料，伴随工业发展和人口激增，20世纪50年代的木材需求量逐年提升，甚至在50年代末、60年代初出现了供不应求的状况（见表4—1—1）。山东省用材林数量始终多于防护林，且所占造林总面积比例不断增加的情况有力地证明了这一点（见表4—1—2）。为了解决木材原料和燃料不足，发动群众植树造林成为根本途径。少年儿童被视作重点发动对象，《在全国少年儿童中开展种植、除四害、讲普通话三项活动的决定》号召少年儿童人人动手，个个种树。[①] 为配合“三项活动”中种植需要，1958年6月28日共青团三届三中全会通过的《中国少年先锋队队章》规定：新队员入队要种一棵树，或者做一件别的公益事情。[②] 这项劳动有地域性，因为盐碱地遍布的利津洼造林成活率低，所以儿童植树造林的史料很少。适合造林的鲁中山区和鲁西平原则不同，不仅有青少年植树造林的倡议，而且切实开展了实践活动。1958年在仲宫东罗园小学读二年级的陈其平回忆：

> 大呼隆的时候，老师带着俺这一帮学生出夫，上二三十里地的柳埠镇卧铺村和投石峪去种树。好像是种柏树，记不清了。高年级的会种，俺年龄小，也就能弄个小镢挖树坑，搬个石头垒垒周遭。那时候也玩儿也干，荡悠荡悠的，睡草棚，吃萝卜、地瓜

---

① 《共青团中央关于在全国少年儿童中开展种植、除四害、讲普通话三项活动的决定》（1958年2月22日），载何东昌主编：《中华人民共和国重要教育文献》，海南出版社1998年版，第802页。

② 《中国少年先锋队队章——一九五八年六月二十八日共青团三届三中全会通过》，《人民日报》1958年8月23日。

黏粥，待了十来天。[①]

表4—1—1：1953—1965年部分年份木材资源与使用平衡情况

单位：万立方米

年份	资料			总计	使用						
	生产量	进口	其他		国内消费				出口援外	其他	年初年末库存差额
					小计	生产用	基建用	农村用			
1953	1754	2	66	1822	1527	838	628	61	—	—	295
1957	2787	3	8	2798	2531	1515	882	134	6	—	261
1958	3579	5	5	3589	3657	2158	1256	243	6	—	—74
1962	2288	30	1	2319	2218	1599	369	250	15	148	—62
1965	3302	156	—	3458	3210	2022	813	375	17	13	218

资料来源：国家统计局贸易物资统计司编：《中国生产资料市场统计年鉴1993》，中国统计出版社1993年版，第344页。

因为大规模植树造林面临树种和树苗不足的问题，所以儿童还参加了与植树造林相关的采种、育苗等劳动。植树造林活动要求自力更生解决树苗，为此，儿童收集杏核、桃核和各种树种。据馆陶县学少部报告，自开展“小五年计划”到1956年3月，南馆陶区50处小学采集槐树种子450斤、榆树种子20斤、椿树种子25斤，已培育好幼苗15亩。[②]但植物生长有其自然规律，突击式的采、拾、挖不能彻底解决树种和树苗不足的问题。为此，共青团还发动儿童献种、献树和挖野生树苗。

不可否认，在校儿童所参加的增产农业和支援工业两类劳动，为社会主义建设贡献了力量。劳动成果不仅以数字的形式直接体现，而且还能转化为其他形式，山东地区开展的最典型的活动为“捐献红领巾拖

① 根据笔者于2017年6月1日在济南市仲宫镇张家村对陈其平的访谈录音整理。

② 《中国少年先锋队馆陶县植树造林报告》，1956年3月18日，聊城市档案馆藏，0009—002—031—004。

拉机站”。1958年，新中国开启第二个五年计划，在“吸引少年儿童以实际行动支援第二个五年计划”形势下，1958年上半年，共青团山东省委发出“长持青岛市小朋友倡议捐献红领巾拖拉机站”的倡议，号召全省少先队员和广大儿童以自己的劳动所得，为祖国捐献一处“红领巾”拖拉机站。[①] 据统计，截止到1959年11月底，山东省少年儿童捐款达30多万元。[②]

在作出贡献和取得成绩的背后，儿童参加的建设国家类劳动也暴露出一些问题如儿童劳动成人化、儿童劳动的标准过高等。

与孩子参加增产农业和支援工业的体力劳动相比，家长对于宣传、担任小先生[③]等脑力劳动给予更多配合和支持。

宣传活动可以称得上学生参加的较早的支援国家建设活动。在土地改革、抗美援朝时期，许多学生已经在教师带领下参与其中。1950年在汤庄小学读书的郑学诗说：“老师带着俺这些学生上张庄写‘保卫土改、保卫生产’的标语，俺妈看见了很高兴，觉得没白供我上学。”[④] 郑学诗母亲的反应并不是特例，宣传活动与扫盲运动相似，因为具有知识性而容易得到家长的肯定和支持。也正因为儿童在政策宣传过程中所具有的特殊作用，并且能够协助老师进行宣传活动，其宣传员的身份不断得到国家、学校和教师的强化，经常扮演方针政策的宣传员。

儿童凭借家庭成员的优势，辅助教师开展扫盲工作。正如前文所

---

① 《共青团山东省委学少部关于捐献红领巾拖拉机站活动的通报》，1958年，山东省档案馆藏，A004—02—0229—007。

② 《1958年少先队工作基本情况和1959年少先队工作意见》，1959年2月27日，山东省档案馆藏，A004—02—0251—002。

③ 小先生制可以追溯到陶行知在20世纪20年代初从事平民教育所倡导的连环教学法，让先学教后学。陶行知认为，在寒暑假的假期，各校学生回到本乡进行乡村教育，是平民教育运动中的最好办法。见蒋纯焦：《教育家陶行知研究》，山东人民出版社2016年版，第191—199页。

④ 根据笔者于2017年5月28日在济南市仲宫镇张家村对郑学诗的访谈录音整理。

言，新中国初年乡村教师的工作强度大，不仅要教授学生，还要兼顾扫盲这项社会任务。但仅依靠教师定点定时扫盲，不能够满足社会需要。首先，许多妇女不愿意参加。20 世纪 50 年代初在店子镇耿崔小学任教的王延顺回忆："当时有很多人不愿意来上课，公家就得派人上门动员。好说点的人家就是不搭理你，你说破天人家也不去上课；遇上不讲理的就骂你，骂得你当时真想找个地缝钻进去。"① 其次，即便妇女参加，接受效果也不理想。高秀珍回忆："来了的都是带着娃……一边听我们讲，一边哄孩子，一边干活。"② 实践表明，学生担任扫盲"小先生"，帮助家人识字，取得了比较好的效果。肥城县汶阳人民公社搭房村张利民的母亲由于家务繁忙，上识字班只能"三天打鱼、两天晒网"，结果学了忘、忘了学、学了再忘；后来由张利民运用日常生活间隙教母亲认字后，她渐渐学会了 50 多个字。③1959 年 6 月召开的山东省第一次少先队代表会议肯定了少先队员在社会扫盲工作中的重要作用。④

无论是体力劳动还是脑力劳动，其作用不仅在于支援国家建设，还力求培养儿童的集体主义情怀。在劳动过程中，儿童始终面临公与私的问题，他们接受的教育是立公破私。在拣粮活动中，粮食归公社所有，而不是家庭；在看坡护苗中，即便是自己家的牲畜也要赶走；在植树造林中，把自己家的树苗献给公社；在积肥运动中，把肥料交给公社，而不是自留地……这些教育显然不同于家庭教育。

---

① 王延顺口述：《与新中国共成长的教育人》，载郑新蓉等编著：《开拓者的足迹——新中国第一代乡村教师口述史》，广西教育出版社 2018 年版，第 80 页。

② 高秀珍口述：《我是新中国第一代乡村女教师》，载郑新蓉等编著：《开拓者的足迹——新中国第一代乡村教师口述史》，广西教育出版社 2018 年版，第 40 页。

③ 《肥城县汶阳人民公社搭房村扫盲工作总结》，1959 年 2 月，聊城市档案馆藏，0020—005—003—004。

④ 《听党的话，做毛主席的好孩子》，1959 年 6 月，山东省档案馆藏，A004—01—0121—016。

儿童所参加的以辅助教师生活、维持学校运转和支援国家建设为目的的校园劳动，不仅有助于培养儿童的集体主义意识和对国家本位的认同感，而且因为劳动内容的增加和劳动成绩的取得刷新了人们对于儿童劳动潜力的认识。在儿童具有实际劳动力身份的时段，他们参加了增产农业和工业原料的体力劳动，并用劳动所得捐献拖拉机，为农业现代化贡献力量。在儿童具有未来劳动力身份的时段，他们所参加的劳动，为新中国早期人才培养基地——学校的巩固和发展提供了保障和支持。尽管儿童参与劳动的过程有一些待商榷之处，但也切实凸显了儿童的社会作用。

第二节　年龄、性别、行第因素交织下的家庭劳动新秩序

1949 年前，大多数农民子女没有入学求知的机会，他们的主要活动内容是年幼时玩耍、10 岁左右参加劳动。在影响儿童劳动秩序的诸多因素中，“男主外、女主内”的性别角色分工占据绝对优势地位，即 10 岁之后的男童就被视作具有生产劳动能力的劳动者，跟随父亲参加生产；女童则比男童较早地跟随母亲参加到女性化的家务劳动中。这种以性别为主导的儿童劳动秩序，不仅使儿童劳动内容和生活方式具备可预知性，而且使儿童的劳动价值受到年龄限制。

1949 年后，尽管农民子女有了入学求知的机会，但由于家庭生活和生产资料普遍匮乏，每一位具有劳动能力的儿童依然是家庭劳动者，即使上学者也是如此。在学习受到重视的地区和家庭，儿童通常在放学前或放学后参加劳动；若不受重视，则他们利用学习时间参加劳动。有

不少受访者用“稀稀松松”“马马虎虎”形容自己的读书岁月。所以，对农村儿童而言，承担一定的家庭劳动是常态化的事情。因为“男主外、女主内”的传统性别文化在民间社会具有延续性，所以，对家庭中儿童劳动秩序的形成仍然有作用。但在集体经济逐渐取代个体经济、社会性别模式重塑、普及教育的政策及实践、家庭成员增多的农村社会变革和现代化进程中，性别不再是儿童劳动秩序的主导因素，女孩可以参加生产劳动，男孩也可以参加家务劳动。儿童性别与年龄、行第共同作用，交织形成 1949 年后农村社会独特的家庭劳动秩序。这种家庭劳动新秩序是家族本位儿童观由传统到现代转型的典型体现。

一、贯穿童年的劳动

在传统认知中，10 岁是儿童成为家庭真正劳动力的界点。这种认知在 1949 年后的儿童劳动秩序中依然具有延续性。在 1963 年至 1964 年山东省教育厅农村教育工作队和部分专署文教局开展的农村教育调查中，教师根据教学经验反映：“一到三、四年级（学生）就开始流动了，因为过了十岁，孩子的劳动更多了。”①除了延续，依据年龄形成的劳动秩序在 1949 年后增加了新内容。由于所有制和劳动组织方式变化，集体经济逐渐取代个体经济，儿童被赋予一种新的劳动方式，他们在婴幼儿时期即间接地、被动地、具有喜剧性地为家庭劳动。正如鲁中山区并

① 《宁阳县葛石公社古村口大队小学教育情况的调查》，1963 年 12 月 15 日，山东省档案馆藏，A029—01—0162—014。学生过了十岁开始流动并非山东省所独有，还有具有地域普遍性。1960 年代先后在广东省江门市蓬江区棠下镇石头小学、三堡小学、天乡小学、大亨小学教书的民办教师谭惠欢回忆：“在 20 世纪 60 年代初的农村，很多 10 岁左右的小孩需要到地里干农活，减轻家里的负担，所以当时很多人辍学。”见谭惠欢口述：《苦尽甘来的为师之路》，载胡艳等编著：《泥土上的脚印——新中国第二代乡村教师口述史》，广西教育出版社 2018 年版，第 188 页。

渡口村村民王欣玲凭借天真无邪、活泼好动的年龄特点采摘社里的地瓜叶：

> 俺几个五六岁的小闺女一到太阳快落山的时候就弄着个布袋去社里摘地瓜叶，摘回来插糊涂，刚开始那个看坡的老头不管，他寻思俺几个玩哩，后来不行了，把俺那布袋没收了，俺几个都哭着回来了，嫌不好。①

长到七八岁，儿童的家庭劳动普遍得到直接体现，他们开始承担割草、拾柴、看孩子、纺线织布等简单家务活。这些劳动虽然随着农村社会变革具有一定的时间变动性，但基本长存于新中国早期农村社会。1956年耕畜作价入社前，儿童割草喂自家牲畜；耕畜作价入社和人民公社化时期部分地区把个体猪收归集体后，儿童开始割草为家庭挣工分。青草晒干了也可以做烧草，但仅依靠干草不足以应付缺柴少火的生活，儿童还要进行拾柴。拾柴是儿童的日常劳动，虽然在大炼钢铁时期由于铁锅铜勺等炊具上交和吃公共食堂而使家庭拾柴量大减，但依然在进行。一方面，儿童拾柴劳动可以挣取工分；另一方面，面对捐出锅盆的号召，部分家庭采取了交大锅留小锅、交锅留盆的做法。“平时吃食堂，过节冒炊烟”的生活方式需要柴草，而儿童则成为拾柴主力。割草、拾柴等劳动并没有因为儿童入学而停止，他们普遍利用入学前或放学后的空隙继续进行，这也是家庭劳动常态化的体现。除了割草和拾柴，女孩子还多出看孩子和纺线织布的家务劳动。本节“性别与跨性别劳动”部分，将对此进行详细论述。

农村集体经济的发展和工分制的形成，使儿童的割草、拾柴劳动，具有了交换价值，能够为家庭带来收益。“工分是集体经济单位中记载和计算劳动者劳动数量的重要依据，也是劳动者年终分配时所得收入多

① 根据笔者于2019年4月26日在济南市仲宫镇并渡口村对王欣玲的访谈录音整理。

少的依据。”[①]作为每一个农村家庭的主要经济来源，工分关系到每一位家庭成员的生活质量，正所谓“工分工分，社员命根”[②]。即便儿童割草、拾柴所得工分只有二三分，也可以积少成多在年终分得钱粮。

工分制的实施，成为家庭劳动秩序重构的重要推力，提高了家长对儿童劳动的重视程度。但也因为儿童劳动受到家长重视，反而阻碍了适龄儿童的入学。1963 年，宁阳县葛石公社教师劝说家长送孩子上学，被家长算起经济账：十岁左右的孩子，一个夏天割草能挣 800 个工分，分的粮食自己吃不了；如果上学，还得大人挣给他吃。[③]

延续年龄在劳动秩序中的作用，十岁左右的儿童陆续参加农业生产劳动。因为他们年龄小，力气弱、生产劳动经验不足，所以劳动内容具有简单、易学的特点。除了牵牛、浇地、拔草等普遍性劳动，儿童所参加的具体生产劳动具有一定的地域差异。如鲁北地区黄河入海附近的村庄沙土资源丰富，适宜种植花生，高秀云利用不看弟弟妹妹的空隙和同龄人参加摘花生的生产劳动。[④]鲁中山区适合种植地瓜，这里的儿童则进行浇苗、培土的生产劳动。由于劳动内容简单，他们在社队参加劳动的报酬很少，甚至偶尔以实物的形式体现，社队分点瓜果花生以示奖励。即便如此，参加生产劳动的女童也会欣喜不已。虽然距离第一次参加农业生产劳动已经过去六十多年，但高秀云对于获得报酬的经历记忆犹新：

> 我第一次上队里干活是摘花生。57 年还是 58 年，记不清了，

---

① 贾秀岩主编：《物价大辞典》，河北人民出版社 1988 年版，第 142 页。

② 中国民间文学集成全国编辑委员会、中国歌谣集成山东卷编辑委员会编：《中国歌谣集成 · 山东卷》，中国 ISBN 中心 2008 年版，第 92 页。

③ 《农村小学教育问题（宁阳县农村教育调查材料）》，1964 年 1 月，山东省档案馆藏，A029—01—0162—008。

④ 根据笔者于 2019 年 5 月 1 日在东营市垦利区建设银行家属院对高秀云的访谈录音整理。

光记得摘花生。人家整劳力把花生秧子刨出来，俺这些小孩就跟了后面和撒和撒土，然后坐一块儿摘。干完活，队长分给我两大把花生。哎哟，高兴得我不行了。以前咱在家天天看孩子，谁（能）给咱发点东西？现在挣了两大把花生，一下子觉得自己中用了。我也舍不得吃，用褂子兜着，一路小跑，跑回家去。①

不被家务劳动羁绊的十二三岁的儿童参加集体劳动，以半劳力的身份挣工分。半劳力的概念伴随工分出现，与整劳力②相对而言，“指体力较弱，只能从事一般轻体力劳动的人”③。十二三岁的儿童处于半劳力的底端，所挣工分为二三分，同儿童割草、拾柴所得工分相当。

随着年龄增长，儿童所挣工分增加，甚至长期参加集体劳动的女孩在十四五岁时可当选为妇女队长。幼年丧父，母亲因缠足仅能参加简单集体生产劳动的邢有俊就是如此：8岁开始参加集体农业生产，14岁当选高而公社邢家大队三队的妇女队长。④特殊的家庭环境使邢有俊过早进入生产劳动的行列，并担任了与其年龄不相符的职务。邢有俊担任职务的经历尽管特殊，但参加劳动的经历并非特例。据她回忆，许多年龄相仿的孩子和她一起参加劳动。

① 根据笔者于2019年5月1日在东营市垦利区建设银行家属院对高秀云的访谈录音整理。

② “整劳力”也称“全劳力”，即整劳动力，指体格健壮，能完成农村农业生产中各种脏、累、重等工作的人。在当时，对于整劳力和半劳力的区分没有统一标准。有的生产队凡年满18岁的青年男女，自然就由半劳力升至整劳力；有的生产队，是以结婚作为整劳力的标准；有的生产队的做法更是别致，把全队数十个要求长工分的人员招到麦场上，每人肩上压一袋百二十斤的麦子，蹲下能站起来的便是拿10分的整劳力，吭吭唧唧站不起来的，说明劲头还没来全，待明年再“考”；还有的生产队看一个小伙子是不是整劳力，就以抗粮食为标准，能抗起三斗半的布袋就是整劳力，扛不起就是半劳力。见曹立朝：《整劳力、半劳力》，《档案天地》2009年第9期。

③ 曹立朝：《整劳力、半劳力》，《档案天地》2009年第9期。

④ 根据笔者于2017年5月28日、29日在济南市仲宫镇张家村对邢有俊的访谈录音整理。

通过山东农村儿童在不同年龄所从事的劳动内容可知，劳动成为贯穿童年的一项活动。劳动年龄的拓宽，打破了过去把10岁视作儿童成长为家庭劳动力、为家庭带来经济效益的认知。不仅如此，工分制的实施，使儿童劳动成果更易于获得交换价值。这两方面变化，连同国家对于儿童是劳动者的强调及以学校为单位的集体劳动成果，促使家长重新思考“孩子”的身份意涵。最终，“劳动者”取代“传宗接代者”，成为农村儿童的首要身份。家庭身份的调整，使孩子之于家庭的首要价值不再寄托于未来，而是体现在现实生活中。

在从父姓和从夫居的传统习俗依然占据主导地位的农村社会，儿童是“劳动者”的功能强化和是“传宗接代者”的功能弱化，已经有助于提高女童的家庭地位和社会地位。这一时期，跨性别劳动的广泛开启，又进一步冲击了“男尊女卑”的传统。

二、性别与跨性别劳动并存

“男主外、女主内”的社会性别分工，作为1949年前家庭儿童劳动秩序的主导因素，在1949年后依然具有很大的影响力。史料显示，家务是女童劳动的领地，男童的劳动则集中在生产领域，但这种性别文化在农村社会变革和现代化因素冲击下日渐解构。

性别与跨性别并存的劳动在女孩身上体现得更加明显。家务劳动依然主要由女孩和母亲承担。同时，具备一定生产劳动能力的女孩可以和男孩一起进入公领域，参加生产劳动。其中，家务劳动延续了女孩传统生活的状态。

做饭是女孩必做的一件家务劳动。她们通常在小时候协助母亲做饭，年龄稍长后，即独自承担起做饭的事情。山东农村做饭通常使用能够烧柴火的大锅，而且因为家中人口多、饭量大，做起饭来绝非易事。

下镇乡十四村高秀莲是家中长女，从10岁开始做饭：

> 一天三顿饭，顿顿蒸一大锅窝窝，蒸一大碗虾酱，熬一大锅汤。人家吃饱走了，刷锅刷碗也是我的。我个子小，那锅又大，我站了灶台边上，使劲伸胳膊才够着那边的锅沿儿。有时候踩上小板凳，不牢稳，好几次差点趴锅里。一天一天的，累得要命。有一次做饭的时候，我去茅子解手，累得在茅子睡着了。人家回来吃饭哩，我还在茅子睡呢。后来一听说吃大锅饭，我心里别提多高兴了，想着可不用做饭了。谁知道还是自己做饭好，自己做饭累是累，但能吃上高粱面、豆面窝窝，食堂到后来只给发草籽蛋。①

女童一天做三顿饭尚累到如此，如果家里有嗷嗷待哺的弟弟妹妹，又恰逢母亲乳汁不足，境况就更加辛苦。她们需要围在锅灶边，甚至半夜爬起来点火、烧锅、做饭。党秋莲的母亲在1961年诞下一对双胞胎，当她回忆自己和妹妹二人不分春夏秋冬、不分白天黑夜一边做饭、一遍谩骂的故事时，言谈举止中流露出阵阵辛酸。②

获取食材、洗衣做饭、照管弟弟妹妹等家务劳动，虽然辛苦但却只有使用价值，不具备交换价值。也即，女孩的辛勤劳动，其经济效益并不能被家人感知、被社会认可。这一点是农村社会和家庭把女孩视作“赔钱货”的立论依据之一。所以，女孩若要提升家庭地位和社会地位，必须进入具有交换价值的生产劳动领域。

与“食”相关的获取食材等活动，女童也参与其中。女童的参与方式主要体现在去自留地摘菜，去树上勒榆钱、槐花、柳絮等。访谈发现，爬树，这项和体力相关的活动，具有明显的性别差异，会爬树的男

---

① 根据笔者于2019年4月28日在东营市垦利镇惠丰社区对高秀莲的访谈录音整理。

② 根据笔者于2019年5月2日在东营市垦利镇惠丰社区对党秋莲的访谈录音整理。

性受访者不足三分之一，会爬树的女性受访者却达到三分之二。女性在获取食材中，练就出这项本领。因为榆钱、槐花、柳絮等食材具有很强的季节性，所以农村社会在正常年月下对树的依赖性并不强。尽管统购统销政策大大减少了农民手中的粮食，但基本能够满足口粮。另外，村民还有一定的自留地。但在三年困难时期，树上的可食用部分，包括树皮和树根，纷纷成为“救命粮”：

> 1959 年下半年咱这里开始挨饿，1960 年春天饿得厉害了。挨饿的时候俺家有 9 口人，其中 8 口人在家里吃饭，俺爹在渔业上不回来。俺家这么多人没饿死一个，除了靠俺爹在海上弄点儿鱼回来，还亏了俺家里那一行榆树。我小的时候会爬树，上树勒榆钱，勒榆叶，十来米的树挡不着我。我在腰上系个绳子，绳子上扎个筐，再挂上个大钩子，这个树上勒完了，用勾子把那个树上的枝子弄过来。要是两个枝子离得近，我搬着（树枝）就跳到那个树上去。俺娘说，这一行榆树是救命树。[①]

女童尽管成为家庭食材的获取者，并且负责做饭一事，却未必在家庭中和男童享有平等的食物分配权。这个问题在粮食资源匮乏时期表现得尤为明显。因为男童肩负着传宗接代的家庭使命，女童被认为是别人家的人。用老百姓自己的话，他们要确保男童活下去，以便“留后”。[②] 以饥荒严重的鲁西地区为例。根据 1949 年至 1960 年部分年份官方统计数字，在 1957 年之前聊城地区女性人数比男性人口平均年均多出 10 万余人，但从 1958 年开始，伴随新中国成立以来第一次人口负增长，男性人口忽然反超女性（见表 4—2—1）。这间接说明在生活困难时期，男性人口的存活率高于女性。家庭中粮食资源的性别分配不均

① 根据笔者于 2019 年 5 月 2 日在东营市垦利镇惠丰社区对党秋莲的访谈录音整理。

② 根据笔者于 2019 年 5 月 11 日在聊城市阳谷县石楼村对范兴东的访谈录音整理。

无疑成为一个重要原因。

上学的女孩利用不上学的时间纺线，不上学的女孩则利用不干农活的时间纺线。鲁中山区柳埠镇窝泉村的刘登玉是家中小女，上面有两个哥哥，父母对其较为疼爱，供她读书上学。读书上学可谓家庭奢侈品，也被民众视作父母重男轻女的最典型体现。即便如此疼爱，她也要利用空闲时间纺线。“平时是上学之前纺一个穗子，下了学纺一个穗子。假期从年初二开始纺，一直纺到正月十六开学。”①所纺之线、所织之布主要家用，如有剩余才放到集市上交易，作为家庭副业收入。不上学的女孩在女红方面的工作量要大很多，特别是到了参加生产劳动的年龄，有时既要兼顾农业生产，又要兼顾女红家务。高秀云去浇瓜地，临出门还要用围巾包起鞋底和针线，坐在地沿上纳鞋底。②

表 4—2—1：聊城地区 1949—1960 年部分年份人口情况统计表

单位：万人

年份＼项目	总人口		
	合计	男	女
1949	293.55	141.90	151.65
1952	306.84	144.21	162.63
1955	325.67	158.83	166.84
1957	336.87	163.75	173.12
1958	328.83	164.91	163.92
1960	312.10	156.24	155.86

资料来源：山东省聊城地区地方史志编纂委员会编：《聊城地方志》，齐鲁书社 1997 年版，第 96 页。

在尚未成立农村托儿组织的地区和时间段，当母亲外出参加生产

① 根据笔者于 2017 年 5 月 30 日在济南市仲宫镇张家村对刘登玉的访谈录音整理。

② 根据笔者于 2019 年 5 月 1 日在东营市垦利区建设银行家属院对高秀云的访谈录音整理。

劳动，年龄稍长的女童就成为照看孩子的主力。以土地改革为首的一系列农村社会变革，将青壮年妇女动员到生产劳动领域。为了解决妇女参加生产和孩子无人照管的矛盾，农村托儿组织伴随爱国丰产运动开始规模化出现。尽管发展迅速，但农村托儿组织发展过程具有时间性和地域性，而且经历了一波三折。在托儿组织尚未成立的地方和时间段，婴幼儿照管多依靠姐姐和奶奶。当时奶奶照看孙子孙女的作用有限，一方面因为当时妇女普遍早婚早孕，常常出现婆婆和儿媳一起生孩子、坐月子的场景；另一方面，由于农村妇女世代从事家务劳动，农村社会形成孩子由母亲照看的传统。在这种情况下，女童成为照看弟弟妹妹的主力。如广饶县七区三柳树农业生产合作社由于未成立托儿组织，1953 年冬季该村小学校尚有女儿童十四五名，到 1954 年开春小学只剩下 2 名女童，其他十余位均被母亲留在家里照看弟弟妹妹。①

大孩子看小孩子尽管能够使母亲腾出时间参加生产劳动，增加家庭收入，但对女童自身和被照管的儿童都产生了不良影响。就女童自身而言，她们被弟弟、妹妹甚至侄子、侄女牢固于家中，失去求学机会。垦利镇寿山村村民王桂芳的上学梦就因为妹妹的出生而破灭：

> 俺爷②重男轻女，让俺二哥上学，让俺两个弟弟上学，我夹了中间，就不让我上学。9 岁那年，我刚发下一册书来，俺娘夜里添了俺妹妹。俺爷就叫着我的名说："你在家看孩子吧。"发下那书来，我一天也没上，见人家上学，眼热得我趴了窗户上。③

王桂芳由于照顾弟弟妹妹，从未能踏入校门。这类女孩在当时并

① 《广饶县七区三柳树农业生产合作社发动妇女参加生产的几点体会》，1954 年 4 月，山东省档案馆藏，A005—01—0037—006。

② 爷，方言，指爸爸。

③ 根据笔者于 2019 年 4 月 29 日在东营市垦利区光明小区对王桂芳的访谈录音整理。

非少数，下镇乡十四村高秀云也是如此，尽管对学校渴望过，对家庭抗争过，但终究没能成功入学。[①] 这一批人不仅成为当时儿童识字班、简易小学和耕读小学的重点吸纳对象，而且成为20世纪八九十年代农村扫盲的重点。对于当时的女童而言，因为照看弟妹中途辍学也属常事，这成为女生辍学率高于男生的重要原因：

（党秋莲）我很愿意上学，上一年级的时候，奶奶在俺家能帮忙照顾孩子，俺老人不愿意叫我上学吧，也没强挡下。到了三年级不行了，奶奶回老家了，俺大妹妹看孩子需要我搭把手，俺娘就孬好不叫我上了。我学习成绩很好，写的字整整齐齐。张四督老师很厉害，一眼就能看出哪个学生是块料，他往俺家里要了两趟，给俺娘说："你瞎了个好学生，你这个孩子学习很棒。"俺娘不听。那时候老人就是偏心，供孩子上学不看学习成绩，男孩学习再孬也叫上，女孩学习再好也别多想。四个儿子一个都没拉下，都是高中生，五个闺女就光俺三妹妹和四妹妹捞着上了，她俩那时候晚了，赶上好时候了。[②]

无论是因为照看弟妹而不曾入学的女童，还是中途辍学的女童，她们与学生身份的失之交臂都受到"男主外，女主内"传统文化的影响。尽管在新旧文化冲突之际，部分女童挑战家庭教育资源性别分配不均的状况，为自己争取受教育的权利，正如第三章第二节所提及的背着妹妹上学的刘荣文和牟月辰，[③] 但能够像她们一样反抗成功的终究是少数。大多数女孩子因为照看弟弟妹妹而断了求学的路途。

照看弟弟妹妹的家务劳动，显示出与国家本位儿童观和个人本位

① 根据笔者于2019年5月1日在东营市垦利区建设银行家属院对高秀云的访谈录音整理。

② 根据笔者于2019年5月2日在东营市垦利镇惠丰社区对党秋莲的访谈录音整理。

③ 根据笔者于2019年5月10日在聊城市阳谷县城对牟月辰的访谈录音整理。

儿童观的双重冲突。这项劳动不仅违背了国家所宣传的男女平等和普及教育的政策，而且违背了女孩子上学求知的意愿。对此，国家和个人也均进行了博弈，如创设的允许带着弟弟妹妹上学校的简易小学、女童自主背着弟弟妹妹上学校的行为。另外，农村托儿组织的成立也为女童提供了难得的入学机会。

女童被父母要求照看弟弟妹妹，不仅使自己失去了上学的机会，而且给弟弟妹妹的身体健康带来了潜在的隐患。由于心智不成熟，缺乏育儿经验，女童照看弟弟妹妹的方式方法有诸多不妥之处，从而威胁婴幼儿身体健康。女童尽管在家长教导下承担起照看责任，但终究自身是孩子，具有贪玩、好动之秉性。李台镇石楼村张菊花和几个伙伴一边踢毽子一边看弟弟妹妹，她们把弟弟妹妹用小褥子包裹系于背后，结果弟弟妹妹常常伴随猛烈的踢跳动作被甩出，摔得哇哇大哭。① 婴幼儿因照看不周而跌伤碰伤是常有的事情，有时甚至丧失生命。如1956年高级社成立后在诸城县昌城区大于家庄乡，乡支书朱文亮和妻子参加生产劳动，大孩子带着小孩子到湾边玩耍，结果小孩子掉进湾里，大孩子随着去捞，两个孩子均淹死。② 正是这些惨痛的教训促使越来越多的民众把婴幼儿送入托儿组织。

家务主要是女孩劳动的领地，男孩较少替代。正因为如此，简易小学和耕读小学出现了如同劳务市场的滑稽场景，学生带着弟弟妹妹、鸡笼、纺车、菜篮来到学校。山东农村老百姓具有尊重知识的情怀，这一点可以通过他们对教师的态度和对孩子学习文化的期待体现出来。但对于女童读书，这种情怀便消失殆尽了。耕读小学招生时遭到部分村民

---

① 根据笔者于2019年5月11日在聊城市阳谷县石楼村对张菊华的访谈录音整理。

② 《关于当前幼儿队的情况报告》，1956年9月5日，山东省档案馆藏，A005—01—0059—002。

抵制，开办时状况百出、困难重重。[①]

1949 年前，世世代代的农村妇女演绎着终生从事家务劳动的生命故事。尽管“新母亲”“新儿童”的概念和形象已在民国初年见诸报刊媒体，但对农村社会的影响微乎其微，以致 1949 年后，她们依然想把自己的生命经验加之于女儿。正是在这种观念影响下，女童从幼小时期即被安排协助母亲从事做饭、制衣、看孩子等家庭事务。然而，中国共产党领导下的农村社会在经济、政治、文化各层面都发生了前所未有的变化，为女童打破性别禁锢、进行跨性别劳动提供了条件。

天足解放了女童的身体，成为她们参加跨性别劳动的前提。邢有俊的母亲虽然正值壮年，但因为一双小脚只能在队场[②]干一点轻活；邢有俊虽然只是一个 8 岁的孩子，但因为拥有一双天足可以跟着劳力下地上坡。[③]对女性而言，拥有一双天足意味着能够获得更多的劳动报酬，尤其在按劳分配的制度下。尽管在 1931 年 10 月山东省政府主席韩复榘已颁布《禁止妇女缠足办法》，但缠足之风在新中国成立初期的山东广大农村地区依然盛行。据 1952 年山东省妇联统计，全省除文登、莱阳两专区外，几乎各县都有部分缠足地区。[④]惠民专区滨县八区杜家乡共有女性 1480 人，其中 619 人缠足，除去小孩，不缠足的妇女数量很少；胶州专区胶南县山前村共一百多户，十岁以上的幼女只有 3 个没有缠足。[⑤]为了彻底废除陋习，山东省政府在中央政府的指示下三令五申，

① 《我是怎样组织带孩子的儿童坚持学习的——茌平县何庄工读小学教师杨宝珠》，1965 年 9 月，聊城市档案馆藏，0008—002—075—020。

② 社场是生产队用于翻晒粮食，碾轧谷物的场所。

③ 根据笔者于 2017 年 5 月 28 日、29 日在济南市仲宫镇张家村对邢有俊的访谈录音整理。

④ 《关于三反五反妇女工作及农村妇女参加农业生产情况报告》，1952 年 4 月 29 日，山东省档案馆藏，A005—01—0019—002。

⑤ 山东省民主妇联社会服务部：《重视开展放足运动》，《山东妇女》1952 年第 8 期。

说明缠足对身体的伤害，对生产劳动的影响。在政府自上而下的强势推动下和男性群体的支持配合下，缠足始得到真正的彻底的废除。这些出生成长在新中国的儿童成为受益者，不再缠足。

生产资料、劳动方式、分配制度等多方面变革所形成的人人劳动的社会氛围，为女童进行跨性别劳动提供了契机。土地改革完成后，农民的劳动积极性被极大地调动起来。为了提高粮食产量，在农具和耕畜不足的情况下，农民自觉增加人力，年龄稍长的女童作为劳动力跟随父亲和兄长进入生产领域。女童参加生产劳动随着农业合作化过程的不断深化而强化。土地改革后虽然粮食产量逐年增加，但一家一户经营的模式所带来的生产资料和生产工具不足等问题，限制了农业生产的进一步提高和工业化的发展，并且逐渐呈现出贫富分化的趋势。为了达到资源共享、促进生产、实现社会主义乃至共产主义的目的，农村社会经历互助组、初级社、高级社、人民公社的变革，以体现按劳分配为初衷的工分制也得以实施。在集体经济下，只要劳动就有工分和按人计酬的方式，使男女老少纷纷投入农业生产，具备一定劳动能力的女童自然包含其中。

农村妇女进入生产劳动领域，为女童从事跨性别劳动提供了示范。农村劳动力结构的调整在土地改革完成后正式开启，并随集体化程度的提高不断推进。土地改革完成后，妇女不仅分得一份土地，而且被动员参加生产劳动。抗美援朝时期，妇女被进一步要求参加农业生产，以支援工业原料和战争。根据全国第一次农村妇女工作会议总结，“在国家过渡时期，要更进一步教育和组织广大农村妇女热烈拥护和踊跃参加以互助合作为中心的大生产运动”[①]。《1956年到1967年全国农业发展纲要（草案）》规定：“每一个农村女子全劳动力每年生产劳动的时间不少于

① 中华全国妇女联合会编：《章蕴文集》，中国妇女出版社1996年版，第179页。

120个工作日。”[①]“大跃进”时期，农村劳动力需求大增，外加大部分男劳力被抽调出去大炼钢铁和进行兴修水利等基础建设，使得妇女成为农业生产的主力。“在1959年农村妇女出勤人数一般能经常达到妇女劳动力总人数的90%。”[②]虽然在60年代初期，中共中央采取大力精减农村非生产人员、充实农业战线的措施，带来男劳力增多、妇女劳动力回落，但农村社会上千年的“男主外，女主内”社会性别文化已经被稀释，形成了女性可以参加农业生产的新观念。

在国家所推行的普及教育的政策及措施下，家庭依然坚持着教育资源性别分配不均的原则。这就使得男童先于女童进入学校，而他们所承担的生产劳动任务顺势转移到姐妹身上。也即，家庭有女孩参加生产劳动的切实需要。无论是个体经济还是集体经济模式，家庭人力资源投入至生产劳动领域始终是获得经济报酬的重要保障。个体经济模式下，家庭需要借助人力弥补耕具和畜力的不足；合作化时期，人力与工分直接挂钩，关系到年底分红和口粮问题；即使在人民公社时期，记工分的做法也得以保持。而学龄期男童进入学校，意味着生产劳动领域家庭劳力的减少。对此，父母除了控制入学子女数量，如1963年宁阳县农村地区全日制小学学生多为一家一个，[③]还通过支配女孩替代男孩参加生产，以作补充。

尽管家长在子女受教育问题上持“重男轻女”的态度，但女性受教育的社会风气毕竟已经形成。在相关政策宣传引导和自身渴望学习知识的作用下，部分女孩不仅为自己争取受教育的权利，而且主动要求参

① 《1956年到1967年全国农业发展纲要（草案）》，《人民日报》1956年1月26日。

② 罗琼：《关于贯彻以生产为中心的妇女工作方针的问题》，《妇女工作》1980年第9期。

③ 《农村小学教育问题（宁阳县农村教育调查材料）》，1964年1月，山东省档案馆藏，A029—001—0162—008。

加生产劳动，以获得学费。张学芝通过辛苦生产劳动为自己挣学费的情况就是如此：

（我爹）跟我说："你要是真想念，就自己赚学费！"我一听，别提多高兴了，心想着自己赚就自己赚。

……

我到了星期六、星期天就跟着我爹上山去刨松根子，每次下山胳膊上都被松针划得血淋淋的，手上脚上都起水泡，疼得啊，走不了路，爹就用尖的松针给我挑破了，把水和脓挤出来，嚼点草药，嚼碎了把那白的汁敷在手上脚上，我再走、再刨，回家时鞋都被染红了，脱都脱不下来。①

为了实现自己的上学梦，张学芝坚持不懈地从事着刨松根子这项原本由男劳力承担的劳动。血淋淋的胳膊、磨起的水泡、被血染红的鞋袜，都传递着这是一项与儿童年龄及生理性别不相符的劳动。但由于该劳动出于张学芝自愿，承载了个人的诉求，所以也就有了在科学层面逆个人本位儿童观和在人权层面顺个人本位儿童观的双面性。与张学芝相比，很多女孩子从事跨性别劳动则充满着被动与无奈。学习成绩优异的党秋莲不仅因为家庭需要被迫辍学，而且进行了繁重的劳动：

我可没少干了活。俺家九个孩子，我是老大，男孩子都叫上学。啥活都是我的。虽说（我）是女孩子吧，权当男孩子使。不光叫下地干活挣工分，还得卖鱼、碾面。俺爹在渔业上，逮鱼分两个钱，也分鱼。分了鱼就得卖，俺爹又不卖，待不一天两天就走，俺娘也不卖，全指望我自己。我十来岁就骑着个破洋车子赶

① 张学芝口述：《苦乐参半的教师之路》，载郑新蓉等编著：《开拓者的足迹——新中国第一代乡村教师口述史》，广西教育出版社 2018 年版，第 244 页。

永安集，五天一个集。再冷的天，不明天就得去。有时候在家吃口饭，有时候不吃饭就上那里买口，冻得不行。卖鱼赶上好时候，带的这几十斤都能卖了，也有卖不几斤的时候。除了卖鱼，我还碾面。渔业上的面都是俺家碾。一次碾一百多斤谷子，一大布袋。到了黑，把这些小的都哄睡了，叫俺大妹妹看着，俺和俺娘就去十三村场里碾。俺娘牵着牲口，轻快，我弄个小木轱辘独轮车推着这一百多斤谷子，还有那簸箩、簸箕家什。俺娘俩个一黑家碾完。碾完我再推回来，俺娘还是牵着个牲口，她小脚，推车子推不动。我那时候小，推车子碾面压得我心口疼。干这些活真是干得我够够的，有时候白天上生产队干一天，黑家碾面；有时候卖一天鱼，黑家碾面。还得额外给驴割草。干得够也没办法，俺家劳力少，我下地挣的那点工分还不够扣的，得挣点钱交口粮钱。①

党秋莲用“累到心口疼”“累得长不高”来形容自己参加跨性别劳动的体会。

对于这一时期大多数参加农业生产的受访者而言，快乐则多于痛苦。除了年龄和性别，多数家庭还遵循着“分工明确”的原则，这也就意味着从事生产劳动的女孩较少兼顾家务劳动。王工兰、李爱英、高秀云等人纷纷表示，宁可下地干活，也不愿意在家里做饭、看孩子。正是跨性别劳动的机会，使她们摆脱了无穷无尽、烦琐无聊的家务活，可以和同龄人一起说说笑笑到田间劳动。另外，生产劳动能够让她们获得更多的成就感。正如高秀云所讲：天天看孩子，却没人给发东西；去大队干活，分得两把花生后，感觉自己中用了。②

当梳理农村女童被繁忙的家务劳动和跨性别生产劳动压到喘不过

① 根据笔者于2019年5月2日在东营市垦利镇惠丰社区对党秋莲的访谈录音整理。

② 根据笔者于2019年5月1日在东营市垦利区建设银行家属院对高秀云的访谈录音整理。

气时，不禁疑惑男童在哪里？他们在干什么？在普及教育政策下，家庭释放的主要是男童劳动力。于是，学校，是男童的重要去处；学文化，是男童要做的重要事情。但新中国早期的家务劳动具有常态化特征，即便是上学者，也要承担部分家务劳动。另外，并非每一个农村男孩都有上学的机会。

上学的男孩多利用放学时间进行割草、拾柴等家务劳动，有时甚至利用上学时间进行。因为割草、拾柴仅依靠女童不能满足需要，何况女童还有照看弟弟妹妹、纺线织布等家务，所以，男童成为割草、拾柴的辅助力量，常常在放学后参加劳动。在家庭经济条件困难和家长对学习缺乏重视的情况下，男童也会在上学期间迟到早退给家里割草喂牲口、拾柴火。闫海泉作为母亲改嫁带过去的孩子，由于不受继父待见，虽然在莘县朝城镇H村读了四年初小，但学习时间仅有两年。1956年，身为高中教师的亲生父亲把他接回寿张，他才得以安心上学。可惜好景不长，1957年父亲被打成右派，下放到寿光清水泊进行劳动改造，他只好投奔到阳谷县莲花池村的姑姑家，再次开启一边劳动一边上学的日子。① 闫海泉尽管自身热爱学习并且成绩优异，在1962年聊城地区只招12个高中班的严峻升学形势下，顺利考入聊城一中，但在童年时期，他为了用劳动讨好继父和姑姑，牺牲了很多学习时间。

男孩也参与了部分食材的获取，但与女孩不同，他们可以为家庭提供老鼠、麻雀等肉食。这些食物的获取过程，具有玩耍中劳动的特点。偷吃粮食、传播疫病的老鼠和偷吃粮食的麻雀自1952年国家确定“除四害”运动后，就成为“四害”的组成部分。1958年2月12日，

---

① 根据笔者于2019年5月11日在聊城市阳谷县莲花池村对闫海泉的访谈录音整理。应受访者要求，用H代替母亲改嫁的村庄。

中共中央、国务院发出《关于除四害讲卫生的指示》，“除四害”运动被推向顶峰。“除四害”作为少年队的重要活动内容，不少儿童也参与其中。但儿童逮捕老鼠和麻雀的行为，并未完全出于国家“除四害”的号召，鲁中山区部分村庄的儿童主动参与其中，把老鼠和麻雀当作难得的美食：

> 俺小的时候都烧老鼠和家雀[①]吃。那时候生活困难，十个月八个月捞不到一点猪肉，吃点老鼠肉就是好的。那时候逮老鼠不能用老鼠药，用老鼠药容易把鸡药死，一般用老鼠夹子。逮到老鼠后，把老鼠摔死，糊上泥巴，放了大锅底下烧。等烧到黑乎乎的，就把泥巴掰了去，老鼠毛也跟着掉下来了，那肉很白。俺娘为了鼓励俺兄弟几个逮老鼠，说谁逮得老鼠奖励他吃老鼠心和老鼠肝，逮不到老鼠的只能吃老鼠肉。听说小孩吃了老鼠能化病，咱不知道真假。[②]

鲁中山区儿童抓老鼠、捉麻雀作为美食的行为，为我们提供了了解“除四害”运动的另一个面向。民间社会“除四害”的行为并非全然在国家的政策主导下，有时甚至与讲卫生、保健康的政策目的相悖。儿童抓老鼠、捉麻雀，需要与它们“斗智斗勇”。抓老鼠时，除了使用老鼠夹，他们还采取设置陷阱、用烟熏鼠洞等办法；捉麻雀时，除了使用筛子陷阱，他们还自制弹弓打。靠山吃山，靠水吃水，鲁中山区的男孩子喜欢抓老鼠、捉麻雀、逮蝎子，鲁北利津洼的男孩子喜欢在沟河里捕鱼捉蟹。另外，当时的孩子们还喜欢在夏天借着月光捉金蝉，捉到后把金蝉泡在盐水里，第二天将其放在锅里蒸着吃。[③]这些抓捕过程，具有一定的娱乐性质。

---

① 家雀，方言，指麻雀。

② 根据笔者于 2017 年 6 月 1 日在济南市仲宫镇张家村对李保禄的访谈录音整理。

③ 根据笔者于2019年5月2日在东营市垦利镇惠丰社区对鲁振亮的访谈录音整理。

尽管男童割草、拾柴、获取食材的行为属于家务劳动，但不能算作严格意义上的跨性别，而是1949年前传统劳动内容的延续。这种延续如同他们的主要劳动内容是参加农业生产一样。男童或利用假期参加田间劳动，或长期在田间劳动。劳动内容包括锄地、拔草、浇水，等等。与过去相比，新中国早期农村地区男童劳动的主要差别在于参加农田水利建设、进工厂和从事勤杂劳动。

除了扎根土地的劳动，男童比女童较早地参加了农田水利基本建设。“大跃进”时期，全国各地掀起了大搞农田水利基本建设的高潮。济南市大型水库——卧虎山水库就是在这一时期初次修建而成。由于机械化水平不高，初期只能依靠人工挖、挑、担、推，所以，修水库需要人力。在修建过程中，仲宫、柳埠、西营、南郊四个区[①]许多少年儿童作为编外人员参与其中。当时十三四岁的营而村村民马六回忆，参与修建水库，可以比在队里干农活多得2个工分，但劳动量很大。清基时他用扁担和筐子挑，挑不动满筐就挑半筐；筑坝推土推石头时他用绳子给别人往坝上拉车。[②]据史料记载，卧虎山水库修建展开了一轮高过一轮的劳动竞赛，从而使劳动强度不断加码。以推车为例，普通劳力用胶轮车推200公斤左右，身体壮的推300公斤，有人甚至推到400公斤以上。[③]因为劳动强度大，十三四岁的女童参与较少。

除了参加农业生产劳动，男童还有进工厂、给政府部门做勤杂等参加非农业生产劳动的机会。这种机会虽然比较少，但代表了有别于农

① 1959年后，这四个区分别改为仲宫公社、柳埠公社、西营公社、南郊公社。

② 根据笔者于2017年6月2日在济南市仲宫镇卧虎山水库旁对马六的访谈录音整理。

③ 参见吕奇：《卧虎山水库修建纪实》，载中共济南市委党史研究室编：《济南党史研究专题资料集之二》，山东省内部资料性出版物，济南大邦印务／设计印刷2008年版，第116—133页。

村女童的一个劳动面向。在浩如烟海的文字和口述史料中，农村女童没有参加类似劳动的记载，男童则不然。1958 年 12 月成立的寿光县上口公社儿童玩具厂，人员由 76 岁的郭友光和 8 个 12 岁至 14 岁的男童组成。男童属于学徒[①]，跟着郭友光学习制作玩具。他们刚进厂学习时，有的哭，有的打仗，有的嫌麻烦不耐心学。[②]1950 年代初张家村庙宇被改成小学和仲宫镇婚姻登记处，1959 年仲宫公社马国志社长和其他几位公社干部来此临时办公，11 岁的刘文福成为一名勤杂人员，负责烧水、洗碗等。[③]

做手工玩具、端茶倒水这些在家庭私领域属于女性化的工作，当进入公领域就成为男性化的事情。依据公私领域变化而进行性别转换的劳动内容，表明社会劳动奉行着男童优先的原则。伴随农村社会变革，女童虽然能够进入生产劳动领域，但与同时期男童的劳动机会相比，依然处于性别劣势。

不仅男童和女童社会劳动机会不均等，而且即使同在生产领域，所得工分也有差别。这种工分等级差异，是成人群体所得工分的性别差异在儿童群体中的体现。根据淄博张店区傅山村村志，初级社时期大合工男整劳力记 10 分，半劳力记 7 分，女整劳力记 8 分，半劳力记 6

① 学徒制是中国比较传统的未成年人学习市场所需技能的一种途径，在 1949 年之前，十分普遍；新中国成立之初，我国虽然注意到童工问题的存在，但没有对童工问题进行立法上的区分，也没有把学徒作为童工的范围。1949 年 11 月 22 日，中华全国总工会公布的《中华全国总工会关于劳资关系暂行处理办法》，承认了学徒的存在，提出应对学徒进行保护，通过用集体合同来维护学徒的权利，同时还倡导用新的社会道德来保护学徒，提出尊师爱徒。1988 年 10 月劳动部第五部委颁布的《关于禁止使用童工的通知》，把当学徒作为童工的形式。参见李春玲、王大鸣：《中国处境困难儿童状况报告(二)》，《青年研究》1998 年第 6 期；林燕玲：《国际劳工标准与中国劳动法比较研究》，中国工人出版社 2015 年版，第 130、134—135 页。

② 《寿光县儿童玩具厂郭友光代表在儿童福利积代会上的发言》，1959 年 3 月，山东省档案馆藏，A005—01—0101—020。

③ 根据笔者于 2017 年 6 月 3 日在济南市仲宫镇张家村对刘文福的访谈录音整理。

分。[①] 尽管史料缺乏对男童和女童的劳动工分的记载，但口述提供了补充。1959 年任仲宫公社张家大队队长孙庆龙说："小男孩和小女孩在生产队干活工分一样，都是一分二分，但到了十三四岁就不同了，男孩比女孩至少多得一分。因为男孩力气大。"[②]

性别与跨性别劳动，揭示了"男主外、女主内"的传统性别劳动分工在新中国早期农村儿童劳动中的延续与变化。这些变化对于提升女孩子的家庭地位和社会地位尤为重要，甚至可以说是新中国早期农村女孩童年崛起的根本。虽然跨性别劳动增加了女孩的劳动量，甚至有的带给她们痛苦的童年记忆，但因为具有交换价值，从而有助于摧毁女孩是"赔钱货"的认知。做饭等家务劳动的经济价值不易被家人感知，生产劳动则不然，无论女孩所得工分多寡，均可显而易见。另外，跨性别劳动刷新了人们对于女童劳动能力和劳动价值的认知。这一点与高小女毕业生从事农业生产有相似之处：刚参加生产时，男人瞧不起女孩，说：姑娘是"赔钱货"，参加生产不过是瞎胡闹。结果她们积极生产，做出成绩，男人再没有说她们是"赔钱货"的了。[③]

女童主要凭借跨性别劳动改善生活境况、提升家庭和社会地位，与男童主要依靠上学的路径大有不同，这也就意味着新中国早期农村儿童崛起之路具有性别差异。在国家普及教育的政策及措施下，受传统的家族本位儿童观影响，家长首先释放男童劳动力。尽管培养"新式农民"的教育目标固化了阶层流动，但上学求知终究承载着认清社会发展形势、实现阶层上升、光宗耀祖的希望。即便遵循教育目标成长为"新

---

① 淄博张店区傅山村志编纂委员会编：《傅山村志》，山东人民出版社 2001 年版，第 295 页。

② 根据笔者于 2017 年 6 月 2 日在济南市仲宫镇张家村对孙庆龙的访谈录音整理。

③ 《关于山东蓬莱县潮水乡高小毕业生参加农业的情况调查》，《人民日报》1953 年 12 月 3 日。

式农民”，在实践层面，男童也先于女童被置于劳动力结构的顶端。对于女童而言，她们中的大多数则始终处于劳动领域，只是劳动场所得到转换、劳动内容发生拓展。儿童崛起之路的差异也证明了山东地区“重男轻女”之风的牢固性。

三、年长多劳，分工有序

行第是影响家庭劳动秩序的另一个重要因素。张学芝之所以能够在农村开女子入学之风气的初期幸运地进入学校，与她有一个哥哥和两个姐姐，是家中最小的孩子不无关系；党秋莲虽然学习成绩好，深得老师喜欢，但因为是家中最大的女孩，不得不辍学回家劳动。行第与年龄、性别因素交织，共同构建新中国农村家庭独特的劳动秩序。

考察行第在劳动秩序中的具体作用，首先需要确定家庭中子女数量。根据1950年至1966年农村妇女总和生育率①，平均每个农村育龄妇女生育6个子女(见表4—2—2)。子女数量较多，主要有四方面原因：第一，农村女性普遍早婚早育。1950年5月1日颁布的《中华人民共和国婚姻法》所规定的男二十、女十八的结婚年龄虽然具有约束力，但村民并非全然遵守，部分采取了先举办仪式再结婚登记的策略。②第二，计生措施缺乏。尽管计划生育在1950年代中后期已得到提倡，但在农村社会并没有得到切实有效的开展。第三，由于社会稳定，经济发展，人民生活水平日渐提升，可养育的孩子数量增加。第四，随着医疗卫生条件改善，新生儿和婴幼儿死亡率降低。这一条已在第二章详细论述。

① 总和生育率是育龄妇女一生中平均生育的子女数，直接反映出人口增长的规模和速度。参见徐爱光主编：《计划生育实用手册》，浙江人民出版社1991年版，第140页。

② 根据笔者于2017年6月1日在济南市仲宫镇张家村对陈其平的访谈录音整理。

表 4—2—2：1950—1966 年农村妇女总和生育率统计表

年份	总和生育率	年份	总和生育率
1950	5.963	1959	4.323
1951	5.904	1960	3.996
1952	6.670	1961	3.349
1953	6.183	1962	6.303
1954	6.390	1963	7.784
1955	6.391	1964	6.567
1956	5.974	1965	6.597
1957	6.504	1966	6.958
1958	5.775		

资料来源：姚新武、尹华：《中国常用人口数据集》，中国人口出版社 1994 年版，第 144 页。

这一时期，农村妇女不仅生育子女数量多，而且生育间隔短，尚不足三年。① 较短的生育间隔，使家庭经济负担增重，进而导致对家庭成员的劳动需求进一步增加。由于儿童劳动能力与年龄正相关，所以，家长通常按照孩子的出生顺序给他们分配劳动任务，体现出长者多劳的特点。若以农村育龄妇女平均生育孩子的个数——6 为基数，行第前三

① 关于 1949—1966 年生育间隔的具体统计数据尚待补充，对于不足三年的推断主要有三点依据：第一，来源于受访者的讲述，如王桂芳说自己的母亲在育龄高峰期每两年生一个孩子；第二，来源于 1982 年 9 月国家计划生育委员会在全国（除西藏、台湾外）二十八个省、自治区、直辖市组织进行的“中国千人之一人口生育率抽样调查”，四个年份（1957 年、1964 年、1970 年、1977 年）生一胎妇女再生二胎间隔时间数据表明：60%左右的妇女在生第一胎后间隔 2—3 年生第二胎；第三，1973 年确定的“晚、稀、少”计划生育方针，内涵在 1978 年 10 月得到明确，其中要求生育间隔 3 年以上，可见之前的生育间隔在 3 年以内。参见中华人民共和国国家计划生育委员会编绘：《中国千分之一人口生育率抽样调查图集》，北京经济学院人口经济研究所 1993 年版，第 58—59 页。

的孩子会比行第后三的孩子承担更多的家庭劳动。在男童优先享有家庭教育资源和“男主外，女主内”传统文化作用下，劳动任务的分配还需考虑性别因素。行第前三的子女排序组合有 8 种（见表 4—2—3），根据田野调查资料，8 种排序组合的主要劳动分工具有一定的规律可循。

表 4—2—3：行第前三的子女排序组合及主要劳动分工

排序组合	劳动分工
女女女	大女儿生产劳动、二女儿家务劳动、三女儿家务劳动或上学
女女男	大女儿生产劳动、二女儿家务劳动、儿子上学
女男女	大女儿生产劳动、儿子生产劳动或上学、二女儿家务劳动
女男男	女儿生产劳动或家务劳动、大儿子生产劳动或上学、二儿子上学
男男男	大儿子生产劳动、二儿子生活劳动或上学、三儿子上学
男男女	大儿子生产劳动或上学、小儿子上学、大女儿生产劳动或家务劳动
男女男	大儿子生产劳动或上学、大女儿生产劳动或家务劳动、二儿子上学
男女女	大儿子生产劳动或上学、大女儿生产劳动或家务劳动、小女儿家务劳动

首先，第一个孩子的家庭劳动内容以生产劳动为主，无论是男孩还是女孩。另外，因为男孩有上学的选择，如果家中排行第二的孩子为女孩，那么他所承担的部分生产劳动很有可能被女孩替代，所以男孩比女孩全然参加生产劳动的机会少一些。这也成为 1949 年后，女孩进行跨性别劳动的原因和体现。在农村，农业生产是主要的生产劳动部分。第一个孩子在刚具备参加农业生产能力的时候纷纷进入合作社或生产队

挣工分。排行第一的陈其平、王工兰等女孩在11岁左右纷纷辍学参加生产，陈其平11岁开始给生产队垫羊圈[①]，王工兰11岁开始给生产队浇地瓜苗[②]。不仅农民如此分配子女的劳动任务，经济困难的乡村教师也如此。四川省凉山彝族自治州甘洛县麦地村人木乃尾且回忆，因为他大女儿是第一个孩子，所以没有读书，而是割猪草、挣工分。[③]

行第第一的男孩虽然比行第第一的女孩全然参加生产劳动的机会少一些，但如果行第前三中有其他男孩，作为长子的他们，就会增加参加生产劳动的概率，在家中劳动力短缺的情况下更是如此。郑学诗回忆自己哥哥时提到，由于父亲早逝，1952年11岁的哥哥辍学参加劳动，甚至为了供他上学，哥哥13岁就开始担着100斤的杏去二三十里地的济南市区卖，回家后累到尿血。[④]行第第一的孩子普遍比家中其他孩子在劳动方面付出更多，他们身上所体现的听话、懂事、能干等特点正是他们在家庭劳动分工中过早、过多承担的结果。

其次，如果第一个孩子已经承担起生产劳动，那么第二个孩子主要承担家务劳动；如果第一个孩子没有承担生产劳动，则第二个孩子成为生产劳动者。行第影响下的劳动秩序同样参考性别因素，女孩承担家务劳动的比率高于男孩。在有哥哥姐姐参加生产劳动的情况下，男孩很有可能去上学，前文提到的郑学诗就是如此，哥哥劳动，他读书。但在同等情况下，女孩多半要承担家务劳动，党秋莲没日没夜参加生产劳动，她大妹妹的主要任务是看孩子。[⑤]虽然在“高积累、低消费”的政经体制下，生产劳动得到国家的鼓励和肯定，家务劳动的物质性价值始

---

① 根据笔者于2017年6月1日在济南市仲宫镇张家村对陈其平的访谈录音整理。

② 根据笔者于2017年5月31日在济南市仲宫镇张家村对王工兰的访谈录音整理。

③ 木乃尾且口述：《我是新中国第一代彝族教师》，载郑新蓉等编著：《开拓者的足迹——新中国第一代乡村教师口述史》，广西教育出版社2018年版，第120页。

④ 根据笔者于2017年5月28日在济南市仲宫镇张家村对郑学诗的访谈录音整理。

⑤ 根据笔者于2019年5月2日在东营市垦利镇惠丰社区对党秋莲的访谈录音整理。

终未得到合理化认可，但家务劳动对于一个家庭的维持和巩固至关重要。正是在这种家庭需要下，首位从事家务劳动的女孩即便具有了生产劳动的能力也会在家里继续从事家务劳动，直到十五六岁以女整劳力的身份参加生产。

再次，行第第三的孩子如果是女孩一般会从事家务劳动，如果是男孩则去上学，这是对前两个孩子劳动分工的补充。在长者多劳的原则下，前两个孩子一般会有明确的生产劳动和家务劳动分工。“长者多劳”与男童优先享有教育资源相结合，如果前两个孩子有一个男孩，则他的生产劳动分工则普遍转移到女孩身上，女孩本应承担的家务劳动则顺势转移到行第第三的女孩身上。所以，行第第三的女孩一般会成为家务劳动者。行第第三的男孩则比较幸运，无论他前面两位是哥哥还是姐姐，他都有很大的上学机会。也正因为如此，家庭中第二个男孩比第一个男孩更容易享受到有限的家庭教育资源。

另外，行第最小的孩子参加家庭劳动少，上学机会多，这一条规律对男孩和女孩同样适用。一方面，这是时代发展和农村现代化逐步推进的结果，行第最小的孩子必然比哥哥姐姐受到更多的普及教育的政策和实践影响。1949 年后，党和政府不仅通过各种会议和文件宣传面向工农、普及教育的教育政策，而且进行了相关实践。尽管实践的过程有波折，但逐渐使得让子女受教育的观念深入民心。另一方面，这与家庭劳动分工紧密相关。由于哥哥姐姐已经承担了相当的生产和家务劳动，所以行第最小的孩子承担的劳动任务量少。也正因为如此，即便是同一年出生，家中排行不同的孩子上学机会也不同。行第第一的王工兰和行第最小的亲家母就是例证，王工兰说：“我和俺亲家母是一年生人，我是家中老大，上了两年学就下来了，人家是家里老生子闺女，一直上完高小。”①

① 根据笔者于 2017 年 5 月 31 日在济南市仲宫镇张家村对王工兰的访谈录音整理。

上述关于行第因素影响下劳动秩序的探讨是在农村育龄妇女生育6个子女，并且生育间隔2—3年的理想模式下。这种模式虽然最符合当时农村妇女的生育状况，但并非所有的家庭子女构成均如此，更何况还有儿童非正常死亡的情况。如果妇女生育数量和生育间隔与理想模式差别不大，家庭劳动秩序通常会遵循上述规律。但如果差别较大，家庭劳动秩序则进行调整。在数量偏少的情况下，子女纷纷减少劳动量，增加上学机会。比如白爱菊虽然生育了5个孩子，但仅存活两个，而且大女儿与小儿子间隔19岁，所以两个孩子在劳动方面比同龄人轻松很多，在生活水平方面也比同龄人高出不少。① 在数量偏多的情况下，大大小小、男男女女的孩子在具备生产劳动能力的情况下普遍参加生产劳动，家务劳动主要依靠第二个女儿或由家中老人和亲戚代劳。王工兰童年玩伴小纪有13个兄弟姐妹，也就是她的母亲生育了14个孩子，结果他们纷纷进入生产队劳动以解决吃饭问题，且衣服破破烂烂。② 在生育间隔大的情况下，劳动任务会依次下移。比如王桂芳的大姐是随母亲改嫁而来，比排行第二的孩子大七岁。大女儿在家时，白天生产劳动，晚上家务劳动；出嫁后，家庭劳动分工出现断层，生产劳动便转移到二女儿身上，二女儿看孩子的任务转移到三女儿王桂芳身上。为此，行第第五、原计划上学的王桂芳便失去了学习机会。

"长者多劳"意味着不同子女之间家庭劳动量分配的不均等。这种不均等，对于行第靠前的孩子而言，不仅使他们可能承担超出与年龄、生理不相符的过量劳动，而且将失去上学求知的机会。对于行第靠后的孩子而言，则恰恰相反。尽管在接受学校教育过程中，尤其是劳动教育阶段，他们也要参加劳动，但毕竟学习了科学文化知识，拥有了发展权

① 根据笔者于2017年5月20日在东营市垦利镇惠丰社区对白爱菊的访谈录音整理。

② 根据笔者于2017年5月31日在济南市仲宫镇张家村对王工兰的访谈录音整理。

利，挣脱了家族本位儿童观的压制。所以，与过去性别主导下可预知未来生活方式和劳动内容的家庭劳动秩序相比，“长者多劳、分工有序”的劳动秩序在一定程度上让渡了个人本位和国家本位空间。

年龄、性别、行第交织建构的儿童家庭劳动新秩序，是家族本位儿童观由传统到现代转型的典型体现。“劳动者”成为孩子的首要身份意涵，取代了“传宗接代者”的传统定位；女孩进入生产劳动领域并从事具有交换价值的劳动，冲击了女孩是“赔钱货”的传统认知；家庭依据性别和行第释放了部分劳动力至公育场所，使他们接受现代教育，解构了儿童为家庭私有财产的传统观念。

小　结

新中国早期，由于物质资源匮乏、教师资源紧张、学校经费不足，农村地区的学生经常参加以辅助教师生活和维持学校运转为目的的劳动。这两类劳动的具体内容与家庭劳动相似，包括拾柴、看孩子、挖野菜、日常创收等，但不是为了家庭和家人，而是为了学校和教师。虽然劳动目的、时间、场所与家庭需要有矛盾，但因为承载着家庭望子成龙的期许和个人学习文化知识的意愿，家长一般能够给予理解和支持，学生也能自行作出先学校后家庭、先教师后家长的选择。家长的态度间接承认了儿童具有国家劳动者的身份；儿童的选择体现出他们对学生身份的认同。除了这两类劳动，在以劳动教育为主的阶段，学生参加了大量的以支援国家建设为主要目的的劳动，包括增产农业、支援工业、扫盲、宣传等，内容远超过家庭劳动。虽然有部分劳动由于扰乱了课堂教学、损害学生身体健康和家庭利益，引起家长的不满，但也进一步挖掘了儿童的劳动潜力，凸显了他们的社会作用。

家庭劳动新秩序体现出家族本位儿童观从传统到现代的转型。伴随农村社会变革和现代化冲击，性别主导的家庭劳动秩序逐渐演变为年龄、性别、行第交织的新秩序。就年龄而言，新秩序在遵循十岁是劳动力变化界点传统的同时，又使劳动成为贯穿童年始终的活动。这种变化促使“劳动者”取代“传宗接代者”，成为农村儿童的首要身份。家庭身份的调整，使孩子之于家庭的首要价值体现在现实生活中。就性别而言，新秩序在循序“男主外、女主内”性别分工的同时，又开始提倡跨性别劳动。新秩序意味着女童不再囿于家务劳动，可以参加生产劳动，从而使自己的劳动成果具有了交换价值。这一点对于提高女童的家庭地位尤其重要。就行第而言，“长者多劳”的新秩序使行第靠后的孩子家庭劳动量减少、上学机会增加。新秩序的建构尽管有助于从多方面提升儿童的家庭地位和社会地位，但劳动教育减少了受文化教育的机会，超出生理承受力的过量劳动也损害了儿童健康。

结语 由童年生活变迁引发的几点思考

一、实现儿童崛起的新中国

新中国成立后，中国共产党通过“政权下乡”“政党下乡”“行政下乡”等方式，实现了政党和国家权力向乡村社会的延伸和渗透。儿童是社会主义建设者和接班人的国家本位儿童观不仅得以宣传，而且与之相关的各种培养措施得以推行。在这个过程中，曾经长期主导儿童生活的传统家族本位儿童观不断衰退和转型，国家本位儿童观迅速提升，个人本位儿童观从夹缝中成长。作为三种儿童观的关涉对象，占中国儿童绝大多数的农村儿童，他们的健康、教育、日常生活状况均开始发生改善，家庭地位及社会地位也开始得到提升。这是广大儿童崛起的最直接体现和根本性标志。

在中国古代社会，以血缘关系为基础并经儒家文化巩固发展而来的家族本位儿童观，长期占据主导地位。儿童属于家庭的私有财产和父母的隶属物，他们的生活和成长须服从服务于家庭需要，甚至生死存留亦由家长决定。父母对于孩子的期待和培养，是将其作为传宗接代、防老养老、光宗耀祖的工具。这种工具性与随父姓、从夫居的父权家长制相结合，使得与儿童生活成长相关的生育、养育、教育等方面均具有重男轻女的色彩。在此儿童观指导下，人们甚少探究儿童身心发展的特殊性，而是认为儿童是缩小的成人或“小大人”。

近代以来，伴随中国社会的转型，以现代国家观念为基础的国家本位儿童观和以人权、科学研究为基础的个人本位儿童观开始出现，但这两种儿童观仅改变了少数阶层和地域的儿童生活境况。晚清时期，梁启超等人把儿童由家族家庭转置民族国家的框架下进行言说，提倡与“强国保种”相关的育儿模式，改变了少数官绅阶层儿童的生活。五四新文化运动时期，周作人等人把儿童由家族家庭、民族国家转置个人主义框架下言说，探讨适合儿童作为人生独立阶段的育儿模式，影响了文化圈层少数人子女的生活。南京国民政府时期，国民党和共产党均给予儿童前所未有的重视，并基于各自政党需要开展了儿童节、儿童组织等活动，改变了城市中上层社会和革命根据地儿童的生活。

对于农村人口占绝大多数的中国而言，只有农村儿童生活境况的改变才是真正的改变，只有农村儿童地位的提升才是真正的提升。然而，1949 年前广大农村儿童的实际生活状态和地位，依然延续着传统。居高不下的新生儿破伤风感染率、长期依赖巫术及土方的医治方法和忽视身体特殊性的育儿方式，使儿童面临疾病和死亡的威胁。依然占据主体地位的私塾教育模式，以阶层和性别为分隔，把大多数贫困农民子女和女童拒之门外。即便富裕家庭儿童和男童有幸接受教育，承载的是担当家中顶梁柱、光宗耀祖的目的，学习的是维护封建伦理道德秩序的传统蒙学读物和四书五经，接受的是先自行背诵、后塾师讲解甚至不讲解的填鸭式教学方法。据统计，1949 年婴儿死亡率达到 200‰，① 城乡儿童的入学率只有 20%。② 何况城乡医疗、教育条件不一样，乡村儿童死亡率远甚于城市，入学率远逊于城市。另外，农村儿童按照“男主外、女主内”的家庭劳动秩序，在十岁左右，正式开启劳动生活。

广大农村儿童生活境况的改变和地位的提升，是在新中国成立后初步完成的。中国共产党和中央政府为了让儿童成长为社会主义事业的

① 中国青少年研究中心主编：《百年中国儿童》，新世纪出版社 2000 年版，第 72 页。

② 孟庆旭、王玉华主编：《山东教育史》(4)，山东教育出版社 2015 年版，第 23 页。

建设者和接班人，把一系列培养儿童的方针政策和具体措施推向基层，比如保障儿童身体健康的卫生与保健，培养儿童思想文化符合国家建设需要的学校教育。这些方针政策和培养措施，在儒家文化浓郁、传统伦理道德秩序稳固的山东农村社会，虽然未被完全接纳和彻底贯彻，但也取得了明显成效。

在医疗卫生方面，农村儿童身体健康状况得到改善，病亡率降低。由卫生行政部门和妇联推行的儿童卫生与保健措施，主要包括新法接生、儿童常见病现代性预防及治疗、新法育儿三方面内容。家长在认识到科学育儿新法的效果后，逐渐在思想上予以接纳，并基于经济、地域因素进行了调和。最终，新中国早期山东农村社会形成了新旧交织的生育、养育模式。尽管国家极力推行和倡导的科学育儿新法在实践过程中被打折扣，但仍然能够增加儿童的健康砝码，改善儿童的健康状况。在物质资源匮乏的农村社会，儿童健康茁壮成长是得到家长重视的前提。

卫生与保健措施帮助家长从生理层面重新认识儿童，并强化照护子女健康成长的责任意识。现代卫生观念和科学养育方法，传达出新生儿和婴幼儿身体发育的特殊性，说明了新生儿和婴幼儿的病亡不是因为“生死有命”，而是主要源于照护不当。孩子身体健康状况与家长照护方法的直接挂钩，促使父母进一步明确了关爱、呵护子女的责任，为子女提供有助于健康成长的卫生条件。

在学校教育方面，农村儿童得到更多的受教育机会，入学率提升。成长于红旗下的第一代幼儿，度过了一个集体化的红色童年。1956 年明确教育功能后，幼儿园扩大招收“无人照管者”，“大跃进”时期则实行“尽收其中”的政策。国家不仅把原本由家庭放养的幼儿纳入公共教育体系，而且促使集体物资向幼儿倾斜。小学是普及教育的首要环节。教育行政部门采取增办小学、减免学费、放宽入学年龄、教师家访动员、党员干部带头等多项措施极力普及小学教育。普及过程，虽然经历了两段不和谐的小插曲，但最终通过国家调整教育内容、创办适合劳动儿童的学校形式、强化政治思想教育等措施补救回来。国家把儿童由家庭私领域吸纳至社会公育场所，施以符合国家建设需要的教育，体现出儿童为国家"所有"的新观念，引领民众改变把儿童视为家庭私有财产的传统认知。

幼儿园的教育活动和教育成果，促使家长从心智层面重新认识儿童。这一时期的幼儿园教育，虽然存在政治化、成人化、口号化问题，但唱歌、跳舞、做游戏、玩玩具、讲故事等科学教育方式符合幼儿的认知发展规律。受托儿童在幼儿园所习得的唱歌跳舞、识字数数、讲故事、懂礼貌等成绩让家长在欣喜之余，了解了幼儿的可塑潜力和幼儿教育的重要性。

劳动，作为农村儿童日常生活的重要组成部分，进一步彰显了儿童之于家庭和社会的经济价值。由性别主导的家庭劳动秩序演变为年龄、性别、行第交织的新秩序。贯穿童年的劳动，促使家长重新思考孩子的身份意涵，并做出"劳动者"取代"传宗接代者"的调整。家庭身份的再认识，使孩子之于家庭的首要价值不再寄托于未来，而是体现在现实生活中。女童进入生产领域，使自己的劳动成果具备了易于被家长和家庭感知的交换价值，从而破坏了女孩是"赔钱货"的传统认知。行第靠后的孩子不再被繁重的家务劳动所羁绊，拥有了入学求知的机会，有可能肩负起光宗耀祖的家庭期待和"新式农民"的社会角色。

社会主义建设者和接班人的定位、身体健康状况的改善、受教育机会的增加、家庭劳动价值和社会价值的凸显，本身就有助于提升儿童的家庭地位和社会地位。培养措施对于传统伦理道德秩序的颠覆和新伦理道德秩序的推崇，进一步引导家长和社会认识儿童的重要性，感知国家对于儿童的重视。以天花疫苗为代表的现代性医疗资源向儿童倾斜，明确"儿童优先"；"新式农民"的教育目标把儿童置于农村劳动力结构的顶端。

新中国早期山东农村童年生活变迁，不仅有国家本位的作用，而且有个人本位的参与。国家提倡的现代卫生措施、科学文化知识和教育方式，因为具有科学性而附带着一定的个人本位儿童观。不仅如此，个人本位儿童观在被国家推行、被家庭接纳的同时，儿童自身也积极发挥自主性。比如，女童努力向家庭争取受教育权利，反抗父权家长制束缚；学生对过度劳动教育表达不满，促进劳动教育向文化教育转向；在家庭劳动与以学校为单位的集体劳动中，作出先学校后家庭的选择。

在这个过程中，占中国儿童绝大多数的农村儿童生活得到改善，人们对儿童身心发展特殊性的认识逐渐深化，对儿童的态度也逐渐转变。新中国早期成为“幼者本位”被中国社会广泛接受和实践的起点，真正吹响了广大儿童崛起的号角。

二、儿童培养中的“国家与社会”

培养社会主义新人是新中国在成立初期强化国家意志、巩固人民政权的重要表征之一。为了改变过去一盘散沙的社会局面和一穷二白的社会面貌，新中国建立起较完整的行政体系，通过土地改革和现代政权组织，将权力直接延伸到基层社会，延伸到村庄内部，影响着村民的生产和生活。学界通常把新中国成立至改革开放前国家与社会的关系总结为“强国家—弱社会”。[①] 正是在这种关系模式下，国家培育社会主义

① 参见杨弘、胡永保：《建国以来我国农村基层治理中国家与社会关系的演变及启示》，《理论学刊》2012 年第 7 期；李学舒：《我国乡村治理的模式变迁与演化逻辑——基于国家与社会关系的视角》，《云南师范大学学报（哲学社会科学版）》2019 年第 5 期；胡颖廉：《从“总体”到“整体”——新中国 70 年国家与社会关系变迁》，《天津社会科学》2019 年第 3 期；等等。

新人的举措才能得以推行，广大农村儿童的生活才能普遍得到实质性改善。

然而，通过梳理山东农村儿童童年生活变迁历程可知，尽管国家本位儿童观及培养措施在农村社会的推广和实践取得了可观的成效，但并不是一个完全的、纯粹的上令下行过程。农村社会依然具有自主性空间，并与国家进行交互作用。

农村社会和家庭基于经济、地域因素对卫生与保健措施进行了调整。在生育方面，村民们借鉴了躺床生、煮剪刀等新法接生技术和消毒措施，形成了家人接生和寻求接生员帮助相配合，甚至去医疗机构生产的观念，从而创造了半新半旧的接生方式。在儿童常见病预防及治疗方面，村民们摒弃了过去过度依赖巫术、土医与土方的传统做法，采取了急症求助现代医学、青睐土医与土方、偶尔使用巫术的半新半旧模式。在养育婴幼儿方面，村民们在沿用传统育儿方法的同时，又吸收了农村托儿组织所实施的不喝生水、不吃生食等简单易行的新法育儿操作。

在国家极力推行学校教育的过程中，村民们基于光宗耀祖的传统教育认知，不仅扮演了阻止儿童入学的角色，而且始终不接受把儿童培养成为“新式农民”的教育目标。正如前文所述，在国家普及教育的过程中，有两段不和谐的小插曲。这两段小插曲，均与家长紧密相关。1955 年至 1956 年，学生在家长要求下，以退学休学的方式表达着对高小毕业生无法升学和劳动教育的不满。1959 年至 1963 年，家长因家庭经济困难和不满毕业生从事农业生产而再次阻碍子女入学，导致学龄儿童入学率持续下降。不仅如此，家长们受“重男轻女”思想的影响，常常阻止女孩子上学。透过家长们做出与国家普及教育相悖行为的缘由，可知农村社会对光宗耀祖传统培育目标的推崇和对“新式农民”现代教育目标的排斥。

至于儿童劳动，家长们时常对扰乱课堂秩序、侵占家庭利益和有损子女身体健康的部分活动产生抱怨情绪。另外，他们还基于家庭利益的需要，协助或怂恿儿童偷窃集体物资……上述来自农村社会的反映，甚或抵制，又推动了国家相关儿童培养方针政策及措施的修正与补充。比如，国家把儿童尽早纳入社会公育场所并进行教育，使其从小具备集体主义精神、爱国主义思想和热爱劳动的观念。

作为国家与社会交互作用的产物，在作为儒家文化重镇的山东农村地区，男童和女童地位提升的路径存在明显的性别差异。为了实现农业现代化的发展目标，国家把是否受过教育、是否拥有知识，确立为区别“新式农民”和“旧式农民”的根本标识。接受教育的儿童迅速攀爬到农村劳动力结构顶端，社会地位显著提升。然而，由于家庭教育资源性别分配不均，男童比女童拥有更多的受教育机会，所以这条地位提升路径在当时主要适用于农村男童。女童地位则主要通过劳动场所的转换、劳动内容和劳动价值呈现方式的改变而改变。她们从家务劳动领域进入生产劳动领域，从而创造使用价值和交换价值。

在“强国家—弱社会”的关系模式下，国家与社会就农村儿童身份认知及培养实践所进行的互动，不仅揭示出政策下沉基层的复杂性，而且在一定程度上明确了国家的力量。

三、齐头并进的“妇女与儿童”

尽管新中国早期山东农村儿童童年生活的变迁，具有区域性特征，但也在相当程度上反映出这一时段国家范围内农村儿童及其生活的整体状况。在山东农村童年生活变迁过程中，多次触及儿童福利问题，这就为我们重新思考和认识新中国儿童福利事业的性质及其与妇女福利的关系提供了重要视角。

目前，学界关于新中国儿童福利的研究和认识，普遍倾向于将其视作妇女福利或妇女解放的附属品。贺萧在《记忆的性别：农村妇女和中国集体化历史》一书中考察了陕西农村妇女的集体化记忆，其中包含托儿问题。她认为："官方文件对托儿问题的关注比对家务活问题的关注要多，或许是因为照顾孩子的事不能推到夜间来做。"① 张亮在《中国儿童照顾政策研究：基于性别、家庭和国家的视角》一书中指出："马克思主义的家务劳动社会化是妇女解放的前提条件的观点是新中国成立之后三十多年间国家干预儿童照顾的主要依据，国家建设对妇女劳动力的需求是另一个重要甚至起决定作用的推动因素，而对儿童福利的关注只是很小的一个影响因素。"② 刘晓静在《中国儿童福利研究：1949—1978》一书中总结："到了 1978 年 7 月，妇女福利与儿童福利仍然是放在一起的，儿童福利通常被看作是解放妇女的必要措施"，"妇女解放运动客观地推动了儿童福利服务的发展和进步"。③

通过研究山东农村童年生活的变迁，我们看到了不同的故事，尤其在与新生儿相关的生育，与婴幼儿相关的养育和教育问题上。国家极力推行的新法接生，不单是为了保障产妇顺利生产，更是为了提高新生儿存活率。毕竟传统接生方式对新生儿的生命威胁远高于对产妇的身体威胁。另外，托儿所和幼儿园的开办初衷尽管是为了解放妇女劳动力，但并没有停留于此，而是根据儿童身心发展的特殊性不断完善其职能，分别实现了由"安全育儿"到"卫生育儿"、由"以保为主"到"以教为主"的职能变迁，进而彰显出儿童福利。甚至在人民公社化时期，国家对托儿所、幼儿园所具备的儿童福利性质的定位也先于妇女福利。由

① ［美］贺萧：《记忆的性别：农村妇女和中国集体化历史》，张赟译，北京人民出版社 2018 年版，第 286 页。

② 张亮：《中国儿童照顾政策研究：基于性别、家庭和国家的视角》，上海人民出版社 2016 年版，第 37 页。

③ 刘晓静：《中国儿童福利研究：1949—1978》，中国社会科学出版社 2019 年版，第 250—254 页。

此可见，农村儿童福利有其独立性和独特价值，并不是简单的妇女参加生产劳动、获得解放的附属品。不仅如此，新中国早期的儿童福利还在一定程度上促成和丰富了妇女福利。

新中国早期儿童福利的逐步彰显，反映出国家对社会主义幼苗的重视和培育，传达出中国共产党对现代国家建设的理解和对实现路径的探索。

附录：受访人员信息一览表

序号	姓名（化名）	性别	出生年份	曾任职业	童年所在（主要）村庄
1	黄素兰	女	1927 年	农民	山东省济南市历城区高而乡突泉村
2	孙庆龙	男	1928 年	大队书记	山东省济南市历城区仲宫镇张家村
3	邢跃俊	女	1937 年	教养员	山东省济南市历城区柳埠镇金牛村
4	郑学诗	男	1939 年	农民	山东省济南市历城区仲宫镇张家村
5	刘登玉	女	1941 年	小学校长	山东省济南市历城区柳埠镇突泉村
6	刘德芝	女	1941 年	农民	山东省济南市历城区仲宫镇西罗园
7	李保禄	男	1942 年	农民	山东省济南市历城区仲宫镇张家村
8	马六	男	1946 年	农民	山东省济南市历城区仲宫镇营而村
9	陈其平	女	1947 年	农民	山东省济南市历城区仲宫镇西罗园
10	高建国	男	1948 年	工人	山东省济南市历城区仲宫镇张家村
11	刘文福	男	1948 年	农民	山东省济南市历城区仲宫镇张家村
12	邢有俊	女	1950 年	农民	山东省济南市历城区高而乡邢家村
13	王工兰	女	1950 年	农民	山东省济南市历城区高而乡汤家村

续表

序号	姓名（化名）	性别	出生年份	曾任职业	童年所在（主要）村庄
14	李爱英	女	1950 年	农民	山东省济南市历城区柳埠镇水泉村
15	马淑君	女	1952 年	农民	山东省济南市历城区仲宫镇张家村
16	王欣玲	女	1952 年	农民	山东省济南市历城区仲宫镇并渡口村
17	范兴仲	男	1928 年	农民	山东省聊城市阳谷县李台镇石楼村
18	张寿松	男	1930 年	农民	山东省聊城市阳谷县李台镇石楼村
19	范玉香	女	1934 年	农民	山东省聊城市阳谷县李台镇石楼村
20	白爱菊	女	1937 年	农民	山东省聊城市阳谷县李台镇白村
21	范兴东	男	1939 年	农民	山东省聊城市阳谷县李台镇石楼村
22	闫海泉	男	1942 年	乡村教师	山东省聊城市阳谷县金斗营莲花池村
23	缪生花	女	1945 年	农民	山东省聊城市阳谷县李台镇柿子园村
24	牟月辰	女	1952 年	乡村教师	山东省聊城市阳谷县金斗营莲花池村
25	张菊花	女	1953 年	农民	山东省聊城市阳谷县李台镇石楼村
26	宋莲英	女	1938 年	农民	山东省东营市垦利区垦利镇十五村
27	刘荣文	女	1938 年	公务员	山东省东营市广饶县牛庄大杜村
28	高秀莲	女	1943 年	农民	山东省东营市垦利区垦利镇十四村

续表

序号	姓名（化名）	性别	出生年份	曾任职业	童年所在（主要）村庄
29	党秋莲	女	1944 年	农民	山东省东营市垦利区垦利镇十四村
30	孙仲春	男	1946 年	农民	山东省东营市垦利区垦利镇十四村
31	鲁振亮	男	1947 年	大队书记	山东省东营市垦利区垦利镇十四村
32	高秀云	女	1948 年	农民	山东省东营市垦利区垦利镇十四村
33	王桂芳	女	1954 年	工人	山东省东营市垦利区垦利镇寿山村
34	王春生	男	1955 年	中学教师	山东省东营市垦利区垦利镇杜家屋子
35	王华兴	男	1947 年	工人	山东省菏泽市郓城县黄集镇黄西村

参考文献

档　案

聊城市档案馆档案
山东省档案馆档案

报　刊

《大公报（天津）》
《大众日报》
《妇女杂志》
《江苏教育》
《教育丛刊》
《每周评论》
《儿童周刊》
《儿童教育》
《人民教育》
《人民日报》
《山东妇女》
《山东卫生》
《申报》
《时代教育（北平）》
《时报半月刊》
《童子世界》
《小孩月报》
《义务教育》
《中级医刊》

《中央日报》
《中华妇女界》

方志

滨州地区人民医院志编纂委员会编：《滨州地区人民医院志（1950—1999）》，齐鲁书社2000年版。

《黄河农场志》编纂委员会编：《黄河农场志》，山东省地图出版社2006年版。

齐涛主编：《中国民俗通志·生养志》，山东教育出版社2005年版。

山东省地方史志编纂委员会编：《山东省志·人口志》，山东人民出版社1995年版。

山东省地方史志编纂委员会编：《山东省志·卫生志》，山东人民出版社1995年版。

山东省地方史志编纂委员会编：《山东省志·农业志》，山东人民出版社2000年版。

山东省地方史志编纂委员会编：《山东省志·教育志》，山东人民出版社2003年版。

山东省聊城地区地方史志编纂委员会编：《聊城地方志》，齐鲁书社1997年版。

山东省垦利县地方史志编纂委员会编：《垦利县志》，山东人民出版社1997年版。

山东省东营市地方史志编纂委员会编：《东营市志》上，齐鲁书社2000年版。

淄博张店区傅山村志编纂委员会编：《傅山村志》，山东人民出版社2001年版。

政协东营区委员会文史资料委员会编：《东营区文史集粹》，中国文史出版社2006年版。

资料、诗文集

北京师范大学教育科学研究室编：《中小学教育政策法令选编（1949—1966）》，北京师范大学出版社1979年版。

编者不详：《1913—1949 儿童文学论文集》，少年儿童出版社 1962 年版。

财政部文教行政财务司编：《文教行政财务制度资料选编（1949—1985）》第 2 册，中国财政经济出版社 1990 年版。

陈独秀著，三联书店编辑：《陈独秀文章选编》上，生活 · 读书 · 新知三联书店 1984 年版。

陈鹤琴：《家庭教育》，华东师范大学出版社 2006 年版。

陈鹤琴著，陈秀云、柯小卫编：《陈鹤琴教育思想读本活教育》，南京师范大学出版社 2012 年版。

陈秀云、陈一飞编：《陈鹤琴全集》第一卷，江苏教育出版社 2008 年版。

陈子善、张铁荣编：《周作人集外文》上，海南国际新闻出版中心 1993 年版。

陈元晖等：《老解放区教育资料》一，教育科学出版社 1981 年版。

丁文江、赵丰田：《梁启超年谱长编》，上海人民出版社 1983 年版。

丰子恺：《万般滋味，都是生活：丰子恺散文漫画精选集》，华中科技大学出版社 2018 年版。

冯国超主编：《春秋繁露》，吉林人民出版社 2005 年版。

共青团中央青运史研究室、中央档案馆编：《中国青年运动历史资料（1933—1934）》第 12 册，中共党史资料出版社 1989 年版。

管伟主编：《中国法制史》，华中科技大学出版社 2015 年版。

国民党中央执委会训练部编：《教育要义：总理关于教育之遗教》，出版社不详，1930 年。

国务院法制办公室编：《中华人民共和国法规汇编（1949—1952）》第 1 卷，中国法制出版社 2014 年版。

何东昌主编：《中华人民共和国重要教育文献（1949—1975）》，海南出版社 1998 年版。

何沁主编：《中华人民共和国史》第 3 版，高等教育出版社 2009 年版。

何卓恩：《胡适文集 · 人生卷》，长春出版社 2013 年版。

胡艳等编著：《泥土上的脚印——新中国第二代乡村教师口述史》，广西教育出版社 2018 年版。

教育部编：《教育法令汇编》第 1 辑，商务印书馆 1936 年版。

金冲及主编：《刘少奇传》下，中央文献出版社 1998 年版。

金开诚主编：《风水与巫术》，吉林出版集团有限责任公司 2011 年版。

李文海主编：《民国时期社会调查丛编 · 医疗卫生与社会保障卷》下，福建教育出版社 2014 年版。

梁启超著，吴松等点校：《饮冰室文集点校》第 1 辑，云南教育出版社 2001 年版。

梁启超著，吴松等点校：《饮冰室文集点校》第 2 辑，云南教育出版社 2001 年版。

梁启超著，洪治纲主编：《梁启超经典文存》，上海大学出版社 2003 年版。

临沂地区教育局编：《山东老解放区教育资料选辑》，出版社不详 1981 年版。

刘运峰：《1917—1927 中国新文学大系导言集》，天津人民出版社 2009 年版。

鲁霞：《改造旧产婆经验介绍》，山东人民出版社 1951 年版。

鲁迅著，罗湘、陈隽编：《鲁迅小说杂文散文全集》上，广西民族出版社 1995 年版。

吕可英、尹钧荣主编：《山东教育四十年》，山东教育出版社 1989 年版。

孟庆旭、王玉华主编：《山东教育史》(4)，山东教育出版社 2015 年版。

全国儿童年实施委员会编：《全国儿童年实施委员会总报告》，出版社不详，1936 年。

山东省教育厅、济南市教育局、济南幼儿师范学校合编：《幼儿园教养员学习材料》，山东人民出版社 1960 年版。

舒新城：《中国近代教育史资料》中册，人民教育出版社 1981 年版。

谭德福、陈代斌主编：《中西医结合儿科学》，中国中医药出版社 2006 年版。

田珍颖主编：《名人童年故事》，中国和平出版社 2002 年版。

王利华主编：《山东省预防医学历史经验妇幼分册》，山东科学技术出版社 1989 年版。

王韬：《漫游随录·扶桑游记》，湖南人民出版社 1982 年版。

吴顾毓：《邹平实验县户口调查报告》，中华书局 1937 年版。

《新中国预防医学历史经验》编委会编：《新中国预防医学历史经验》第 4 卷，人民卫生出版社 1990 年版。

杨峻峰主编：《定襄记忆》，北岳文艺出版社 2016 年版。

姚新武、尹华：《中国常用人口数据集》，中国人口出版社 1994 年版。

虞和平：《经元善集》，华中师范大学出版社 2011 年版。

于建嵘主编：《中国农民问题研究资料汇编》，中国农业出版社 2007 年版。

张李玺主编:《妇女口述历史丛书——农村妇女卷》，中国妇女出版社 2015 年版。

张树军主编:《图文共和国年轮 1949—1959》(1)，河北人民出版社 2009 年版。

郑新蓉等编著:《开拓者的足迹——新中国第一代乡村教师口述史》，广西教育出版社 2018 年版。

庄俞、贺圣鼐:《最近三十五年之中国教育》，商务印书馆 1931 年版。

钟叔河编:《周作人文类集·上下集》，湖南文艺出版社 1998 年版。

周作人:《知堂回想录》下，安徽教育出版社 2000 年版。

中共济南市委党史研究室编:《济南党史研究专题资料集之二》，济南大邦印务/设计印刷 2008 年版。

中共山东省委党史研究室编:《山东“大跃进”运动》，日照报业印刷有限公司印刷 2002 年版。

中共中央文献研究室编:《毛泽东文集》第 1 卷，人民出版社 1993 年版。

中共中央文献研究室编:《毛泽东文集》第 7 卷，人民出版社 1999 年版。

中共中央文献研究室刘少奇研究组、中央教育科学研究所编:《刘少奇论教育》，教育科学出版社 1998 年版。

中央文献研究室、新华通讯社编:《毛泽东新闻作品集》，新华出版社 2014 年版。

中共中央文献研究室中央档案馆编:《建党以来重要文献选编(一九二一——一九四九)》第 1 册，中央文献出版社 2011 年版。

中共山东省委党史研究室编:《中共山东编年史》第九卷，山东人民出版社 2015 年版。

中国井冈山干部学院、中央档案馆编:《〈新中华报〉综合版整理本》(4)，江西人民出版社 2016 年版。

中国民间文学集成全国编辑委员会、中国歌谣集成山东卷编辑委员会编:《中国歌谣集成·山东卷》，中国 ISBN 中心 2008 年版。

中国青少年研究中心主编:《百年中国儿童》，新世纪出版社 2000 年版。

中国学前教育史编写组编:《中国学前教育史资料选》，人民教育出版社 1989 年版。

中华全国妇女联合会编:《章蕴文集》，中国妇女出版社 1996 年版。

中华人民共和国国家计划生育委员会编绘:《中国千分之一人口生育率抽样调查图集》，北京经济学院人口经济研究所 1993 年版。

中华人民共和国教育部计划财务司编:《中国教育成就统计资料（1949—1983)》，教育科学出版社 1985 年版。

中华人民共和国教育部计划财务司编:《中华人民共和国教育大事记（1949—1982)》，教育科学出版社 1983 年版。

中华人民共和国卫生部妇幼卫生司儿童卫生科编:《新法育儿》，人民卫生出版社 1954 年版。

《中国教育年鉴》编辑部:《中国教育年鉴（1949—1981)》，中国大百科全书出版社 1984 年版。

《中国卫生年鉴》编辑委员会编:《中国卫生年鉴》，人民卫生出版社 1984 年版。

最高人民检察院研究室:《检察手册（1988—1989)》，中国检察出版社 1991 年版。

口　述

白爱菊（女，1937 年），2017 年 5 月 20 日，垦利镇惠丰社区白爱菊家。

陈其平（女，1947 年），2017 年 6 月 1 日，仲宫镇张家村核桃树林。

党秋莲（女，1944 年），2019 年 5 月 2 日，垦利镇惠丰社区党秋莲家。

范兴东（男，1939 年），2019 年 5 月 11 日，李台镇石楼村范兴东家。

范兴仲（男，1928 年），2017 年 5 月 20 日，垦利镇惠丰社区范兴仲家。

范玉香（女，1934 年），2019 年 5 月 11 日，金斗营乡莲花池村范玉香家。

高建国（男，1948 年），2017 年 6 月 2 日，仲宫镇张家村五帝庙。

高秀莲（女，1943 年），2019 年 4 月 28 日，垦利镇惠丰社区高秀莲家。

高秀云（女，1948 年），2019 年 5 月 1 日，垦利区建行家属院高秀云家。

黄素兰（女，1927 年），2017 年 5 月 30 日，仲宫镇张家村黄素兰家。

李爱英（女，1950 年），2017 年 6 月 1 日，仲宫镇张家村李爱英家。

李保禄（男，1942 年），2017 年 6 月 1 日，仲宫镇张家村李保禄家。

刘德芝（女，1941 年），2017 年 5 月 28 日，仲宫镇张家村刘德芝家。

刘登玉（女，1941 年），2017 年 5 月 30 日，仲宫镇张家村刘登玉家。

刘荣文（女，1938 年），2019 年 4 月 28 日，垦利区胜兴花园小广场。

刘文福（男，1948 年），2017 年 6 月 3 日，仲宫镇张家村刘文福家。

鲁振亮（男，1947 年），2019 年 5 月 2 日，垦利镇惠丰社区鲁振亮家。

马六（男，1946 年），2017 年 6 月 2 日，仲宫镇卧虎山水库旁。

马淑君（女，1952 年），2017 年 5 月 22 日，仲宫镇张家村马淑君家。

缪生花（女，1945 年），2019 年 5 月 9 日，李台镇石楼村缪生花家。

牟月辰（女，1952 年），2019 年 5 月 10 日，阳谷县南湖御景牟月辰家。

宋莲英（女，1938 年），2019 年 4 月 28 日，垦利区胜兴花园宋莲英家。

孙庆龙（男，1928 年），2017 年 6 月 2 日，仲宫镇张家村孙庆龙家。

孙仲春（男，1946 年），2019 年 5 月 2 日，垦利区双桥公园。

王春生（男，1955 年），2019 年 5 月 1 日，垦利区双桥公园。

王工兰（女，1950 年），2017 年 5 月 31 日，仲宫镇张家村王工兰家。

王桂芳（女，1954 年），2019 年 4 月 29 日，垦利区光明小区王桂芳家。

王华兴（男，1947 年），2019 年 5 月 1 日，垦利区建行家属院王华兴家。

王欣玲（女，1952 年），2019 年 4 月 26 日，仲宫镇并渡口村王欣玲家。

邢有俊（女，1950 年），2017 年 5 月 28 日、29 日，仲宫镇张家村邢有俊家。

邢跃俊（女，1937 年），2018 年 8 月 27 日，仲宫镇镇政府家属院。

闫海泉（男，1942 年），2019 年 5 月 11 日，金斗营乡莲花池村闫海泉家。

张菊花（女，1953 年），2019 年 5 月 11 日，金斗营乡莲花池村张菊花家。

张寿松（男，1930 年），2019 年 5 月 11 日，李台镇石楼村张寿松家。

郑学诗（男，1939 年），2017 年 5 月 28 日，仲宫镇张家村郑学诗家。

著　作

[美] 爱德华 · 胡美：《道一风同：一位美国医生在华 30 年》，杜丽红译，中华书局 2011 年版。

陈映芳：《“青年”与中国的社会变迁》，社会科学文献出版社 2007 年版。

常春波、侯杰：《近代儿童日常生活》，山西教育出版社 2019 年版。

恩格斯：《家庭、私有制和国家的起源》，中共中央马克思、恩格斯、列宁、斯大林著作编译局译，人民出版社 1972 年版。

范丹妮主编：《中国独生子女研究》，华东师范大学出版社 1996 年版。

风笑天：《独生子女——他们的家庭、教育和未来》，北京大学出版社 1992 年版。

[法] 菲利普 · 阿利埃斯：《儿童的世纪：旧制度下的儿童和家庭生活》，沈坚、朱晓罕译，北京大学出版社 2013 年版。

谷峪：《中日近现代女子学校教育比较研究》，吉林教育出版社 2002 年版。

高振宇：《儿童史学论：中国近代儿童的学校生活研究（1902—1949）》，山东教育出版社 2017 年版。

黄永昌：《中国卫生国情》，上海医科大学出版社 1994 年版。

黄宗智：《华北的小农经济与社会变迁》，中华书局 1986 年版。

[美] 何德兰、[英] 布朗士：《孩提时代》，魏长保等译，群言出版社 2000 年版。

蒋纯焦：《教育家陶行知研究》，山东人民出版社 2016 年版。

蒋纯焦：《中国私塾史》，山西教育出版社 2017 年版。

柯小菁：《塑造新母亲：近代中国育儿知识的建构及实践（1900—1937）》，山西教育出版社 2011 年版。

列宁：《列宁全集》第 29 卷，人民出版社 1956 年版。

李斌：《村庄视野中的阶级、性别与家庭结构：以 1950 年代湘北塘村为中心的考察》，湖南人民出版社 2013 年版。

李兴成等主编：《中国传统文化与当代大学生价值观导向》，河南人民出版社 1996 年版。

李水山主编：《农村教育史》，广西教育出版社 2007 年版。

李银河主编：《妇女：最漫长的革命——当代西方女权主义理论精选》，生活·读书·新知三联书店 1997 年版。

廖其发主编：《中国幼儿教育史》，山西教育出版社 2006 年版。

林治金主编：《中国小学语文教学史》，山东教育出版社 1996 年版。

刘澄清编著：《中国童子军教育》，商务印书馆 1938 年版。

中西医结合儿科学：《儿童精神哲学》，南京师范大学出版社 1999 年版。

刘彦华：《中国学前教育史》，光明日报出版社 2010 年版。

刘晓静：《中国儿童福利研究：1949—1978》，中国社会科学出版社 2019 年版。

罗存康：《少年儿童与抗日战争》，团结出版社 2015 年版。

陆克俭：《发现与解放：中国近代进步儿童观研究》，华中科技大学出版社 2015 年版。

[美]罗芙芸：《卫生的现代性：中国通商口岸卫生与疾病的含义》，向磊译，江苏人民出版社 2007 年版。

[日] 林光江：《国家·独生子女·儿童观——对北京市儿童生活的调查研究》，新华出版社 2009 年版。

［英］劳伦斯·斯通：《英国的家庭、性与婚姻：1500—1800》，刁筱华译，商务印书馆 2011 年版。

［英］立德夫人：《穿蓝色长袍的国度：关于晚清社会的真实生活记录》，方悄悄等译，电子工业出版社 2016 年版。

［英］麦高恩：《近代中国人的生活掠影》，李征、吕琴译，南京出版社 2009 年版。

［美］明恩溥：《中国的乡村生活：社会学的研究》，陈午晴、唐军译，电子工业出版社 2016 年版。

［意］蒙台梭利：《儿童教育手册》，爱立方编译：北京理工大学出版社 2015 年版。

彭泽平、姚琳：《新中国基础教育改革与发展：历程·经验·展望》，人民出版社 2018 年版。

任艳玲主编：《〈神农本草经〉理论与实践》，中国中医药出版社 2015 年版。

沈志华主编：《中苏关系史纲：1917—1991 年中苏关系若干问题再探讨》，社会科学文献出版社 2011 年版。

索丽珍、林晖编著：《蒙台梭利教育法》，上海交通大学出版社 2017 年版。

唐淑主编：《学前教育史》，人民教育出版社 2007 年版。

王稚庵：《中国儿童史》，儿童书局 1932 年版。

王浩：《新文化运动中“儿童的发现”》，中国社会科学出版社 2012 年版。

王子今：《汉代儿童生活》，三秦出版社 2012 年版。

王子今：《秦汉儿童的世界》，中华书局 2018 年版。

王子今：《插图秦汉儿童史》，未来出版社 2020 年版。

吴洪成：《历史的轨迹——中国小学教育发展史》，西南师范大学出版社 2003 年版。

谢毓洁：《近代儿童文艺研究》，未来出版社 2017 年版。

熊秉真：《幼幼：传统中国的襁褓之道》，联经出版公司 1995 年版。

熊秉真：《安恙：近世中国儿童的疾病与健康》，联经出版公司 1999 年版。

熊秉真：《童年忆往：中国孩子的历史》，广西师范大学出版社 2008 年版。

熊秉真：《幼医与幼蒙：近世中国社会的绵延之道》，联经出版公司 2018 年版。

熊秉真：《近世中国的儿童与童年》，广西师范大学出版社 2022 年版。

徐兰君：《儿童与战争：国族、教育及大众文化》，北京大学出版社 2015 年版。

徐扬杰：《中国家族制度史》，武汉大学出版社 2012 年版。

徐江雁：《中国医学史》第 2 版，上海科学技术出版社 2017 年版。

［英］余恩思：《汉人：中国人的生活和我们的传教故事》，邹秀英、徐鸿译，国家图书馆出版社 2013 年版。

喻本伐：《中国幼儿教育发展史》，华中师范大学出版社 2012 年版。

姚伟：《儿童观及其时代性转换》，东北师范大学出版社 2015 年版。

张仲民：《出版与文化政治：晚清的卫生书籍研究》，上海书店 2009 年版。

周予同：《中国现代教育史》，上海良友图书印刷公司 1934 年版。

周智慧主编：《学前教育学》，天津大学出版社 2016 年版。

卓晴君、李仲汉：《中小学教育史》，海南出版社 2000 年版。

郑洸、吴芸红主编：《中国少年儿童运动史》，天津人民出版社 1992 年版。

论　文

白雪：《丰子恺漫画中的儿童教育思想研究》，硕士学位论文，聊城大学教育科学学院，2018 年。

柴鹤湉：《中国古代儿童福利的理念与实践研究》，《暨南学报（哲学社会科学版）》2017 年第 11 期。

陈贞臻：《西方儿童史研究的回顾与展望——阿利斯（Ariès）及其批评者》，《新史学》2004 年第 1 期。

陈瑞琴：《五四新文学的儿童本位观》，硕士学位论文，华中师范大学文学院，2012 年。

程再凤：《晚清绅士家庭的孩子们（1880—1910）》，硕士学位论文，华东师范大学历史学系，2011 年。

丛立：《另一种视野：鲁迅与儿童文学》，硕士学位论文，华东师范大学中国语言文学系，2006 年。

董冠男：《魏晋时期“神童”现象的研究》，硕士学位论文，辽宁大学历史学院，2019 年。

杜晓彦：《论丰子恺的儿童生活观》，硕士学位论文，苏州科技学院历史学系，2011 年。

郭省娟：《大跃进时期农村妇女劳动简述》，《宁波党校学报》2007 年第 5 期。

甘静：《周作人的儿童书写》，硕士学位论文，暨南大学中国语言文学系，2014 年。

高嘉琪:《生育、养育、教育——唐代育儿文化研究》,硕士学位论文,“国立”中兴大学历史研究所,2008年。

韩鹏云.《乡村研究视阈中的国家与社会关系理论——脉络检视与范式反思》,《天津行政学院学报》2012年第6期。

何茜曦、孙津:《近代以来中国儿童观的政治因素及善变历程》,《当代青年研究》2019年第2期。

黄洋:《中国最早的红色儿童团——安源儿童团研究》,《萍乡高等专科学校学报》2013年第2期。

胡颖廉:《从“总体”到“整体”——新中国70年国家与社会关系变迁》,《天津社会科学》2019年第3期。

李春玲、王大鸣:《中国处境困难儿童状况报告(二)》,《青年研究》1998年第6期。

李剑:《农村产院与新法接生》,《南京中医药大学学报(社会科学版)》2018年第2期。

李军全:《节日与教育:中共儿童节纪念述论(1937—1949)》,《福建论坛(人文社会科学版)》2016年第1期。

李君惠:《略论“三纲五常”的形成和影响》,《文史杂志》2010年第3期。

李莉:《20世纪50年代幼儿园课程中国化、科学化探索的结晶——〈幼儿园教育工作指南(初稿)〉述评》,《学前教育研究》2003年第6期。

李卫平:《农村卫生院产权制度改革》,《中国农村卫生事业管理》2001年第4期。

李渊源:《河南驻马店娃娃亲习俗变迁原因探析》,《天中学刊》2013年第3期。

李学舒:《我国乡村治理的模式变迁与演化逻辑——基于国家与社会关系的视角》,《云南师范大学学报(哲学社会科学版)》2019年第5期。

林春林:《毛泽东反对迷信的思想》,《大连海事大学学报(社会科学版)》2002年Z1期。

刘先飞:《少年新国民:论梁启超的儿童观》,《学术探索》2011年第6期。

罗琼:《关于贯彻以生产为中心的妇女工作方针的问题》,《妇女工作》1980年第9期。

吕美颐、郑永福:《近代中国新法接生的引进与推广》,《山西师大学报(社会科学版)》2007年第5期。

林宁:《论鲁迅的儿童观》,硕士学位论文,福建师范大学教育学院,

2018 年。

林淑湘：《建国以来儿童电影中儿童观的折射》，硕士学位论文，广西师范大学教育科学学院，2008 年。

刘冰：《周作人早期儿童观、儿童文学观研究》，硕士学位论文，华东师范大学中国语言文学系，2005 年。

刘夏威：《塑造“小国民”：全国儿童年研究（1935.8—1936.7）》，硕士学位论文，华中师范大学历史文化学院，2018 年。

刘旭：《从鲁迅作品对儿童形象的塑造中看其教育观》，硕士学位论文，西南大学教育学院，2006 年。

李雁：《中国古代儿童服饰研究》，博士学位论文，苏州大学艺术学院，2015 年。

陆勇：《传统民族观念与清政府》，博士学位论文，上海师范大学历史系，2007 年。

庞玲：《〈小孩月报〉与晚清儿童观念变迁考论》，硕士学位论文，华东师范大学中国语言文学系，2009 年。

沈洁：《“反迷信”话语及其现代起源》，《史林》2006 年第 2 期。

宋冰：《丰子恺的儿童观及其思想来源研究》，硕士学位论文，南京师范大学教育科学学院，2017 年。

孙霞：《国家 · 社会 · 儿童：南京国民政府四四儿童节述评》，硕士学位论文，华中师范大学历史文化学院，2012 年。

涂春梅：《“十七年”儿童文学中的“新中国儿童形象”》，硕士学位论文，杭州师范大学人文学院，2011 年。

王彬：《科幻探险中的家园梦——论梁启超〈十五小豪杰〉翻译中的伦理建构》，《中国翻译》2016 年第 1 期。

王建贵：《“宝塔糖”消亡之迷》，《医药世界》2008 年 Z1 期。

王瀛培：《团结与改造：从旧产婆到社会主义接生员——以上海为例的讨论》，《妇女研究论丛》2017 年第 4 期。

王友缘：《走出迷思——童年概念的几种视角及其分析》，《教育学术月刊》2014 年第 1 期。

王媛：《晚清国家观念的初步形成》，《六盘水师范学院学报》2019 年第 2 期。

谢天勇、张朋：《从女权斗士、香闺佳人到贤妻良母——民初上海女性期刊读者定位的演变及分析》，《学术界》2012 年第 12 期。

王贵玲：《论丰子恺的儿童观》，硕士学位论文，南京师范大学教育科学学院，2016 年。

王利娟：《“嘉儒子”：周作人的儿童理念》，硕士学位论文，北京大学中国语言文学系，2013 年。

王烁：《清末民初教科书插图中的儿童形象及其演变》，硕士学位论文，华东师范大学教育学部，2017 年。

吴德霞：《新中国前十七年时期绘画作品中儿童形象研究》，硕士学位论文，南京大学美术研究院，2017 年。

谢毓洁：《梁启超的儿童观和儿童教育观》，《石家庄学院学报》2009 年第 1 期。

徐畅：《刺刀与糖块：日军虐杀儿童与“待见”鲁西冀南小孩》，《暨南学报(哲学社会科学版)》2016 年第 8 期。

徐勇：《政权下乡：现代国家对乡土社会的整合》，《贵州社会科学》2007 年第 11 期。

俞金尧：《西方儿童史研究四十年》，《中国学术》2001 年第 4 期。

虞永平：《论儿童观》，《学前教育研究》1995 年第 3 期。

杨弘、胡永保：《建国以来我国农村基层治理中国家与社会关系的演变及启示》，《理论学刊》2012 年第 7 期。

颜士静：《从儿童的“发现”到儿童的“遮蔽”——20 世纪 20 年代到 30 年代中国现代儿童文学的变迁》，硕士学位论文，南京师范大学文学院，2005 年。

杨为明：《建构与真实：晚清来华西人眼中的中国儿童》，硕士学位论文，华中师范大学历史文化学院，2016 年。

杨兴梅：《近代中国反缠足的努力与成效述略》，博士学位论文，四川大学历史文化学院，2006 年。

杨发祥：《当代中国计划生育史研究》，博士学位论文，浙江大学人文学院，2003 年。

张维伦：《建国初期“政党下乡”与农村基层政权模式研究》，《怀化学院学报》2015 年第 8 期。

郑言午：《共生与互动——唐代儿童与父母的关系》，硕士学位论文，郑州大学历史学院，2014 年。

周彬芮：《塑造“接班人”——新中国美术中的儿童形象研究》，硕士学位论文，中央美术学院美术史系，2013 年。

周海燕：《魏晋南北朝儿童研究》，博士学位论文，郑州大学历史学院，

2018 年。

电子文献

澎拜新闻：《港大庞德威：从帝国的全球化扩张中发现“童年”》，2018 年 7 月 25 日，见 https://weibo.com/ttarticle/p/show?id=2309351002454265812356670635。

外文文献

David Hunt, *Parents and Children in History: The Psychology of Family Life in Early Modern France*, New York: Basic Book,1970.

Edward Shorter, *The Making of the Modern Family*, New York: Basic Books,1975.

Jon L.Saari，*Legacies of Childhood:Growing up Chinese in a Time of Crisis,1890-1920,* Cambridge: Harvard University Press，1990.

Keith Nathaniel Knapp, *Selfless Offspring: Filial Children and Social Order in Medieval China*, Hawaii ：University of Hawaii Press,2005.

Limin Bai, *Shaping the Ideal Child: Children and Their Primers in Imperial China,* Hong Kong: The Chinese University Press,2005.

Linda A. Pollock, *Forgotten Children: Parent—child relations from 1500 to 1900*，Cambridge: Cambridge University Press,1983.

Lloyd DeMause, *The history of childhood*, New York: Psychohistory Press,1974.

Nicholas Orme, *Medieval Children*,London: Congress,2001.

Ping—chen Hsiung，*A Tender Voyage: Children and Childhood in Late Imperial China*，California: Stanford University Press，2005.

Ralph A. Houlbrooke, *The English Family 1450-1700*, New York: Longman,1984.

Shulamith Shahar, *Childhood in the Middle Ages*, New York: Routledge,1990.

后 记

本书的主要内容是在我华东师范大学博士论文的基础上修改而成的。儿童史的研究方向，虽然在读博伊始即已确立，但问题意识和写作主线的明确却经历了一个较为漫长的探索历程。2014 年 9 月 10 日，我与导师姜进教授初次见面，导师问我有什么科研计划，我泛泛谈论起儿童史。对于这个和自身主攻方向有些距离的新领域，导师在表示尊重的同时，给予了积极的学术引导，让我明确问题意识，实现从无意识研究到有意识研究。然而，随着研究的深入，我却迷失在史料的海洋中。对此，导师一次又一次地引导我讲述学界相关研究和有意思的史料，帮助我在知识的碎片中找到了问题意识，并实现了问题意识和史料的有机结合，逐渐生成写作主线，最终完成论文写作。

本书得以出版，首先要感谢我的博导。正如上文所述，在我陷入学术迷茫和困境时，导师用广阔的学术视野、缜密的逻辑思维、犀利的学术眼光为我指点迷津。其次，感谢我的硕导中国政法大学黄东教授，毕业后硕导一直关心我的学业，并给予了颇具启发的指导。在论文写作过程中，上海社会科学院周武研究员，复旦大学陈雁教授，哈尔滨工业大学（深圳）阮清华教授，香港树仁大学何其亮教授，华东师范大学刘昶教授、韩钢教授、瞿骏教授、冯筱才教授等，也给予我宝贵的意见和建议。在此，一并致以诚挚的谢意。

本书得以完成，离不开大量档案资料的查找、阅读、整理、研究和使用。在近一年单调枯燥的抄档岁月中，我有幸得到诸多工作人员的帮助。感谢山东省档案馆、聊城市档案馆和山东省图书馆报刊室的所有老师，尤其感谢桑晓芹、杨燕、鲍蕾、段敏敏、王海宁、单亚飞、潘金红、陈浩。工作后，我重返山东省档案馆进行实践锻炼，使本书史料得到进一步的丰富和补充，感谢编研处的陈孟继、蒙青礼、陈晓、江心、闫舒、于玉民。感谢我的35位受访者，他们非常热情地接受了我的访谈，和我分享人生故事，解答我的疑惑。

博士毕业后，我有幸到中共山东省委党校（山东行政学院）中共党史教研部工作，结识了一批优秀的领导和同事。感谢林学启、王巨新、白晶、时新华、刘树燕、张衍霞、尹传政、葛丽、魏冠明、张文、孙希江、殷明、孙炜、刘晓凤、孙晓彤、高静静、丁婧、孙效良等诸位老师对我工作及生活的帮助。感谢单位对青年教师成长的鼓励和支持。

感谢人民出版社陈建萍编辑，她的专业素养和工作态度令我钦佩。正是在她认真负责的编辑下，本书少了许多错误和不规范的地方。

感谢我的家人，他们是我前进路上的坚强后盾。博士论文写作期间，我的第一个孩子恩琪出生；书稿修改期间，我的第二个孩子恩成出生。兄弟两人以独特的方式为本书贡献力量，他们也使我对儿童问题有了更深入的思考和认识。有时候因为忙于写作，我忽视了对两个孩子的陪伴和照顾。往后余生，我会努力做一名好妈妈。

我的童年之梦是成为一名幼儿教师。这份书稿，既受到我童年之梦的指引，又是对我童年之梦的一份交代。或许这辈子我没有机会成为一名真正的幼儿教师，不具备带领幼儿园的孩子们唱歌、跳舞、玩耍、游戏的资质，但我始终关怀着儿童、热爱着儿童。但愿，中国教育界少了一位幼儿教师，却多了一位肯用笔杆子为儿童抒发情怀的人。心怀梦想，逐梦前行！

2024年1月于尊邸花园